MANFRED HASSEBRAUCK

Alles über die Liebe

Manfred Hassebrauck

Alles über die Liebe

Warum wir lieben,
wen wir lieben,
wie wir die Liebe erhalten.

mvgverlag

Bibliografische Information der Deutschen Nationalbibliothek:
Die Deutsche Nationalbibliothek verzeichnet diese Publikation in der Deutschen Nationalbibliografie; detaillierte bibliografische Daten sind im Internet über http://d-nb.de abrufbar.

Für Fragen und Anregungen:
manfredhassebrauck@mvg-verlag.de

1. Auflage 2010

Nymphenburger Straße 86
D-80636 München
Tel.: 089 651285-0
Fax: 089 652096

Redaktion: Mareike Fallwickl, Rif bei Hallein
Umschlaggestaltung: Moritz Röder, München
Satz: Manfred Zech, Landsberg am Lech
Druck: CPI – Ebner & Spiegel, Ulm
Printed in Germany

ISBN 978-3-86882-166-6

Inhalt

Vorwort

Liebesbeziehungen sind für die meisten Menschen ein wichtiger Bestandteil ihres Wohlbefindens. Leider erfüllen sie nicht immer die an sie gestellten Erwartungen. Wovon hängt es ab, ob eine Beziehung uns glücklich macht oder auch nicht?

Seit mehr als drei Jahrzehnten beschäftige ich mich in meiner Forschung mit Paarbeziehungen. Ich habe dabei so unterschiedliche Fragen untersucht wie die nach der Wichtigkeit des Aussehens bei der Partnerwahl, und was denn Schönheit überhaupt ausmacht, was passiert, wenn der eine in der Beziehung mehr gibt, als er zurückbekommt, und natürlich auch, was denn eigentlich eine »gute Beziehung« ist, und ob sich Männer und Frauen in ihrer Meinung darüber unterscheiden.

In diesem Buch habe ich die wesentlichen Ergebnisse meiner eigenen Forschung, aber auch die von Wissenschaftlern weltweit verständlich und unterhaltsam zusammengefasst, dabei aber gleichzeitig auch darauf geachtet, dass die berichteten Ergebnisse den strengen wissenschaftlichen Kriterien Stand halten. Die Darstellung wird durch Tests ergänzt, mit denen Sie z.B. in der Lage sind, die Stärken oder Schwächen Ihrer Beziehung zu erkennen oder zu prüfen, wie gut Sie mit einem Partner harmonieren.

Dieses Buch ist kein Ratgeber im engeren Sinn. Aber es gibt Ihnen trotzdem Rat, weil es dazu beiträgt, die wesentlichen Dinge, die für das Entstehen und das Aufrechterhalten einer Liebesbeziehung von Bedeutung sind, zu verstehen. Es wendet sich an Männer und Frauen. Ich müsste daher korrekt immer von dem Partner/der Partnerin sprechen. Im Interesse einer besseren Lesbarkeit habe ich aber überwiegend auf diese doppelte Formulierung verzichtet und die meisten Formulierungen so gewählt, als würden sie sich an Frauen wenden. Die Männer mögen es mir verzeihen.

Zum Gelingen dieses Buches haben zahlreiche Menschen beitragen: Tanja Biller von FriendScout24, die mich gemeinsam mit Oliver Kuhn vom mvg Verlag dazu gebracht hat, dieses Buchprojekt überhaupt in Angriff zu nehmen, die Mitarbeiter und Mitarbeiterinnen meines Wuppertaler Lehrstuhls, mit denen ich immer konstruktive und kritische Gespräche führen konnte, und vor allem meine Studentin Sally Marie Ischebeck, die mit unermüdlichem Einsatz das Layout für die zahlreichen Abbildungen und Tests erstellt hat. Ohne ihre Hilfe hätte ich das Buch in der vorgesehen Zeit nicht beenden können.

Danken möchte ich auch den zahlreichen Studierenden, die mich in den vergangenen Jahren bei der Durchführung meiner Studien unterstützt haben, und bei den Abertausenden von Menschen weltweit, die ihre Zeit als Versuchspersonen zur Verfügung gestellt haben.

Wuppertal im März 2010
Manfred Hassebrauck

Kapitel 1

Beziehungen sind wichtig

Was braucht man zum Glücklichsein? Eine zufriedenstellende Paarbeziehung! Das ist zumindest das Ergebnis zahlreicher Studien weltweit. Deutsche in Ost und West platzieren Ehe und Partnerschaft weit oben, wenn sie gefragt werden, was ihnen für ein glückliches Leben wichtig ist. (Abb. 1.1)[1]

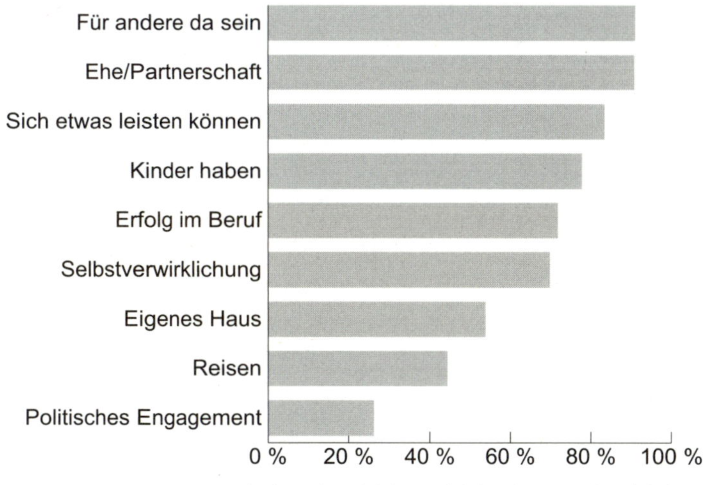

Abbildung 1.1: Für Deutsche gehören Familie, Liebe und Zuneigung zu den wichtigsten Dingen im Leben.

[1] Statistisches Bundesamt, 2006

Deutlich unwichtiger sind im Vergleich dazu materielle Aspekte, sich etwas leisten zu können, beruflicher Erfolg oder ein eigenes Haus. Kein Wunder also, dass die meisten Erwachsenen eine enge Beziehung haben, und die, die momentan Single sind, sind es häufig nicht freiwillig. Mehr als 95 Prozent aller Menschen gehen mindestens einmal in ihrem Leben eine enge Beziehung ein, die auf Beständigkeit angelegt ist.[2] In westlichen Kulturen sind das in der Regel Ehen oder eheähnliche Beziehungen. In vielen anderen Kulturen gibt es zwar die Ehe in unserem Sinne nicht, gesellschaftlich kontrollierte und sanktionierte Formen der Paarbeziehung findet man aber auch dort.

Leider erfüllen Beziehungen nicht immer die an sie gestellten Erwartungen. Ist dies der Fall, sind wir enttäuscht und fragen uns, ob wir viele der Probleme nicht schon früher hätten erkennen und lösen können. Und zunehmend häufig wird der Bund, der eigentlich für das Leben geschlossen war, wieder gelöst – meist gefolgt von einer neuen Beziehung, die dann mit größerer Wahrscheinlichkeit erneut vor dem Scheidungsrichter endet. Serielle Monogamie scheint die Einehe abgelöst zu haben. Angesichts der steigenden Scheidungsraten liest und hört man denn auch allenthalben, die Ehe sei tot. Das trifft aber, wie Abb. 1.2 zeigt, so nicht zu.[3]

Geheiratet wird wie eh und je: In den vergangenen 40 Jahren ist die Zahl der jährlich geschlossenen Ehen verhältnismäßig konstant geblieben. Was sich aber über die Zeit hinweg geändert hat, ist die Zahl der Scheidungen – sie ist von 77 000 im Jahr 1970 auf 192 000 im Jahr 2008 gestiegen. Die Folge: Die Scheidungsrate, also das Verhältnis von geschlossenen Ehen zu Scheidungen, ist inzwischen so hoch, dass auf zwei neue Ehen eine Scheidung kommt. Die Gründe sind vielfältig. Die verbesserte finanzielle Absicherung der Ehepartner – vor allem der Frauen – im Falle einer Scheidung macht es leichter, eine unglückliche Beziehung zu beenden. Erhöhte Ansprüche und manchmal unrealistische Beziehungsideale tun das Ihrige.

---

[2] Price & Vandenberg, 1980; Fisher et al. , 2002

[3] Statistisches Bundesamt, 2009

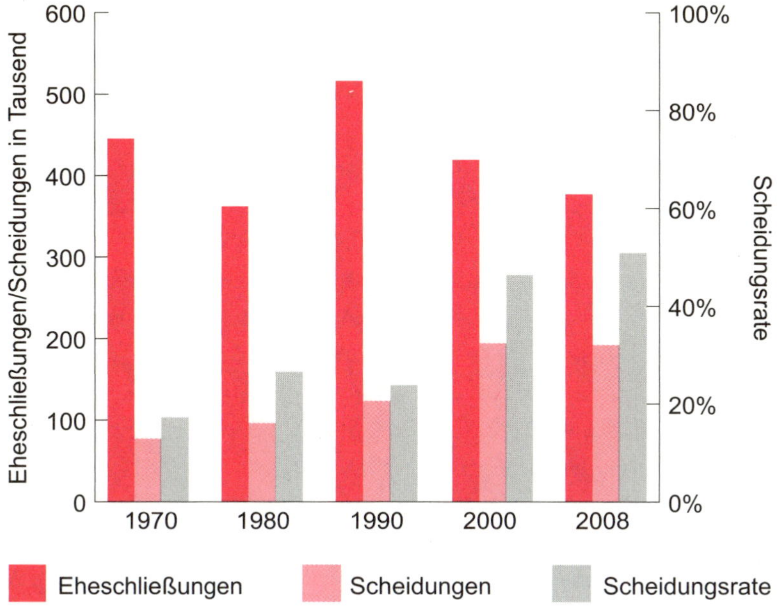

Abbildung 1.2: Die Zahl der geschlossenen Ehen ist in den letzten 40 Jahren nahezu unverändert geblieben. Die Zahl der Scheidungen hingegen hat sich im gleichen Zeitraum mehr als verdoppelt.

Ratgeber, die erklären, wie man eine Partnerschaft eingeht, wie man sie hält und wie man sie am besten beendet, gibt es zuhauf, in den letzten Jahren vermehrt auch im Internet. Der Grund: Partnerschaftsprobleme nehmen zu. Ungefähr ein Drittel derer, die professionelle psychologische Hilfe in Anspruch nehmen, tun das, weil ihre Beziehung nicht so läuft, wie sie sollte.

Angesichts dieser Zahlen ist es nur allzu verständlich, dass sich auch Wissenschaftler mit dieser Thematik befassen und versuchen, den Geheimnissen von Partnerwahl und Partnerschaft auf den Grund zu gehen. Sie wenden sich damit einem Thema zu, das die Menschen schon seit Jahrhunderten beschäftigt. Auch der sprichwörtliche »Mann auf der Straße« macht sich seinen Reim darauf, warum es bei manchen funkt, bei manchen nicht, und formuliert dann die entsprechenden Gesetzmäßigkeiten. Gleich und Gleich gesellt sich eben gern, oder ziehen sich doch eher die Gegensätze an?

Wenn sich eine Wissenschaft einem Bereich des Alltagslebens zuwendet, läuft sie leicht Gefahr, dass ihre Befunde entweder als trivial betrachtet werden, wenn sie etwas bestätigt, was man ohnehin vermutet hatte, oder aber dass ihre Ergebnisse angezweifelt werden, wenn ihre Befunde dem »gesunden Menschenverstand« widersprechen. Und schließlich fragen sich manche, ob Liebe und Partnerschaft überhaupt wissenschaftlich überprüfbaren Gesetzmäßigkeiten unterliegen. Ähnliche Gedanken müssen Anfang der 1970er-Jahre William Proxmire, Senator des US-Bundesstaats Wisconsin, durch den Kopf gegangen sein, als er erfuhr, dass die National Science Foundation, eine mit öffentlichen Geldern geförderte Stiftung zur Unterstützung von Wissenschaft und Forschung, an zwei Psychologinnen 84 000 US-Dollar zur Erforschung von Liebe bewilligt hatte. In einer öffentlichen Anhörung ließ sich Proxmire zu folgenden Aussagen hinreißen:

»Ich bin dagegen, und zwar nicht nur, weil niemand – nicht einmal die National Science Foundation – behaupten kann, dass Liebe eine Wissenschaft sei, oder weil ich genau weiß, dass die Stiftung auch für 84 Millionen oder 84 Milliarden Dollar keine Antwort bekommen könnte, die irgendjemand glauben würde. Nein – ich bin dagegen, weil ich die Antwort gar nicht wissen will. Ich glaube, dass 200 Millionen Amerikaner meinen Wunsch teilen, dass einige Dinge des menschlichen Lebens in den Schleier des Geheimnisses gehüllt bleiben sollen. (...) Und so fordere ich die National Science Foundation auf: Halten Sie sich aus dem Rummel um die Liebe heraus.«4

Allen Bedenken und Vorbehalten zum Trotz hat die wissenschaftliche Erforschung von Liebe und Partnerschaft in den vergangenen 40 Jahren erhebliche Fortschritte gemacht, und ich möchte in diesem Buch die wesentlichen Ergebnisse – auch aus meiner eigenen langjährigen Forschung – darstellen.

Was ist eigentlich Liebe?

Definitionen von Liebe gibt es wie Sand am Meer, angefangen von »Liebe heißt, niemals um Verzeihung zu bitten« bis hin zu »Liebe heißt, für den ande-

[4] Walster & Walster, 1978, S. 12

ren da sein«. Philosophen, Schriftsteller, Wissenschaftler unterschiedlichster Couleur, alle haben versucht, dieses illustre Konzept zu definieren. So richtig viel anfangen kann man damit nicht.

Die Liebe gibt es nicht, denn es gibt verschiedene Arten von Liebe. Das scheinen die Autoren aktueller (Sach-)Bücher über Liebe meist zu übersehen. Wenn etwa Liebe als ein unordentliches Gefühl bezeichnet, wenn über die Unmöglichkeit der Liebe geschrieben wird, muss man sich immer fragen, um welche Liebe es denn geht. Das, was zwei pubertierende Jugendliche füreinander empfinden – und vielleicht als die große Liebe betrachten – ist etwas ganz anderes als das, was zwei Mittdreißiger auf der Hochzeitsreise fühlen, und ein seit 40 Jahren zusammenlebendes Paar fühlt wieder etwas anderes. All das nennen wir Liebe. Unsere Sprache wird diesen unterschiedlichen Gefühlszuständen allerdings nicht gerecht. Vielleicht liegt das daran, dass in der historischen Entwicklung der Menschheit die meiste Zeit Liebe nicht die Bedeutung für eine Paarbeziehung hatte, die sie heute hat.

Nach Forschungsergebnissen des Psychologen Robert Sternberg von der renommierten Yale University, die ich replizieren konnte, ist Liebe eine Mixtur von drei Aspekten; *emotionale Nähe* (dazu gehört »Vertrauen«, »mit dem anderen reden können«, »Geborgenheit finden«) und *Leidenschaft*, die körperliche Komponente der Liebe, die sich durch »Kribbeln im Bauch«, durch »körperliche Anziehung« und »sexuelles Verlangen« auszeichnet.[5] Als dritte Komponente nennt Sternberg die *Bindung* an eine Person und die *Entscheidung*, mit dieser Person zusammen sein zu wollen. Wenn man der Einfachheit halber diese drei Komponenten entweder als vorhanden oder nicht vorhanden betrachtet, ergeben sich acht Kombinationen, die acht verschiedene Arten von Liebe charakterisieren (vgl. Abb. 1.3).

Betrachten wir zunächst den Fall, dass Sie jemandem emotional sehr nahe sind, aber weder das besagte Kribbeln verspüren noch vorhaben, mit dieser Person eine Beziehung einzugehen. *Mögen* ist der richtige Ausdruck für so ein

---

5 Hassebrauck & Buhl, 1996; Sternberg, 1986

Typen der Liebe	Nähe	Leiden-schaft	Bindung
Nicht-Liebe	–	–	–
Mögen	+	–	–
Verliebtsein	–	+	–
Leere Liebe	–	–	+
Romantische Liebe	+	+	–
Kameradschaftliche Liebe	+	–	+
Alberne Liebe	–	+	+
Erfüllte Liebe	+	+	+

Abbildung 1.3: Robert Sternberg unterscheidet in seiner Dreieckstheorie der Liebe acht Typen der Liebe

Gefühl. Verspüren Sie Erregung, verzehren Sie sich vor körperlichem Verlangen, aber weder Nähe noch Bindung sind vorhanden, liegt *Verliebtheit* vor. Ganz anders im nächsten Fall. Sie sind verheiratet, haben auch vor, es zu bleiben, aber weder im Bett noch sonst sind Sie sich nahe. *Leere Liebe* ist oft das, was nach vielen Jahren noch übrig bleibt. Wenn Sie hingegen jemanden heiraten, weil Ihre Leidenschaft sehr stark ist, Nähe aber fehlt, nennt Sternberg das *alberne Liebe*. Die *erfüllte Liebe*, bei der jede der Komponenten stark vorhanden ist, lässt sich als ein gleichseitiges Dreieck darstellen. Je nachdem, welche Komponente wie stark ausgeprägt ist, entstehen mehr oder weniger schiefe Dreiecke. (Abb. 1.4) Die Form des Dreiecks beschreibt dabei den Liebestyp, die Größe, die Intensität der Liebe. *Dreieckstheorie der Liebe* nennt Sternberg seine Überlegungen daher folgerichtig.

Mit diesen Komponenten im Hinterkopf kann man auch einmal einen nüchternen Blick auf die eigene Beziehung werfen. Ist es noch die vollendete Liebe oder ist die Leidenschaftskomponente (wie bei den meisten Paaren, die schon

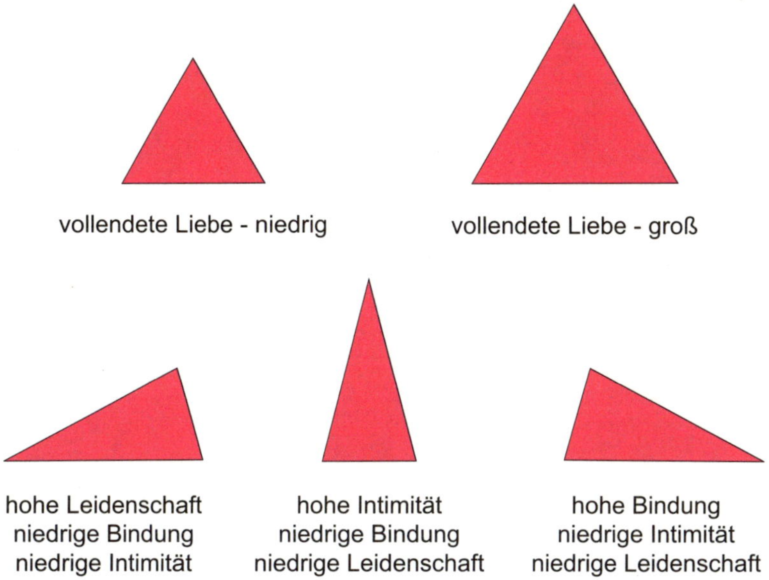

Abbildung 1.4: Die drei Komponenten der Liebe – Intimität, Leidenschaft und Entscheidung/Bindung – formen die Liebesdreiecke. Die Größe des Dreiecks beschreibt die Größe der Liebe, die Form die Art der Liebe.

lange zusammen sind) niedriger als die anderen beiden? Ist Ihre Liebe eher kameradschaftlich als vollendet? Wenn Sie es ganz genau wissen wollen, bearbeiten Sie Test 1.1.

Test 1.1 Welche Art von Liebe empfinden Sie?

Denken Sie jetzt an Ihre/n Partner/in und versuchen Sie, mittels der folgenden Aussagen Ihre Gefühle Ihrem Partner bzw. Ihrer Partnerin gegenüber zu beschreiben. Bei jeder der folgenden Aussagen können Sie das Ausmaß Ihrer Zustimmung oder Ablehnung auf sieben Stufen ausdrücken. Dabei bedeutet 1 »trifft gar nicht zu« und 7 »trifft völlig zu«. Alle dazwischen liegenden Abstufungen sind ebenfalls möglich.

1. Ich unterstütze ___s Wohlergehen.	trifft gar nicht zu	1	2	3	4	5	6	7	trifft völlig zu
2. Ich habe eine herzliche Beziehung mit ___.	trifft gar nicht zu	1	2	3	4	5	6	7	trifft völlig zu

3. Wenn ich ___ brauche, kann ich auf sie/ihn zählen.	trifft gar nicht zu	1	2	3	4	5	6	7	trifft völlig zu
4. Ich bin bereit, alles mit ___ zu teilen.	trifft gar nicht zu	1	2	3	4	5	6	7	trifft völlig zu
5. ___ gibt mir große emotionale Unterstützung.	trifft gar nicht zu	1	2	3	4	5	6	7	trifft völlig zu
6. Ich bin aufgeregt, wenn ich ___ nur sehe.	trifft gar nicht zu	1	2	3	4	5	6	7	trifft völlig zu
7. Während des Tages denke ich häufig an ___.	trifft gar nicht zu	1	2	3	4	5	6	7	trifft völlig zu
8. Meine Beziehung zu ___ ist sehr romantisch.	trifft gar nicht zu	1	2	3	4	5	6	7	trifft völlig zu
9. Ich mag ganz besonders den Körperkontakt mit ___.	trifft gar nicht zu	1	2	3	4	5	6	7	trifft völlig zu
10. Meine Beziehung zu ___ ist leidenschaftlich.	trifft gar nicht zu	1	2	3	4	5	6	7	trifft völlig zu
11. Ich werde immer große Verantwortung für ___ empfinden.	trifft gar nicht zu	1	2	3	4	5	6	7	trifft völlig zu
12. Ich sehe meine Verbindung zu ___ als sehr beständig.	trifft gar nicht zu	1	2	3	4	5	6	7	trifft völlig zu
13. Ich sehe meine Beziehung zu ___ als dauerhaft.	trifft gar nicht zu	1	2	3	4	5	6	7	trifft völlig zu
14. Ich betrachte meine Beziehung zu ___ als eine sehr gute Entscheidung.	trifft gar nicht zu	1	2	3	4	5	6	7	trifft völlig zu
15. Ich habe vor, die Beziehung mit ___ fortzusetzen.	trifft gar nicht zu	1	2	3	4	5	6	7	trifft völlig zu

Auswertung	
Intimität	
Addieren Sie die Werte der Fragen 1–5 und tragen Sie die Summe hier ein:	
Leidenschaft	
Addieren Sie die Werte der Fragen 6–10 und tragen Sie die Summe hier ein:	
Entscheidung/Bindung	
Addieren Sie die Werte der Fragen 11–15 und tragen Sie die Summe hier ein	

Nun markieren Sie im folgenden Koordinatensystem (Abb. 1.5) auf den Achsen die Werte, die Sie für Intimität, Leidenschaft und Entscheidung/Bindung berechnet haben, und verbinden Sie die drei Punkte mit Linien. Betrachten Sie nun das Dreieck, das sich ergeben hat. Seine Größe sagt etwas über das Ausmaß der Liebe, die Sie zu Ihrem Partner oder Ihrer Partnerin empfinden, aus. Je größer, desto mehr Liebe ist da. Die Form des Dreiecks gibt Aufschluss über die Art der Liebe. Ist es annähernd ein gleichseitiges Dreieck, kommt Ihre Liebe der vollendeten Liebe nahe. Sind die einzelnen Komponenten sehr unterschiedlich ausgeprägt, ist das Dreieck schief. Wenn die Leidenschaftskomponente schwächer als die anderen beiden ist, empfinden Sie eher kameradschaftliche Liebe. Welche Form von Liebe in Ihrer Beziehung vorliegt, sagen Ihnen auch die weiter vorn in Abbildung 1.3 dargestellten Liebestypen.

Dieser Test gibt Ihnen einen kleinen Einblick, wie Beziehungsforscher zu ihren Erkenntnissen kommen. Sehr oft füllen Männer und Frauen solche und ähnliche Fragebögen aus. Die Forscher setzen die so »gemessenen« Größen, wie etwa Nähe, Leidenschaft oder Bindung, in Beziehung zu anderen Merkmalen der Befragten, wie etwa dem Geschlecht oder der Dauer der Beziehung, und können dann mithilfe statistischer Verfahren zu dem Schluss kommen, dass Frauen mehr Nähe in ihrer Beziehung haben wollen als Männer oder dass Erfahrungen in der Kindheit Konsequenzen für die Bindungsbereitschaft als Erwachsener haben.

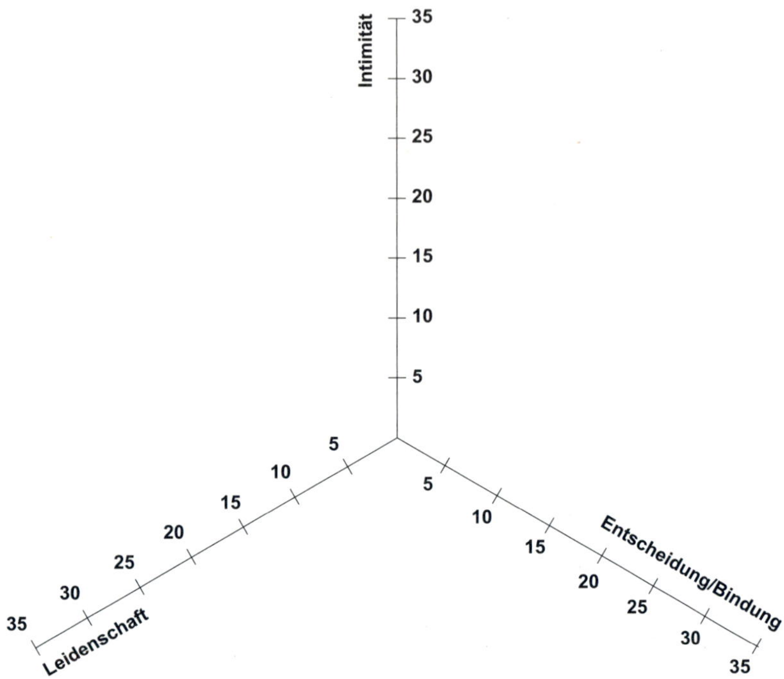

Abbildung 1.5: Markieren Sie auf den Achsen Ihre Werte aus Test 1.1 und verbinden Sie die Punkte. Das sich ergebende Dreieck beschreibt Ihre Art der Liebe.

»Bei mir ist es aber ganz anders«, oder: »Ich kenne jemanden, bei dem ist das nicht so«, werden einige Leser denken. Das mag im Einzelfall durchaus zutreffen, schmälert aber nicht die Aussagekraft der wissenschaftlichen Befunde, bei denen es nicht um Unterschiede oder Gemeinsamkeiten zwischen einzelnen Personen, sondern um Unterschiede oder Gemeinsamkeiten im Durchschnitt geht. Wenn etwa festgestellt wird, dass in Deutschland bei der Eheschließung der Mann durchschnittlich 3,5 Jahre älter ist als die Frau, schließt das nicht aus, das auch einmal eine 30-Jährige einen 25-Jährigen heiratet oder ein 60-Jähriger eine 40-Jährige. Es geht den Wissenschaftlern um die Entdeckung von Regelmäßigkeiten. Im Einzelfall kann es auch anders sein.

Beziehungsforscher fragen aber nicht nur Leute direkt oder lassen sie Fragebögen ausfüllen; sie beobachten sie auch – in ganz alltäglichen Situationen, in Bars, im Schwimmbad –, um Informationen über Flirtverhalten oder den ersten Kontakt beim Kennenlernen zu bekommen. Sie führen auch Experimente durch, in denen sie systematisch bestimmte Bedingungen manipulieren und variieren, um dann die Wirkung dieser Veränderungen zu beobachten. Wenn es beispielsweise darum geht, zu prüfen, ob sich die Ähnlichkeit von Einstellungen und Interessen förderlich auf das Entstehen von Sympathie und Zuneigung auswirkt, dann könnte man systematisch zwei ähnliche oder auch zwei unähnliche Menschen zusammenbringen und verfolgen, wie sie miteinander umgehen, ob sie sich mögen, gut zusammenarbeiten können und so weiter. Alle Fakten, die ich in diesem Buch darstelle, beruhen auf solchen oder ähnlichen wissenschaftlichen Befragungen und Experimenten, die in einschlägigen Fachzeitschriften und Monografien veröffentlicht wurden.

Überblick

In Kapitel 2 stelle ich zunächst dar, worauf Männer und Frauen bei der Wahl eines Partners achten, was sie sich wünschen und worin sich die Geschlechter unterscheiden. In Kapitel 3 zeige ich, wie wichtig das Aussehen bei der Partnerwahl ist und was es überhaupt bedeutet, »gut auszusehen«. Im 4. Kapitel befasse ich mich mit Verliebtheit und zeige, was dabei im Körper passiert, wie Verliebtheit unsere Sicht des anderen beeinflusst und auch, wie vielfältige, teilweise ganz banale Ereignisse des Alltagslebens leidenschaftliche Liebe intensivieren können. Ob sich Gleich und Gleich wirklich gern gesellen, zeigt Kapitel 5. Ist Ähnlichkeit bei der Wahl eines Partners wichtig? Wenn ja, Ähnlichkeit in Bezug auf was und warum? Mit einem Partnertest können Sie ermitteln, wie gut Sie und jemand anderes zueinander passen. Wenn Sie dagegen wissen wollen, wo die Stärken oder vielleicht auch Schwächen Ihrer Beziehung liegen, sind Sie in Kapitel 6 richtig. In einem Beziehungstest können Sie feststellen, wie nah Ihre Beziehung der idealen Beziehung kommt. Die teils großen Wirkungen des kleinen Unterschieds finden Sie im 7. Kapitel. Da geht es natürlich auch um Sex, aber ebenso um Treue und Untreue und den »Krieg der Spermien«. Und schließlich befasse ich mich im 8. Kapitel mit den Schattenseiten von Beziehungen, mit Eifersucht, Konflikten und Trennungen.

All dies sind Aspekte, die Ihnen helfen, die Liebe besser zu verstehen. Einiges haben Sie sicher selbst schon bemerkt und finden nun Ihre Vermutungen wissenschaftlich bestätigt. Anderes wird Sie vielleicht überraschen. Und wie so oft, wenn es um die Erklärung menschlichen Verhaltens geht, werden Sie feststellen, dass Anlage und Umwelt ihre Rollen spielen und vieles, was unser Verhalten heute prägt, seine Ursprünge in der evolutionären Vergangenheit des Menschen hat.

Kapitel 2

Wer will wen – und warum? Die Partnerwahl

Wir wissen nur zu gut, dass nicht alle Menschen die gleichen Chancen beim anderen Geschlecht haben. Manche werden umschwärmt wie die Kerze von Motten in einer Sommernacht, andere haben – obwohl sie doch ganz nett sind – wenig Chancen. Welche Merkmale zählen auf dem Partnermarkt, was wünschen sich Männer, was Frauen? Das sind Fragen, die Soziologen, Biologen und Psychologen seit den 1930er-Jahren intensiv beschäftigen. Meist haben sich die Wissenschaftler existierende Paare angesehen und versucht, Regelmäßigkeiten in den Eigenschaften von Männern und Frauen zu finden, die einander offensichtlich bereits gewählt hatten. Sie haben aber auch direkt danach gefragt, was Personen bei einem möglichen Partner wichtig ist, so etwa Intelligenz oder gutes Aussehen. Und andere wiederum haben systematisch Heirats- und Bekanntschaftsanzeigen analysiert und daraufhin ermittelt, welche Merkmale von Partnersuchenden geboten und welche gewünscht werden.

Was ist Ihnen bei einem potenziellen Partner wichtig? Bevor Sie weiterlesen, können Sie den folgenden Partnerwahlfragebogen ausfüllen, der von mir und zahlreichen anderen Forschern eingesetzt wurde.

Test 2.1. Welche Merkmale soll der Partner/die Partnerin haben?									
Geben Sie bei jeder der folgenden Eigenschaften an, wie wichtig sie Ihnen im Hinblick auf einen Partner/eine Partnerin für eine Liebesbeziehung ist. 1 bedeutet, dass Ihnen die entsprechende Eigenschaft gar nicht wichtig ist, 7, dass sie Ihnen sehr wichtig ist.									
möchte Kinder haben	gar nicht wichtig	1	2	3	4	5	6	7	sehr wichtig
sportlich	gar nicht wichtig	1	2	3	4	5	6	7	sehr wichtig
ehrlich	gar nicht wichtig	1	2	3	4	5	6	7	sehr wichtig
gebildet	gar nicht wichtig	1	2	3	4	5	6	7	sehr wichtig
reich	gar nicht wichtig	1	2	3	4	5	6	7	sehr wichtig
verständnisvoll	gar nicht wichtig	1	2	3	4	5	6	7	sehr wichtig
interessant	gar nicht wichtig	1	2	3	4	5	6	7	sehr wichtig
kreativ	gar nicht wichtig	1	2	3	4	5	6	7	sehr wichtig
intelligent	gar nicht wichtig	1	2	3	4	5	6	7	sehr wichtig
gut aussehend	gar nicht wichtig	1	2	3	4	5	6	7	sehr wichtig
religiös	gar nicht wichtig	1	2	3	4	5	6	7	sehr wichtig
hoher Status	gar nicht wichtig	1	2	3	4	5	6	7	sehr wichtig
gesund	gar nicht wichtig	1	2	3	4	5	6	7	sehr wichtig
ausgeglichen	gar nicht wichtig	1	2	3	4	5	6	7	sehr wichtig
humorvoll	gar nicht wichtig	1	2	3	4	5	6	7	sehr wichtig

Vergleichen Sie Ihre Angaben nach Möglichkeit mit denen einer Person des anderen Geschlechts und achten Sie auf die Unterschiede.

Nur die inneren Werte zählen?

Fragt man Männer und Frauen danach, was ihnen an einem potenziellen Partner wichtig ist, stellt man meistens fest, dass anscheinend vor allem die inneren Werte zählen. Ehrlich, verständnisvoll und humorvoll soll er oder sie sein. Geld und Status rangieren abgeschlagen auf den hinteren Plätzen, und auch das Aussehen scheint nicht besonders wichtig zu sein.

In Abbildung 2.1 habe ich in Auszügen die Ergebnisse der bislang weltweit umfassendsten Studie zu Partnerpräferenzen dargestellt, die ich im Oktober 2008 in Kooperation mit FriendScout24 (www.friendscout24.de) durchgeführt habe. Mehr als 22 000 Männer und Frauen aller Altersgruppen haben angegeben, wie wichtig ihnen diese und ähnliche Merkmale bei der Wahl eines Partners sind. Unter solchen *Idealbedingungen*, wenn man also den eigenen Wünschen freien Lauf lassen kann und keinerlei Beschränkungen unterliegt – etwa durch Zurückweisungen eines begehrten Partners, der einen nicht so toll findet wie man selbst ihn oder sie –, stellt man oft fest, dass Menschen die Aspekte, die im Ernstfall die eigene Partnerwahl beeinflussen, in ihrer Wichtigkeit unterschätzen.

Aber schon ein kurzer Blick in die Heirats- und Bekanntschaftsanzeigen einer Tageszeitung ergibt ein völlig anderes Bild. Nahezu keine Anzeige, in der nicht in irgendeiner Form auf das Aussehen Bezug genommen wird. Und genau so ist es beim Onlinedating. Personen, die kein Foto von sich eingestellt haben, erhalten erheblich weniger Aufmerksamkeit. Profile mit Bild werden 27-mal häufiger angeschrieben als Profile ohne Foto.[1]

Ich habe vor Jahren, zu einem Zeitpunkt, als Dating und Flirten im Internet noch nicht möglich waren und man stattdessen versucht hat, über Bekannt-

[1] www.friendscout24.de

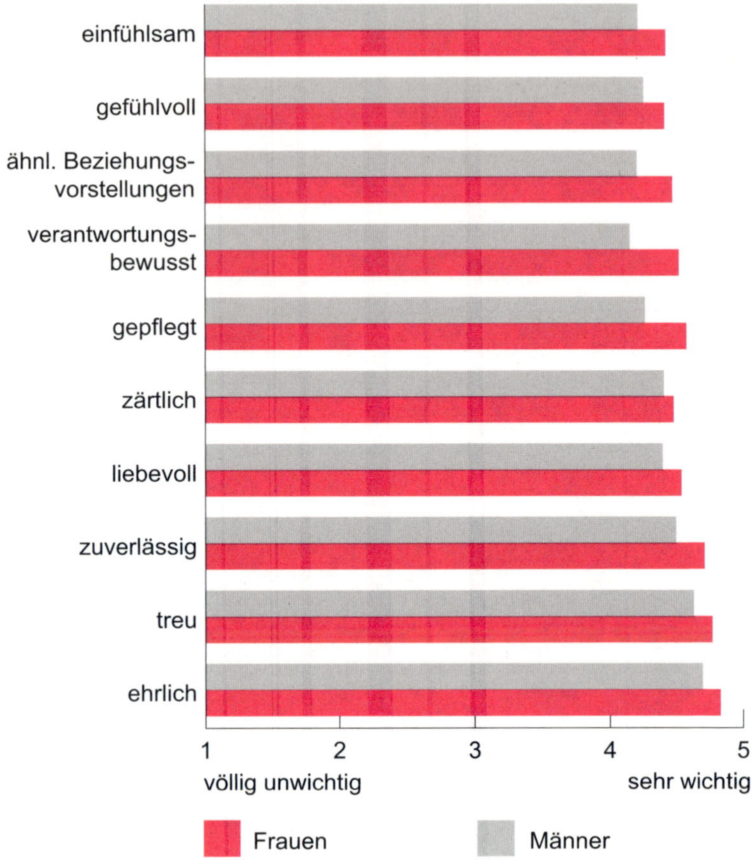

Abbildung 2.1: Bei der Partnerwahl zählen anscheinend vor allem die inneren Werte (Datenquelle: FriendScout24, 2008)

schaftsanzeigen den Richtigen oder die Richtige zu finden, solche Anzeigen systematisch ausgewertet und festgestellt, welche Aspekte die Inserenten und Inserentinnen bieten, wie sie sich also selbst beschreiben, und was sie von einem Partner oder einer Partnerin erwarten.[2]

[2] Hassebrauck, 1990

Entgegen der viel gerühmten Wichtigkeit der inneren Werte machten vier von fünf Inserenten Angaben über ihr eigenes Aussehen, das mit Abstand am häufigsten von allen Aspekten genannt wurde. Auch wenn man es nicht zugeben möchte, weil man nicht als oberflächlich erscheinen will: Das Aussehen ist wichtig. Inserenten, die keine Angaben über ihr Aussehen machten, erhielten weniger Zuschriften. »Innere Werte« tauchen bei den Wünschen der Inserenten eher selten auf. Vielmehr legt mehr als die Hälfte aller Partnersuchenden Wert auf Eigenschaften, die für gemeinsame Aktivitäten relevant sind, wie fröhlich, unternehmungslustig, vielseitig interessiert und Ähnliches. Aufrichtigkeit, Verständnis oder Ausgeglichenheit – Merkmale, die bei direkten Befragungen ganz oben rangieren – wurden erheblich seltener gewünscht.

Ich habe mich gefragt, ob es Regelmäßigkeiten zwischen dem, was Leute bieten, und dem, was Leute wünschen, gibt. Die Ergebnisse sprechen für sich und zeigen eine deutliche Vorliebe für ähnliche Partner. Lustige suchen Lustige, Einfühlsame suchen Einfühlsame, vielseitig Interessierte ebensolche. Insgesamt habe ich eine hohe Übereinstimmung zwischen den gebotenen und den gewünschten Merkmalen gefunden. Ähnlichkeit, nicht Gegensätzlichkeit, ist das Grundmuster der Partnerwahl.

Die Inserenten nutzen mit dieser Fokussierung auf Ähnlichkeit eine ausgesprochen vielversprechende Strategie, wie die Forschungsergebnisse des berühmten Intelligenzforschers Lewis M. Terman (1877–1956) nahelegen.[3] Terman hat schon 1938 mehrere Hundert Ehepaare untersucht, ihre eheliche Zufriedenheit gemessen und ermittelt, wie ähnlich sich die Partner jeweils waren. Leute, die heiraten, sind sich – so Termans Ergebnisse – ähnlicher, als man es bei zufällig gebildeten Paaren erwarten würde, und je ähnlicher sich die Partner waren, desto glücklicher waren sie auch mit ihrer Ehe. Die Präferenzen für ähnliche Partner in meiner Anzeigenstudie spiegeln genau das wider.

[3] Terman, 1938

Was Frauen wünschen

Ende der 1980er-Jahre publizierte der amerikanische Evolutionspsychologe David Buss[4] die Ergebnisse der bis dahin weltweit größten Studie zur Partnerwahl, in der er in 37 verschiedenen Kulturen auf sechs Kontinenten und fünf Inseln, mit Stichproben aus so unterschiedlichen Kulturkreisen wie Brasilien, Australien, Deutschland, Estland, Israel, Indien, Nigeria, um nur einige zu nennen, analysiert hat, was auf dem Partnermarkt gewünscht und geboten wird. Diese Studie mit insgesamt mehr als 10 000 Befragten ist auch heute noch einmalig im Hinblick auf die Unterschiedlichkeit der berücksichtigten Länder und Kulturen. Teilnehmer der Studie kamen aus Ländern, in denen Polygynie üblich ist (ein Mann ist mit mehreren Frauen verheiratet) wie Nigeria und Sambia, andere kamen aus eher monogamen Ländern wie Spanien oder Kanada. Es waren Länder vertreten, in denen das Zusammenleben ohne Trauschein weitestgehend normal ist, wie Schweden oder Finnland, und Länder wie Bulgarien, in denen diese Form des Zusammenlebens nicht völlig akzeptiert wird. Individualistische Kulturen, in denen der Einzelne im Mittelpunkt steht, etwa Deutschland, waren genauso vertreten wie kollektivistische Kulturen, etwa Indien, in denen der Einzelne immer im Kontext seiner Familie und seines sozialen Umfelds gesehen wird und Individualität weniger wichtig ist. In dieser Partnerwahlstudie wurden die männlichen und weiblichen Teilnehmer gebeten, die Wichtigkeit von 18 Merkmalen eines potenziellen (Ehe-) Partners auf einer Skala von »unwichtig« bis »unverzichtbar« zu beurteilen.

Diese Studie ist in ihrer kulturellen Vielfalt einmalig. Ihr haftet allerdings – wie vielen anderen Studien, die auf ihr aufbauen – ein Problem an: Die Liste der 18 Merkmale, die zu beurteilen waren, stammt aus den 1940er-Jahren, darunter finden sich für die heutige Zeit ungewöhnliche Merkmale wie beispielsweise »Keuschheit« oder »den Haushalt gut versorgen können«.[5] Dazu kommt, dass viele der Teilnehmer bereits seit Jahren verheiratet waren und Partnerwahl im engeren Sinn des Wortes zum Zeitpunkt der Befragung für sie nicht aktuell war.

---

4 Buss, 1989

5 Hill, 1945

Ich habe daher gemeinsam mit FriendScout24 eine Partnerpräferenzstudie durchgeführt, in der Merkmale verwendet wurden, die Menschen von heute, die auf Partnersuche sind, bei der Wahl eines Partners wichtig sind. Zunächst habe ich 100 Männer und Frauen gebeten, ihren idealen Partner zu beschreiben. Die daraus resultierenden 82 Merkmale bilden das zentrale Gerüst einer Onlinebefragung, an der mehr als 22 000 Männer und Frauen teilnahmen.

Frauen achten auf das Einkommen

David Buss berichtet, dass Frauen auf allen Kontinenten, in allen politischen Systemen (einschließlich sozialistischer und kommunistischer Systeme), in den unterschiedlichsten religiösen Gruppen und in den verschiedenen Ehesystemen mehr Wert auf ein gutes Einkommen legen als Männer. Das kann ich auch aktuell für Deutschland bestätigen. Frauen aller Altersgruppen finden es deutlich wichtiger als Männer, dass der Partner reich und wohlhabend ist. (Abb. 2.2)

Frauen wollen einen Mann mit hohem Status

Schon bei meiner Analyse von Heirats- und Bekanntschaftsanzeigen habe ich untersucht, ob die Inserenten bei ihren Selbstbeschreibungen Angaben über ihren eigenen Status (Akademiker, Professor, Arzt, Fabrikant) machten und auch, ob explizit solche Statusmerkmale beim Partner gewünscht wurden. Das Muster spricht für sich: Frauen wünschen mehr Statusmerkmale als Männer und quasi als passendes Gegenstück dazu werben Männer in ihren Anzeigen wesentlich häufiger als Frauen mit ihrem Status. Und sie sind damit auch erfolgreich: Mit zunehmendem Status der Männer erhöht sich die Zahl der Sexualpartnerinnen und damit theoretisch auch die Zahl der Kinder, wie in der Zeitschrift *Behavioral and Brain Sciences* berichtet wurde.[6] Das Klischee, nach dem Frauen gerne mit Ärzten, Rechtsanwälten oder Professoren verheiratet wären, korrespondiert offensichtlich mit der Realität. Dem Status und dem Bildungsniveau messen sie erheblich mehr Gewicht bei als Männer.

Auf dem Heiratsmarkt regieren teilweise Marktprinzipien, die uns auch aus dem Wirtschaftsleben bekannt sind, Angebot und Nachfrage beeinflussen sich

6 Kenrick & Keefe, 1992

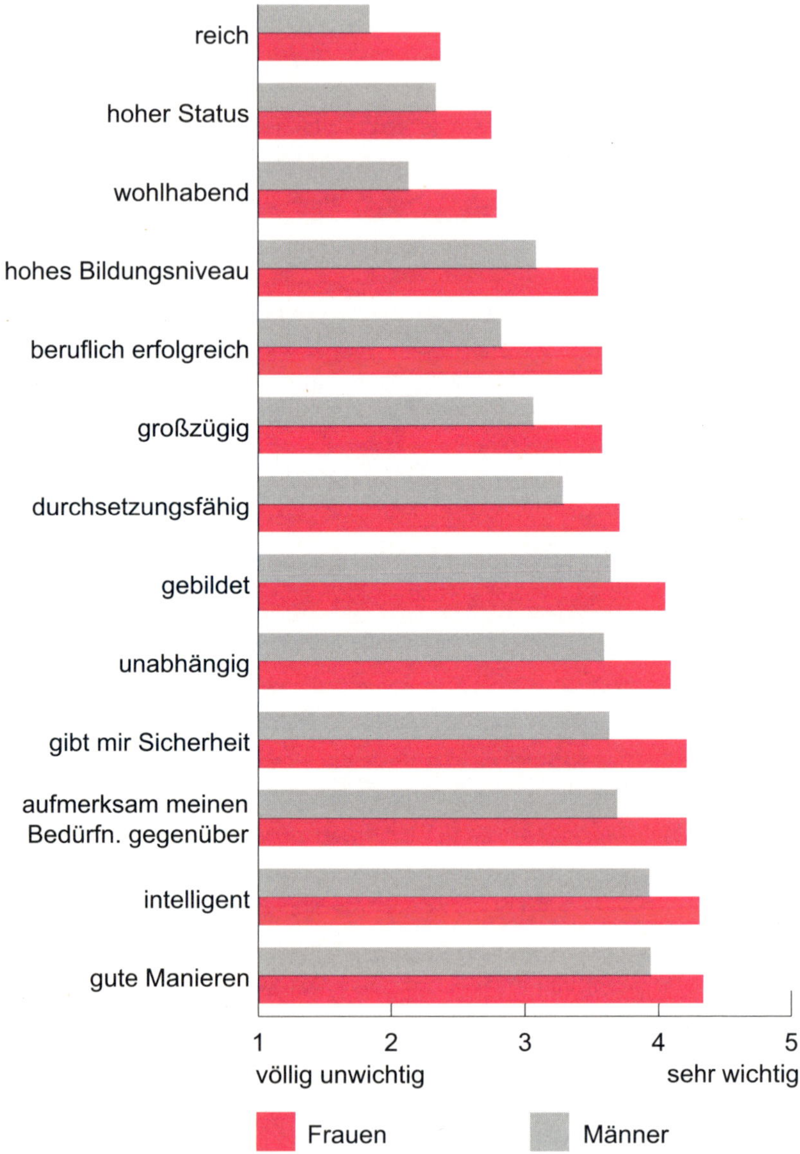

Abbildung 2.2: Was Frauen wichtiger ist …
(Datenquelle: FriendScout24, 2008)

gegenseitig. Kürzlich haben Wissenschaftler die in der *Vogue* in den Jahren 1916 bis 1999 abgebildeten Frauen und die Mode, die sie trugen, näher analysiert.[7] Zunächst haben sie den Sexappeal der Kleidung pro Jahr berechnet, wobei sie berücksichtigten, wie figurbetont die Mode jeweils war und wie viel Haut gezeigt wurde. Die Schwankungen während des vergangenen Jahrhunderts waren groß. Sie folgten aber einer ganz bestimmten Systematik: Je schlechter die wirtschaftliche Lage war, desto mehr Sexappeal hatte die Kleidung der Frauen. In Zeiten, in denen die Ressourcen bei den Männern rar sind, treten Frauen durch ein besonders erotisches Outfit in verstärkten Wettbewerb untereinander um die wenigen Männer, die ihren Wünschen entsprechen.

Frauen wollen einen Mann, der älter ist

Denken Sie kurz an Beziehungen aus Ihrem Bekanntenkreis. In wie vielen Beziehungen ist die Frau älter als ihr Partner, in wie vielen ist es umgekehrt? Im Durchschnitt sind in Deutschland die Männer 3,2 Jahre älter als ihre Frauen.[8] Dieser Umstand allein rechtfertigt es natürlich nicht, zu behaupten, Frauen hätten eine *Präferenz* für Männer, die älter sind als sie. Vielleicht liegt es eher daran, dass Männer jüngere Frauen bevorzugen und daher den Frauen keine andere Wahl bleibt. Ich habe deshalb explizit danach gefragt, wie viele Jahre jünger oder älter als man selbst der gewünschte Partner denn sein sollte. Auch im Jahr 2008 wollen deutsche Frauen einen Mann, der durchschnittlich fast drei Jahre älter sein sollte (2,8 Jahre). Das entspricht nahezu dem tatsächlichen Unterschied der deutschen Ehepartner bei der ersten Heirat. Interessant an diesen nüchternen Zahlen ist, dass diese Altersunterschiede weltweit zu beobachten sind und – soweit schriftliche Aufzeichnungen vorliegen – auch zu allen Zeiten vorkamen. Betrachten wir beispielsweise das 20. Jahrhundert. Heutzutage heiraten die Leute zwar später als noch in den 1960ern oder gar am Anfang des letzten Jahrhunderts, aber trotz der Verschiebung des Heiratsalters ist der Altersunterschied von circa drei Jahren zwischen Mann und Frau nahezu unverändert geblieben.

---

7 Hill, Donovan & Koyama, 2005
8 Statistisches Bundesamt, 2009

Frauen wollen ehrgeizige und zielstrebige Männer

Vor mehr als 60 Jahren hat Rubin Hill amerikanischen Studenten eine Liste mit 18 für die Partnerwahl wichtigen Eigenschaften vorgelegt. Unter anderem wurde gefragt, wie wichtig den Teilnehmern Ehrgeiz und Zielstrebigkeit bei einem Partner sind. Diese Liste wurde seit ihrem ersten Einsatz immer wieder – auch von mir – benutzt und stets wird festgestellt, dass Frauen mehr Wert auf Ehrgeiz und Zielstrebigkeit bei einem Partner legen als Männer. Nicht nur in westlichen Leistungsgesellschaften, auch in Ländern wie Indonesien, Polen, Bulgarien, Brasilien oder Nigeria haben offensichtlich Faulenzer und Loser bei Frauen keine Chance.

Frauen bevorzugen Männer, die Kinder möchten

Die Psychologin Peggy La Cerra[9] konstruierte Fotos, auf denen Männer in unterschiedlichen Situationen zu sehen sind. Ein Mann allein, ein Mann in Interaktion mit einem 18 Monate alten Kind, der das Kind anlächelt und ihm gegenüber seine Zuneigung ausdrückt, ein Mann, der gerade beschäftigt ist und das schreiende Kind ignoriert, ein Mann, der neben einem Kind mit Blick in die Kamera zu sehen ist, und ein Mann, der gerade staubsaugt. 240 Frauen sahen diese Bilder und sollten jedes Mal angeben, wie attraktiv sie den Mann für ein Rendezvous, für Sex, als Ehepartner, als Freund oder als Nachbar fanden. Das Ergebnis: Frauen fanden den Mann, der in *positiver* Interaktion mit dem Kind zu sehen war, als Ehepartner am attraktivsten. Der Mann, der das weinende Kind ignorierte, erhielt die mit Abstand schlechteste Bewertung und kam als Ehepartner nicht infrage. Männer reagieren übrigens nicht auf diese Weise. Für sie sind Frauen in positiver Interaktion mit einem Kind genauso begehrenswert wie Frauen, die allein auf dem Foto zu sehen sind.

Die spezifische Präferenz von Frauen für Männer mit Kinderwunsch zeigt sich auch in meinen Studien. Unter anderem fragte ich, wie wichtig es ist, ob der potenzielle Partner oder die potenzielle Partnerin Kinder haben möchte. Für Frauen war diese Eigenschaft ungefähr doppelt so wichtig wie für Männer. Wenn Männer signalisieren, dass sie diesen Wünschen entsprechen, dann

---

[9] La Cerra, 1994

sind sie für Frauen, die einen Partner für eine dauerhafte Beziehung suchen, erheblich attraktiver.[10]

Betrachten Sie jetzt noch einmal das Ergebnis des Partnerwahlfragebogens aus Test 2.1. Haben Sie und Ihr Partner vielleicht auch bestimmten Aspekten eine deutlich unterschiedliche Wichtigkeit beigemessen? Vermutlich ja. Ich habe den Test oft in meinen Vorlesungen und Seminaren eingesetzt und von jungen Männern und Frauen ausfüllen lassen. Zu meiner eigenen Überraschung und noch mehr zur Überraschung meiner Studenten stelle ich immer wieder fest, dass neben allen Gemeinsamkeiten, die Frauen und Männer haben – etwa dass der Partner aufrichtig und humorvoll sein soll, dass Religiosität nicht besonders wichtig ist –, Frauen durchweg mehr Wert auf Status, Einkommen und Bildung des Partners legen. als Männer das tun, und das, obwohl die von mir befragten Frauen als Studentinnen vermutlich später einmal zu den Besserverdienenden gehören werden und keinen »Versorger« suchen müssen.

Was Männer wünschen

Im Vergleich zu den vielfältigen und differenzierten Wünschen der Frauen bei der Partnerwahl sind die Männer vergleichsweise einfach gestrickt. Ihnen geht es primär um Schönheit und Jugendlichkeit. In der FriendScout24-Singlestudie gab es neben den zahlreichen gemeinsamen Wünschen von Männern und Frauen eben auch zahlreiche Partnermerkmale, die den Frauen wichtiger als den Männern waren. Sehen wir uns umgekehrt die Merkmale an, die den Männern wichtiger als den Frauen waren, ist das Muster ernüchternd. (Abb. 2.3)

Erstens sind es nur wenige Aspekte, auf die Männer mehr Wert legen, und zweitens haben sie alle mit dem Aussehen zu tun. Ich habe diese sehr einfachen und überschaubaren Präferenzen der Männer das erste Mal vor circa zehn Jahren festgestellt, als ich ein paar Hundert Männer und Frauen gebeten habe aufzuschreiben, was ihnen denn an einem Partner oder einer Partnerin wichtig

[10] Brase, 2006

ist, und dann anzugeben, wie wichtig diese Aspekte sind. Als ich die Liste nach jenen Eigenschaften geordnet habe, die entweder für Männer oder für Frauen wichtiger sind, habe ich im ersten Augenblick an einen Fehler in den Daten gedacht und noch ein paarmal nachgerechnet: Wie auch in der FriendScout24-Singlestudie hatten die meisten Merkmale, die den Männern wichtiger waren, mit dem Aussehen zu tun. Das waren Merkmale wie »hübsch«, »attraktiv«, »gute Figur«, »schöne Haut«, »lange Haare« und noch mehr in diese Richtung. Ich bekam den Eindruck, dass meine männlichen Versuchsteilnehmer in ihrem Bestreben, nicht nur ein einziges Merkmal, nämlich Aussehen, aufzuschreiben, Synonyme für das, was für sie wichtig ist, genannt haben.

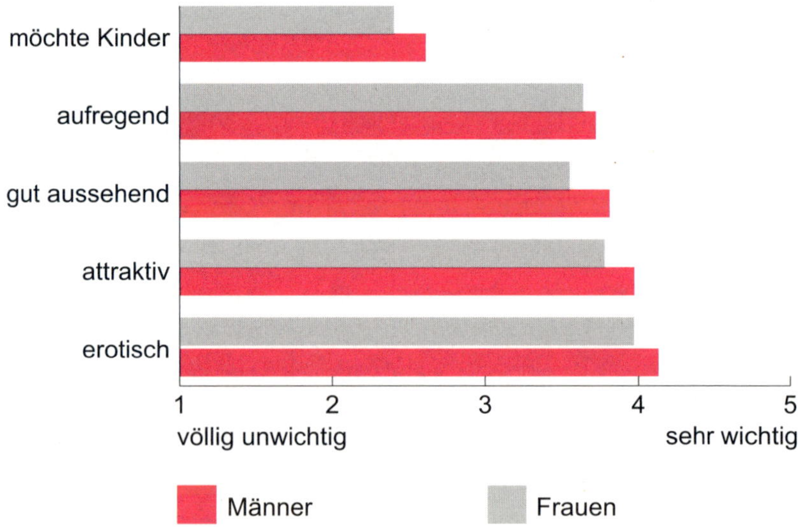

Abbildung 2.3: Was Männern wichtiger ist ...
(Datenquelle: FriendScout24, 2008)

Männer wollen eine schöne Frau

Das Präferenzmuster ist stabil: Weltweit messen Männer dem Aussehen einer Partnerin mehr Bedeutung bei als Frauen dem Aussehen eines Partners. (Abb. 2.4)

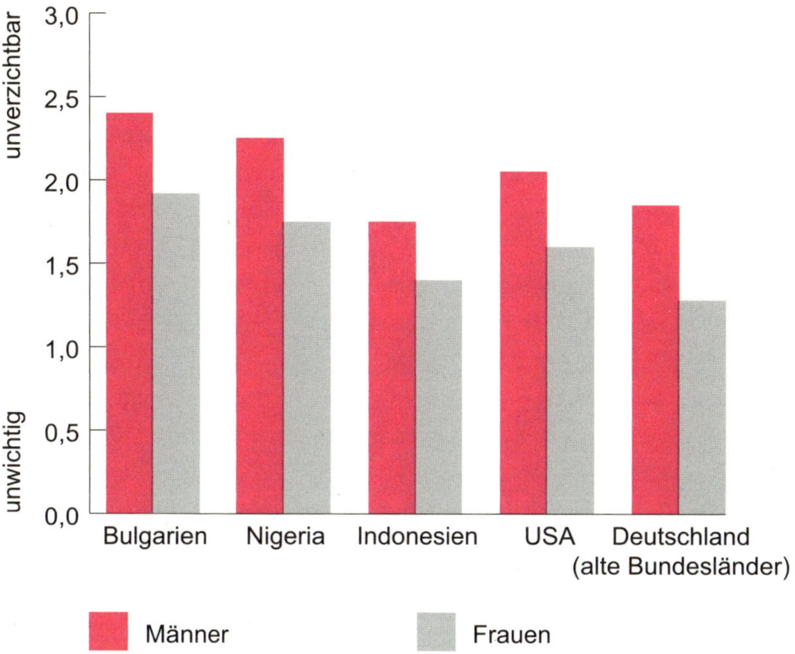

Abbildung 2.4: Weltweit ist Männern das Aussehen bei der Partnerwahl wichtiger als Frauen (nach Buss, 1999)

Ich will damit keinesfalls sagen, dass Frauen nicht auch auf das Aussehen von Männern achten. Sie sehen Attraktivität als wünschenswert an, für Männer ist das Aussehen hingegen sehr wichtig. Beeindruckend zeigt das eine Reihe von Experimenten, die der amerikanische Psychologe Douglas Kenrick[11] mit seinen Mitarbeitern durchführte. Wir alle wissen ja intuitiv, dass man für Beziehungen etwas tun muss, dass sie einem nicht in den Schoß fallen und nicht jeder jede haben kann. Kenrick hat seine Versuchsteilnehmer daher mit »Partnerwahl-Dollar« ausgestattet, die gegen erwünschte Eigenschaften von potenziellen Partnern eingetauscht werden konnten. Hatten die Versuchsteilnehmer diese Partnerwährung im Überfluss, »kauften« sich Männer wie Frauen liebe, nette, schöne, intelligente Partner und Partnerinnen.

11 Li et al., 2002

War das Partnergeld aber knapp, sah das Muster völlig anders aus. Wenn man Kompromisse eingehen muss – eben wenn das Partnergeld nicht zur Befriedigung aller Wünsche reicht –, dann »kauft« man das »Wichtige«. Wie auch im Alltagsleben, wo man sich bei knapper Kasse eher etwas zum Essen kauft, als das Geld für Designerkleidung auszugeben, um dann zu hungern, haben Frauen zunächst Status und Wohlstand »gekauft«. Männer haben ihre Partner-Dollar für weibliche Schönheit ausgegeben. »Notwendigkeiten und Luxusgüter« haben die Autoren ihre Publikation überschrieben. Männliche Schönheit ist für Frauen ein angenehmer, aber verzichtbarer Luxus. Sie heiraten auch einen weniger Attraktiven, wenn der Status nur hoch genug ist, wie sich in anderen Studien zeigte.[12] Frauen sollten bei Fotos, die unterschiedlich gut aussehende Männer zeigten, angeben, ob sie bereit wären, sich mit dem jeweiligen Mann zum Kaffeetrinken zu treffen, mit ihm abends auszugehen oder mit ihm Sex zu haben. Bei all diesen Aktivitäten zogen die Frauen den am wenigsten schönen Mann einem deutlich besser aussehenden vor, sofern er mit einer Rolex-Uhr am Handgelenk und einem Designer-Jacket dargestellt war. Der Status eines Mannes kann also Mängel bei der körperlichen Attraktivität leicht kompensieren. Wenn wir uns Fotos von Berühmtheiten in der Boulevardpresse ansehen, finden wir dieses Muster immer wieder bestätigt.

Die unterschiedliche Wichtigkeit des Aussehens für Männer und Frauen ist übrigens nicht nur für die heutige Zeit festzustellen. Partnerwahlstudien, die seit den 1930er-Jahren in ungefähr zehnjährigem Abstand wiederholt wurden, zeigen, dass dieser Unterschied zwischen Männern und Frauen über die Jahre hinweg stabil bleibt. Das heißt nicht, dass die Wichtigkeit des Aussehens unverändert geblieben ist. Ganz im Gegenteil, Zahlen aus den USA zeigen sogar einen steigenden Trend. Die Wichtigkeit des Aussehens, gemessen auf einer Skala von 0 (unwichtig) bis 3 (unverzichtbar), hat sich zwischen 1939 und 1966 von 1,5 auf 2,1 für Männer und von 0,9 auf 1,7 für Frauen erhöht.[13]

[12] Townsend & Levy, 1990; Okami & Shackelford, 2002
[13] Buss et al., 2001

Die Präferenzen mögen sich zwar ändern, der Unterschied zwischen Männern und Frauen bleibt dennoch bestehen. Allerdings gibt es einen erheblichen Unterschied zwischen einzelnen Kulturen: Je schlechter die Bildungschancen von Frauen sind, umso wichtiger sind ihnen Status und Wohlstand des Partners. Dennoch legen auch gebildete und wohlhabende Frauen mehr Wert auf solche Partnermerkmale als Männer. Und damit haben sie ein Problem! »Die neuen Einsamen« nenne ich sie gerne, Frauen, die attraktiv, gebildet und erfolgreich im Beruf sind. Sie sind Opfer ihrer Partnerwünsche. Nur die wenigsten Frauen sind bereit, einen Mann zu heiraten, der weniger Bildung als sie selbst hat. Trotz ihres eigenen hohen beruflichen Status suchen sie beruflich erfolgreiche Männer mit entsprechend hohem Status. Nur – die gibt es nicht im Überfluss.[14] Allein bleiben oder die Ansprüche senken, das sind die möglichen Alternativen.

Je älter der Mann, desto jünger die Frau

Dass Frauen eine Vorliebe für etwas ältere Partner haben, habe ich schon erwähnt. Wenn man den Altersunterschied bei der Hochzeit betrachtet, stellt man fest, dass Frauen diese Vorliebe auch in konkretes Verhalten umsetzen. Die gewünschte und die tatsächliche Altersdifferenz stimmen gut überein.

Wenn Männer könnten, wie sie wollen, sähe das aber ganz anders aus. Sie wünschen sich mit zunehmendem Alter eine im Vergleich zum eigenen Alter umso jüngere Frau. In einer groß angelegten Studie haben Douglas Kenrick und Richard Keefe weltweit Alterspräferenzen bei der Partnerwahl ermittelt.[15] Das Muster, das sie erkennen konnten, ist über Zeiten und Nationen hinweg verblüffend konstant. Während 20-jährige Männer noch eine Partnerin akzeptieren würden, die zwei Jahre älter als sie ist, sollte sie bei 40-Jährigen schon mindestens zwei Jahre jünger sein. Sie dürfte aber auch durchaus zwölf Jahre jünger sein. Bei den über 60-Jährigen dürften es gar 15 Jahre sein.

Das kann ich auch für Deutschland bestätigen. Von den mehr als 9000 von mir befragten Männern hätte die Gruppe der unter 30-Jährigen gerne eine

---

14 Wiederman & Allgeier, 1992; FriendScout24 Partnerpräferenzstudie 2008

15 Kenrick & Keefe, 1992

Partnerin, die ungefähr ein Jahr jünger ist; sie würden aber auch sechs Jahre Altersunterschied akzeptieren. Die 50- bis 60-Jährigen wünschen sich eine Partnerin, die fast neun Jahre jünger ist, und bei den Senioren (60 und älter) sollte sie gar mehr als zehn Jahre jünger sein. Überspitzt könnte man sagen, dass Männer, egal, wie alt sie selbst sind, am liebsten eine Frau Mitte 20 hätten. In Übereinstimmung damit hätten männliche Teenager und junge Männer übrigens gerne eine ungefähr vier Jahre ältere Freundin. Das passt alles nicht so gut zu den real existierenden Altersunterschieden, die wohl eher die Wünsche der Frauen als die der Männer widerspiegeln. Männer werden – was die Umsetzung ihrer Wünsche nach einer Jüngeren angeht – von den Frauen gebremst.

Beide Geschlechter folgen damit unbewusst einer sinnvollen Strategie. Einer aktuellen Studie des Max-Planck-Instituts für demografische Forschung zufolge profitieren nämlich Männer von jüngeren Partnerinnen.[16] Je jünger sie im Vergleich zu ihm ist, desto höher ist seine Lebenserwartung. Das kann daran liegen, dass jüngere Frauen ihre Männer zu körperlichen Aktivitäten anhalten, die sie allein nicht machen würden, dass sie sie im Krankheitsfall besser versorgen, und auch am Sex, der sich auch förderlich auf das Wohlbefinden und die Lebenserwartung auswirkt. Aber umgekehrt ist der Nutzen des Mannes ein Nachteil für die Frau. Frauen mit älteren Partnern haben eine geringere Lebenserwartung als Frauen mit gleichaltrigen Männern. Was die meisten Frauen vermutlich verwundern wird, ist, dass sich auch jüngere Partner nicht positiv auf die Lebenserwartung der Frauen auswirken. Sie leben mit einem gleichaltrigen Partner am längsten. Ein Grund dafür kann sein, dass jüngere Partner für Frauen einen Stressfaktor darstellen. Schließlich wissen sie um die Vorliebe der Männer für jüngere Frauen und sind daher nie ganz sicher, ob er denn wirklich treu ist.

Der real existierende Altersunterschied von durchschnittlich drei Jahren zwischen Männern und Frauen ist vielleicht ein guter Kompromiss zwischen den gegenläufigen Effekten von Altersunterschieden für Männer und Frauen. Der Nutzen für die Männer ist dann nämlich höher als der Nachteil – im Hin-

[16] Drefahl, in Druck

blick auf die Lebenserwartung – für die Frauen. Vielleicht hat sich ja deshalb weltweit der Altersunterschied bei circa drei Jahren eingependelt, weil er im Hinblick auf das Paar das Optimum darstellt.

Warum haben Männer und Frauen unterschiedliche Partnerpräferenzen?

In der wissenschaftlichen Diskussion dieser Unterschiede treffen zwei Erklärungen aufeinander – eine soziokulturelle und eine evolutionäre. Vertreter der soziokulturellen Perspektive argumentieren, dass Männer und Frauen eigentlich die gleichen Partnerpräferenzen hätten, dass aber die ungleiche Verteilung von Lebenschancen Unterschiede, wie die hier dargestellten, begünstigen.[17] Auch in hoch industrialisierten Gesellschaften wie Deutschland oder den USA, in denen Gleichberechtigung großgeschrieben wird, haben Frauen im Vergleich zu Männern auch heute noch einen schlechteren Zugang zu höheren beruflichen Positionen. Nach dieser Sichtweise präferieren Frauen deswegen mit Status, Macht und materieller Sicherheit verbundene Partnermerkmale, weil sie selbst aufgrund der gesellschaftlichen Bedingungen keine – oder zumindest geringere – Kontrolle über diese Ressourcen ausüben können. Und für Frauen, die in Gesellschaften leben, in denen sie weitestgehend von Bildung und Erwerbschancen ausgeschlossen sind oder in denen ein ausgelebter Kinderwunsch gleichbedeutend mit dem Rückzug aus dem Berufsleben ist, besteht die einzige Möglichkeit, einen höheren ökonomischen und gesellschaftlichen Stand zu erreichen, in der Ehe mit einem gut situierten Partner. Frauen tauschen auf dem Partnermarkt sozusagen ihre Schönheit und Jugendlichkeit gegen Status und Wohlstand der Männer ein, so die soziokulturelle Sichtweise.

Evolutionspsychologen argumentieren ganz anders. Die moderne Evolutionspsychologie geht davon aus, dass Menschen in ihrer stammesgeschichtlichen Entwicklung mit einer Reihe ganz spezifischer Probleme konfrontiert waren, die erfolgreich gemeistert werden mussten, um zu überleben. Da der Evolutionsprozess langsam voranschreitet und oft Tausende von Generationen

[17] Howard, Blumstein & Schwartz, 1987

benötigt, sind auch die heute lebenden Menschen noch mit psychischen Mechanismen ausgestattet, die an die Lebensweisen unserer Urahnen angepasst sind, in der heutigen Zeit aber nicht zwangsläufig funktional sein müssen. Zu den Problemen, für deren Lösung sich solche psychischen Mechanismen herausgebildet haben, gehört unter anderem das Auffinden geeigneter Nahrung und natürlich auch die Wahl eines geeigneten Fortpflanzungspartners.

Unterschiedliche Partnerpräferenzen sind ein Relikt psychologischer Programme, die sich in unserer evolutionären Vergangenheit bewährt haben.[18] Stellen Sie sich einmal eine Frau in grauer Vorzeit vor, die sich zwischen zwei Männern zu entscheiden hat. Einer von beiden ist ein mutiger und geschickter Jäger und bietet ihr Nahrung im Überfluss, der andere ist eher ungeschickt und kommt nur ab und an mit Beute nach Hause. Alle anderen Aspekte einmal außer Acht gelassen, ist der erfolgreiche Mann für die Frau mehr »wert« als der weniger erfolgreiche. Er wird zu ihrem Überleben und dem Überleben möglicher Kinder besser beitragen als der andere. Wenn über die Zeit hinweg Erfolg immer mit diesen für die Frau positiven Aspekten verbunden ist und es sichtbare und verlässliche Hinweise auf diesen Erfolg gegeben hat, dann hätte die Evolution eine Präferenz von Frauen für erfolgreiche Männer begünstigt. Die anderen Frauen und ihre Nachkommen hätten geringere Überlebenschancen gehabt. Die heute beobachtbaren Partnerpräferenzen sind demnach aus ihrer ehemaligen Funktion in einer urzeitlichen Jäger- und Sammlergesellschaft verständlich.

Erfolgreiche Fortpflanzung stellt allerdings Männer und Frauen vor unterschiedliche Aufgaben. Die Investitionen von Frauen in die Nachkommen sind erheblich größer als die der Männer.[19] Die Wissenschaft spricht von höheren elterlichen Investitionen der Frauen. Die unterschiedlichen Investitionen, die Männer und Frauen bei der Fortpflanzung im Minimum einbringen, zeigen sich zunächst einmal in der Qualität und Quantität von Spermien und Eizellen. Männer produzieren ungefähr 12 Millionen Spermien pro Stunde, Frauen hingegen produzieren während ihres gesamten Lebens ungefähr 400 befruch-

[18] Buss, 2007
[19] Trivers, 1972

tungsfähige Eizellen. Dieser Unterschied setzt sich fort mit der neunmonatigen Schwangerschaft und der Stillzeit.

Dagegen ist für Männer minimal die Dauer des Geschlechtsakts ausreichend, um Fortpflanzungserfolg zu erreichen. Evolutionär betrachtet muss ein Mann, um sich erfolgreich fortzupflanzen, eine fruchtbare Frau finden und sie schwängern – wenn sie ihn denn lässt! Die in der Literatur berichtete Zahl von 888 legitimen Kindern des Fürsten »Moulai Ismail, der Blutrünstige« im Vergleich zu der biologisch bedingten Höchstgrenze von circa 24 Kindern (ohne Mehrlingsgeburten), die eine Frau austragen kann, verdeutlicht noch einmal die unterschiedlichen Investitionen und den Fortpflanzungserfolg. Fehlentscheidungen bei der Partnerwahl haben daher für Frauen erheblich schwerwiegendere Konsequenzen als für Männer. Wählen sie den Falschen und werden schwanger, haben sie mitunter eine gute Gelegenheit vertan und sitzen in der Klemme. Frauen sollten also nicht nur auf andere Merkmale als Männer achten, sie sollten auch insgesamt wählerischer sein.

Frauen sind wählerischer als Männer

Wären Sie bereit, mit einer Ihnen völlig unbekannten Person Sex zu haben? Wissenschaftler der University of Texas haben getestet, wie es mit einer solchen Bereitschaft bei Männern und Frauen aussieht. Junge Männer und Frauen wurden jeweils von einer attraktiven Person des anderen Geschlechts angesprochen und gefragt, ob sie mit ihnen noch am selben Tag Sex haben wollten. 75 Prozent der angesprochenen Männer waren dazu bereit, während keine einzige der angesprochenen Frauen zu Sex mit einem ihr unbekannten Mann bereit war.[20] Das Erschreckend-Beeindruckende an diesen Zahlen ist aber nicht so sehr die hohe Zahl der Männer, die zu Sex mit einer Unbekannten bereit wären, an sich, sondern dass erheblich mehr Männer zu Sex bereit wären als dazu, sich mit der jungen Frau am gleichen Abend zu verabreden. »Gemeinsam ausgehen? Nein! – Sex? Ja!« ist die ernüchternde Konsequenz aus dieser Studie.

---

[20] Clark & Hatfield, 1989; Clark & Hatfield, 2003

In Übereinstimmung damit lassen sich Frauen auch mehr Zeit, bis sie zum ersten Mal mit einem neuen Bekannten ins Bett gehen. Ein Drittel der Männer kannte ihre letzte Sexualpartnerin weniger als 24 Stunden, bei Frauen waren es nur 16 Prozent.[21] Und nahezu die Hälfte aller Männer (45 Prozent) kannten ihre letzte Bettgenossin immerhin weniger als eine Woche. Bei den Frauen waren es auch hier wieder deutlich weniger (28 Prozent), die so schnell zu Sex bereit waren. »Wie kann das sein?«, fragt man sich. Kennen ist ein doch symmetrischer Prozess, und wenn ein Drittel der Männer ihre letzten Sexpartnerinnen weniger als einen Tag kannte, müssten es auch umgekehrt ebenso viele Frauen sein. Der Grund für diese Diskrepanz könnte darin liegen, dass es oft die gleichen Frauen sind, mit denen Männer, ohne sie lange zu kennen, Sex haben. Das sind vielleicht Frauen, die bei Umfragen eher unterrepräsentiert sind. Vielleicht nehmen es Männer und Frauen aber auch mit den Angaben zu ihrem Sexleben nicht so genau. Ich komme in Kapitel 7 noch einmal auf eine ähnliche Diskrepanz zurück.

Männer sind nicht nur eher zu Sex mit Frauen bereit, die sie (noch) nicht gut kennen, sie reduzieren auch ihre Ansprüche an das Aussehen ihrer Partnerin, wenn es nur eine Affäre ist.[22] Bei Kurzeitbeziehungen, also Beziehungen ohne eine längere Perspektive, sind Männer zu Sex mit Frauen bereit, die für sie als Partnerin für eine dauerhafte Beziehung nie infrage kämen. Bei Frauen ist das eher umgekehrt. Sie erhöhen ihre Ansprüche an das Aussehen des Mannes, wenn sie fremdgehen. Dieses Muster macht es Frauen besonders schwer, mit Seitensprüngen ihrer Partner umzugehen. Der Seitensprung an sich ist schon schwer genug zu ertragen. Wenn eine Frau dann noch erfährt, mit wem der Mann sie betrogen hat, wird es noch schlimmer. Frauen legen dem Fremdgehen ihre eigene Logik zugrunde. Wenn schon, dann soll er wenigsten gut aussehen, meist besser als der eigene Partner. Wenn Frauen diese Überlegungen nun auf das Verhalten der Partner übertragen und deren reduzierte Ansprüche nicht berücksichtigen, leidet ihr eigener Selbstwert oft immens. »Bin ich so unattraktiv, dass er mich mit dieser ... betrügt?«, fragt sie sich – und leidet.

---

[21] Herold et al., 1998

[22] Regan, 1998

Die größere Selektivität von Frauen bei der Partnerwahl spiegelt sich auch in Heirats- und Bekanntschaftsanzeigen wieder. Frauen scheinen eine präzisere Vorstellung von den Merkmalen zu haben, die der gewünschte Partner aufweisen soll, und formulieren entsprechend mehr Wünsche als Männer. Wenn man Männer und Frauen auffordert, kurz über den idealen Partner nachzudenken und Merkmale aufzuschreiben, die der ideale Mann oder die ideale Frau aufweisen soll, nennen Frauen nicht nur 40 Prozent mehr Merkmale als Männer; die von ihnen genannten Merkmale sind auch vielfältiger. Beispielsweise nennen sie die Eigenschaften *intelligent*, *verantwortungsbewusst*, *kommunikativ*, *gebildet*, *unabhängig*, *durchsetzungsfähig*, während Männer fast nur Merkmale nennen, die etwas mit dem Aussehen zu tun haben, wie *attraktiv*, *hübsch*, *aufregend*, *gute Figur*, *weiche Haut* usw.

Frauen sind insgesamt zudem sorgfältiger und gründlicher in der Wahrnehmung ihrer Partner und lassen sich mehr Zeit bei der Partnersuche. Cornelia Storz, eine meiner ehemaligen Doktorandinnen, hat in ihrer Dissertation zur Datensammlung eine Art virtuelle Partnervermittlung verwendet und ihre Versuchsteilnehmer aus einem Pool von möglichen Partnern, die mit Fotos und weiteren Informationen beschrieben waren, auswählen lassen. Alle Informationen waren in Form einer Matrix (Abb. 2.5) auf einem Computermonitor präsentiert.

Nach und nach konnten einzelne Elemente dieser Matrix, die zunächst völlig verdeckt war, aufgedeckt werden, so lange, bis man meinte, den Partner oder die Partnerin gefunden zu haben. Auf diese Weise lässt sich feststellen, wie Männer und Frauen Informationen über Partner suchen, um sich dann zu entscheiden, ob er oder sie als Partner infrage kommt. Ein wichtiges Ergebnis dieser Forschungsarbeit ist, dass Frauen insgesamt mehr Zeit auf die einzelnen Informationen verwenden und länger hinsehen, bevor sie entscheiden, ob sie sich mit einer Person verabreden wollen oder nicht. Auch das ist ein Hinweis auf die größere Selektivität von Frauen bei der Partnerwahl.

	A. P.	C. K.	A. G.	S. M.	K. V.	D. K.	M. L.	T. S.
Foto								
intelligent		+		0	+		++	
ordentlich								
Einkommen	0	0	- -	+	++	- -	++	0
verantwortungsbewusst								
häuslich								
kommunikativ								
kreativ								

Abbildung 2.5: Die Partnerwahlmatrix von Cornelia Storz. Die Versuchsteilnehmer konnten so viele Elemente in dieser Matrix aufdecken, bis sie den Passenden oder die Passende gefunden hatten. -- bedeutet: Das angeklickte Merkmal ist bei der Person überhaupt nicht vorhanden. ++ bedeutet: Es ist sehr stark ausgeprägt. 0 ist eine mittlere Ausprägung. Kandidat M. L. ist sehr intelligent und verfügt über ein hohes Einkommen. A. G. hingegen ist eher arm.

Soziokulturell oder evolutionär? Wer hat recht?

Zunächst ist man von der Plausibilität der soziokulturellen Argumentation vermutlich überzeugt. Was bleibt Frauen in Gesellschaften, in denen Gleichberechtigung eher auf dem Papier steht als tatsächlich existiert (zum Vergleich: Obwohl an deutschen Universitäten der Frauenanteil bei den Studierenden bei ungefähr 50 Prozent liegt, ist nur rund jede siebte Professorenstelle mit einer Frau besetzt), anderes übrig, als durch Heirat zu hohem Status und Einkommen zu gelangen? Evolutionäre Argumentationen erscheinen oft weit hergeholt und schwer prüfbar. Was allerdings für die evolutionäre Perspektive spricht, ist zunächst der Umstand, dass die spezifischen Partnerwünsche von Frauen, die ich in diesem Kapitel aufgezeigt habe, weltweit in sehr unterschiedlichen Kulturkreisen zu beobachten sind. Überraschend ist zudem, dass auch Frauen, die selbst in hohen gesellschaftlichen und beruflichen Positionen stehen, Wert auf Status, Macht und Bildung eines Mannes legen. Nach der soziologischen Theorie der strukturellen Machtlosigkeit sollten sie es eigentlich nicht mehr nötig haben.

Für die evolutionäre Perspektive spricht auch die größere Selektivität von Frauen bei der Partnerwahl und der Umstand, dass Frauen im Vergleich zu Männern bessere Fähigkeiten haben, Täuschungsmanöver und Betrug in Beziehungen zu entdecken. Für sie steht eben mehr auf dem Spiel. Was ebenfalls für die evolutionäre Perspektive spricht, ist, dass die Partnerwahl der Frauen von ihrem Menstruationszyklus beeinflusst wird, ein Umstand, der den Frauen meist nicht einmal bewusst ist.

Partnerwahl und Fertilität

Frauen können – wie wir alle wissen – nur zu bestimmten Tagen schwanger werden. Bei einem regelmäßigen Zyklus von 28 Tagen findet der Eisprung am 14. Tag statt. Streng genommen ist nur dann eine Befruchtung der Eizelle möglich. Da Spermien im Vaginaltrakt der Frau ein paar Tage überleben können, betrachtet man üblicherweise den 8. bis 14. Tag des Menstruationszyklus als die fertile Phase einer Frau. Bei Frauen mit längeren Zyklen als 28 Tagen liegt die fertile Phase etwas später, bei solchen mit kürzeren Zyklen etwas früher.

Englische Wissenschaftler haben mit Bildbearbeitungsprogrammen männliche Gesichter maskuliner oder femininer gemacht und fünf dieser manipulierten Bilder in dem englischen Magazin *Tomorrow's World* abgedruckt.[23] Die Leserinnen sollten das schönste Bild wählen, wobei die Forscher zusätzlich um Informationen über den Menstruationszyklus der Frauen baten. Während der fruchtbaren Phase des Zyklus haben deutlich mehr Frauen das maskuline Foto gewählt als während der nicht fruchtbaren Phase des Zyklus. Dass Frauen dann, wenn die Wahrscheinlichkeit, schwanger zu werden, gegeben ist, eine Präferenz für maskuline Gesichtszüge haben, die normalerweise das Resultat des Testosteronspiegels der Männer sind, kann aus einer soziokulturellen Perspektive schwer erklärt werden.

---

[23] Penton-Voak & Perrett, 2000

Inzwischen zeigen die Ergebnisse zahlreicher Studien, dass Frauen während der fertilen Phase ihres Zyklus einen anderen Blick nicht nur auf ihren Partner, sondern generell auf Männer werfen. Sie sind in dieser Zeit, wenn die Konsequenzen von Fehlentscheidungen besonders schwer wiegen, etwa wenn sie vom »falschen« Mann schwanger würden, besonders kritisch und auch vorsichtig. Intuitiv vermeiden sie dann – etwa beim Sport oder Spazierengehen – gefährliche Gegenden, minimieren sozusagen die Gefahr, Opfer von Vergewaltigungen zu werden. Sie sehen sich auch ihre eigene Beziehung genauer an, und sie achten mehr auf das Aussehen von Männern!

Randy Thornhill und Steven Gangestad, beide Wissenschaftler an der University of New Mexico, haben vor Jahren ein Experiment durchgeführt, das ebenso genial wie beeindruckend ist.[24] Zunächst mussten junge Männer weiße T-Shirts drei Tage lang tragen und durften in dieser Zeit weder Deodorants noch After Shave benutzen, weder rauchen noch Knoblauch essen. Dann wurden diese T-Shirts eingefroren und die Männer wurden fotografiert. Später mussten Frauen an diesen T-Shirts riechen, und sie sollten angeben, wie angenehm oder unangenehm der Geruch für sie war. Frauen empfanden den Geruch von attraktiven Männern mit symmetrischen Gesichtern als angenehmer – aber nur während ihrer fruchtbaren Tage! Während der übrigen Zeit konnten sie überhaupt keinen Unterschied im Geruch der symmetrischen und unsymmetrischen Männer wahrnehmen.

Frauen verhalten sich während der fertilen Phase auch verführerischer und sehen erotischer aus. Wir baten 46 Frauen, sich über einen ganzen Monat hinweg jeden Tag mit einer Einwegkamera, die wir ihnen zur Verfügung stellten, zu fotografieren. Sie sollten darüber hinaus in einem Tagebuch angeben, was sie an den einzelnen Tagen jeweils machten und wie sie sich fühlten. Und natürlich ließen wir sie protokollieren, an welchem Tag ihr Menstruationszyklus anfing. Die Tagebuchaufzeichnungen zeigen, dass sich die Versuchsteilnehmerinnen während der fertilen Tage anders verhielten: Sie unternahmen deutlich mehr soziale Aktivitäten (ins Kino gehen, in die Disco gehen und so weiter) als während der übrigen Tage.

[24] Thornhill & Gangestad, 1999

Später zeigten wir Männern, die diese Frauen nicht kannten, die Fotos und baten sie, bei jedem einzelnen der insgesamt mehr als 1000 Fotos anzugeben, wie attraktiv die Frau ist und wie viel Haut sie durch ihren Kleidungsstil zeigt. Was wir feststellten, war, dass sich unsere Versuchsteilnehmerinnen während ihrer fruchtbaren Tage freizügiger kleideten. Sie zeigten mehr Haut und wirkten verführerischer. (Abb. 2.6) Bei den Männern kam das auch an. Unsere Beurteiler fanden die Frauen während der fertilen Tage schöner![25]

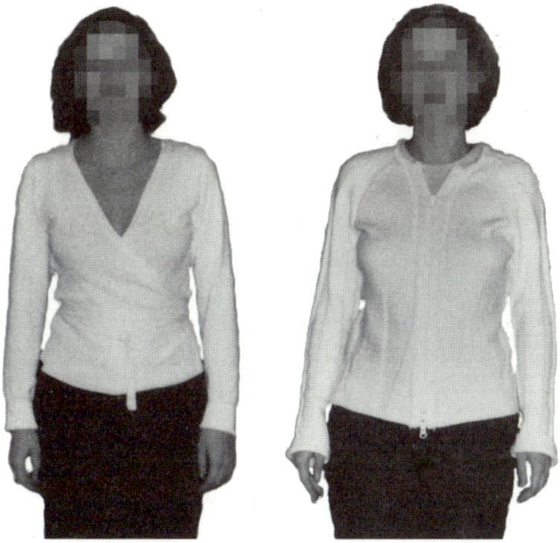

Abbildung 2.6: Eine der Teilnehmerinnen an unserer Studie, links während der fertilen Phase ihres Zyklus, rechts während der nicht fertilen Phase

Wunsch und Wirklichkeit – man bekommt nicht (immer) den Partner, den man möchte

Den idealen Partner zu finden und ihn auch zu bekommen, sind zweierlei. Und so lehrt uns unsere Erfahrung, dass wir auch bei der Partnerwahl Kom-

[25] Schwarz & Hassebrauck, 2008

promisse eingehen müssen. Nicht jede(r) kann einen Märchenprinzen oder eine Prinzessin bekommen. Soziologen und Psychologen haben sich Paare genauer angesehen und ermittelt, was er und sie jeweils auf die Waagschale legen konnte – Aussehen, Intelligenz, Einfühlungsvermögen, Geld, beruflichen Erfolg, geistige und körperliche Gesundheit und vieles mehr. Sie stellten fest, dass jeder Mensch den Partner hat, den er oder sie »verdient«, das heißt, wenn man die Summe aller positiven und auch aller negativen Eigenschaften einer Person berücksichtigt, finden sich meist solche Menschen als Paare, die einander in ihrem »sozialen Wert« ähnlich sind. Wie einfach das funktioniert, zeigt unser Test 2.2.

Test 2.2. Der eigene Marktwert und die Partnerwahl
Probieren Sie auf einer Party oder einer größeren Feier (es sollten nach Möglichkeit mehr als 15 Personen anwesend sein) Folgendes aus:
Bereiten Sie Zettel mit Zahlen 1, 2, etc. vor, immer zwei mit der gleichen Zahl. Nummerieren Sie so weit fort, wie sich Paare aus den Anwesenden bilden lassen, also bei 20 Personen gibt es die Werte 1 bis 10.
Mischen Sie die Zettel gut durch und kleben Sie jedem Gast einen Zettel auf den Rücken. Wichtig ist, dass die Person selbst nicht weiß, welche Zahl auf ihrem Rücken zu lesen ist.
Erklären Sie Ihren Gästen nun, dass diese Zahlen den »Marktwert« jedes Einzelnen ausdrücken. Sie repräsentieren sozusagen die Summe aller positiven und negativen Eigenschaften der jeweiligen Person. Es geht darum, einen möglichst attraktiven Partner (also eine Person mit hohem Wert) zu finden.
Beobachten Sie, was passiert.
Über kurz oder lang haben alle Gäste einen Partner gefunden. Sie werden meist eine ziemlich gute Passung der sozialen Werte feststellen, 2 zu 2, die 10 mit der 10. Ohne dass die Gäste wissen, welche Zahl auf ihrem Rücken steht, haben sie ein Gefühl für ihren Wert entwickelt. Die 10 wird Angebote von vielen erhalten haben und kann entsprechend auswählen, die 1 oder die 2 dagegen erhält nur wenige Offerten.

In der Praxis sieht die Partnerwahl allerdings etwas anders aus als in unserem Partyspiel. Nachdem eine »Nummer 3« vielleicht zwei- oder dreimal vergeblich versucht hat, eine Nummer 7 oder 8 zu bekommen, wird er oder sie es nicht mehr probieren. Man entwickelt durch Erfolg und Misserfolg bei der Partnerwahl eine Sicht der eigenen Chancen, des eigenen sozialen Werts, und wählt dann zielstrebig solche Personen, bei denen man sich entsprechend Chancen ausrechnet, um die Gefahr einer Zurückweisung zu minimieren. Wir haben alle im Laufe unseres Lebens gelernt, dass Nehmen und Geben in einem sinnvollen Wechselspiel stehen müssen. Schon als Kinder werden wir getadelt, wenn wir die Spielsachen oder Süßigkeiten nicht mit unseren Geschwistern oder Spielkameraden teilen – und so entwickelt sich nach und nach ein Gefühl für Fairness und Billigkeit, eine Norm der Gegenseitigkeit. Wir fühlen uns in der eigenen Paarbeziehung am wohlsten, wenn wir das bekommen, was uns unserer Meinung nach zusteht. Ist in einer Beziehung das Gleichgewicht von Leistung und Gegenleistung gestört, fühlen sich *beide* Partner unbehaglich. Bei dem, der zu schlecht wegkommt, der mehr in die Beziehung einbringt, als er bekommt, ist es verständlich. Er ist verärgert und enttäuscht. Erstaunlicherweise fühlt sich auch der Partner, der mehr bekommt, als er verdient, nicht wohl in seiner Haut. Er hat Schuldgefühle, ein schlechtes Gewissen und Angst, den Partner oder die Partnerin zu verlieren.[26]

Ich habe in zahlreichen meiner Studien Hunderte von Männern und Frauen gebeten, das, was sie zu ihrer Beziehung beitragen und dafür bekommen, mit dem zu vergleichen, was der jeweilige Partner beiträgt und bekommt. Dann wurden sie gebeten, anzugeben, ob sie besser als der Partner wegkommen, der Partner besser wegkommt als sie selbst, oder ob beide sich in einem ausgewogenen Verhältnis von Geben und Nehmen befinden. Paare in einer gleichwertigen und ausgewogenen Beziehung waren durchweg glücklicher und zufriedener als solche, die sich benachteiligt oder auch im ungerechten Vorteil sahen. Dieser Wunsch nach Ausgewogenheit in einer Beziehung ist mit dafür verantwortlich, dass wir bei der Wahl eines Partners nicht nur auf dessen Eigenschaften achten, sondern auch berücksichtigen, was wir selbst zu bieten haben.

Selbstvertrauen und Anspruchsniveau

Nun ist das, was wir meinen, zu bieten, und das, was wir von unserem Partner erwarten, keineswegs fest und unveränderbar. Wie subtil und leicht modifizierbar unser Anspruchsniveau ist, hat die amerikanische Psychologin

26 Guerrero et al., 2008

Sarah Kiesler schon vor über 40 Jahren eindrucksvoll demonstriert. Ihre männlichen Probanden nahmen an einem Test teil, mit dem angeblich ihre intellektuellen Fähigkeiten gemessen werden sollten. Ohne eine tatsächliche Auswertung wurde einer völlig zufällig ausgewählten Gruppe von Versuchsteilnehmern mitgeteilt, sie hätte überdurchschnittlich gut abgeschnitten, einer anderen Gruppe, sie hätte schlecht abgeschnitten. Unter einem Vorwand wurden die Versuchsteilnehmer in die nahe gelegene Cafeteria gebeten, wo sie auf weitere Instruktionen warten sollten. Hier passierte es nun. Eine hübsche junge Frau setzte sich zu ihnen an den Tisch und begann ein Gespräch. Beobachtet wurde, wie die Versuchspersonen sich jeweils verhielten. Hatten sie vorher Erfolg gehabt, verhielten sie sich selbstsicher und versuchten auch gleich, sich zu verabreden. Hatten sie vorher Misserfolg gehabt, waren sie schüchtern, wortkarg und machten keinerlei Anstalten, ihr Gegenüber näher kennenzulernen.

Vor allem schüchterne Menschen, die Angst haben, von anderen zurückgewiesen zu werden, unterliegen hier einer besonderen Gefahr. Sie überschätzen nämlich die Deutlichkeit, mit der sie anderen ihr Interesse signalisieren, und sind dann umso mehr enttäuscht, wenn der andere nicht wie gewünscht reagiert. Sie glauben, ganz klare und deutliche Signale gesendet zu haben, die ausdrücken: »Ich würde dich gerne kennenlernen.« Wenn auf eine so klare Botschaft keine positive Reaktion erfolgt, kann das in ihren Augen nur bedeuten: »Der will mich nicht«, und das Selbstbewusstsein geht noch weiter runter. Der Fehler, den die Schüchternen begehen, ist, dass sie ihre eigene Angst mit in ihre Selbsteinschätzung, wie stark sie dem anderen ihr Interesse signalisieren, einbeziehen. Ganz so, als ob sie zu sich selbst sagen würden: »Wenn ich doch trotz meiner Schüchternheit und Ängste mein Interesse signalisiert habe, dann ist das doch ein ganz besonders deutlicher Ausdruck, dass ich etwas will. Das muss er doch auch merken.« Nur dass der andere von der Schüchternheit und den Ängsten ja gar nichts weiß.

Der Hollywood-Effekt: Wie sich der Kontext auf unser Anspruchsniveau auswirkt

Es ist bekannt, dass sich Filmstars öfter scheiden lassen als der Mann oder die Frau von nebenan. Woran liegt das? Sind sie oberflächlicher, egozentrischer oder einfach mehr Versuchungen ausgesetzt? Wissenschaftler haben kürzlich eine neue Erklärung für dieses Phänomen geliefert. Männer, so die Argumentation, die besonders häufig mit hochattraktiven Personen des anderen Geschlechts zusammentreffen – das sind Filmstars, das sind aber auch Lehrer und Professoren – entwickeln unrealistische Erwartungen, wie attraktiv eine Partnerin zu sein hat. Die eigene Partnerin schneidet in diesem unrealistischen Vergleich meist schlecht ab. Die Statistiken scheinen diese Vermutung zu bestätigen. Das Scheidungsrisiko ist für männliche Lehrer und Professoren beispielsweise statistisch signifikant höher als in der allgemeinen Bevölkerung. Wer sich also nur allzu gern im Lichte schöner Frauen sonnt, muss auf der Hut sein und sich vorsehen, keine unrealistischen Erwartungen zu entwickeln.[27]

Partnerwahl: Entscheidung unter Unsicherheit

»Sie liebt mich – sie liebt mich nicht – sie liebt mich – oder doch nicht?« Das Abzählen von Gänseblümchenblättern ist vermutlich eine gar nicht so selten zu beobachtende Strategie, eine Antwort auf eine brennende Frage zu bekommen. Helfen tut es uns leider nicht. Bis hierher habe ich die Partnerwahl als einen mehr oder weniger rationalen Prozess beschrieben, bei dem Personen über klare Vorstellungen, wie der ideale Partner sein soll, verfügen, und mit diesem »Beuteschema« ausgestattet den Markt der Verfügbaren beobachten.

Partnerwahl ist aber sehr oft eine Wahlentscheidung unter Unsicherheit. Bevor wir den ersten Schritt tun, wissen wir meist nicht, ob wir damit erfolgreich sein werden oder nicht. Ablehnung durch Menschen, die einen nicht so sympathisch finden wie man sie, ist eine unangenehme Erfahrung, die man lieber vermeidet. Und Stunden unserer wertvollen Freizeit mit dem Falschen verbracht zu haben, ist ärgerlich genug. Männer wie Frauen haben daher Strategien entwickelt, wie sie in Partnerwahlsituationen, deren Ausgang unklar ist, am besten verfahren.

---

[27] Kanazawa & Still, 2000

Prinzipiell können bei Entscheidungen zwei unterschiedliche Fehler auftreten. So kann man annehmen, es sei etwas passiert, in der Realität ist es aber nicht so – man nennt das falschen Alarm. Und umgekehrt kann es sein, dass man denkt, es sei nichts passiert, obwohl in Wirklichkeit doch etwas passiert ist. Das ist ein übersehenes »Signal«. Beide Fehler beeinflussen sich gegenseitig. Man kann den einen nur zulasten des anderen reduzieren. Stellen Sie sich einen Feuermelder vor. Im Idealfall gibt er Alarm, wenn es brennt, und sonst ist er ruhig. Es kann aber je nach seiner Empfindlichkeit Fehlfunktionen geben, etwa Fehlalarm, wenn er schrillt, ohne dass es brennt. Und es könnte brennen, ohne dass der Feuermelder Alarm gibt. Sie merken, wie unterschiedlich die Kosten der Fehler sind. Ein Fehlalarm ist zwar ärgerlich, aber es entsteht kein großer Schaden. Ein Brand, der nicht rechtzeitig gemeldet wird, ist dagegen viel gefährlicher. Die Hersteller von Feuermeldern wissen das und justieren ihre Geräte so, dass sie etwas zu empfindlich sind und eher Fehlalarm auslösen, anstatt einen Brand nicht zu melden.

Zurück zur Partnerwahl: Ein junger Mann, der nicht weiß, ob eine hübsche Frau an ihm Interesse hat, kann – wie der Feuermelder – zwei Fehler machen. Er nimmt an, sie wolle ohnehin nichts von ihm und versucht es erst gar nicht. Unter Umständen verpasst er eine gute Gelegenheit. Ober aber er denkt, er habe bei ihr Chancen – und sie lässt ihn abblitzen. (Abb. 2.7)

Martie Haselton und David Buss,[28] Erfinder einer Theorie, die sie Fehler-Management-Theorie nennen, gehen davon aus, dass die Kosten derartiger Fehlentscheidungen für Männer und Frauen unterschiedlich sind. Männer, so ihre Logik, haben wenig zu verlieren, wenn sie irrtümlich annehmen, eine Frau habe Interesse an ihnen, obwohl das nicht der Fall ist. Die Kosten sind in diesem Fall niedrig. Übersehene Gelegenheiten, verpasste Chancen dagegen hätten in unserer evolutionären Vergangenheit schwerer gewogen – wieder eine Möglichkeit weniger, die eigenen Gene an die Nachwelt weiterzugeben. Männer hätten daher eine Tendenz entwickelt, Frauen mehr sexuelles Interesse zu unterstellen, als diese in Wirklichkeit haben. »Sexual overperception« nennt das die Forschung.

[28] Haselton & Buss, 2000

♂ denkt

♀	sie will Sex	sie will keinen Sex
will Sex	toll für beide	verpasste Gelegenheit
will keinen Sex	kleiner Rückschlag, dumm gelaufen	damit kann man leben

♀ denkt

♂	er meint es ernst	er will nur eine Affäre
meint es ernst	toll für beide	verpasste Gelegenheit
will nur eine Affäre	gefährlich!	damit kann man leben

Abbildung 2.7: Fehler und Treffer bei der Partnerwahl. Was für Frauen gefährlich ist, ist für Männer nur ein kleiner Rückschlag.

Völlig anders ist es bei den Frauen. »Hat er ernste Absichten, oder will er nur mit mir ins Bett?«, fragt sie sich. Anzunehmen, er meine es ernst, obwohl er ein Hallodri und Schürzenjäger ist, ist die kostspieligere Fehlentscheidung, zumindest in unserer evolutionären Vergangenheit, als Empfängnisverhütung im heutigen Stil nicht möglich war. Im schlimmsten Fall war sie schwanger – und er weg. Deshalb haben Frauen eine Fehlervermeidungsstrategie, die man Bindungsskeptizismus nennt, entwickelt. Im Zweifelsfall nehmen sie auch heute noch an, dass er sich nicht binden will, und lassen sich entsprechend mehr Zeit, bevor sie zum Sex bereit sind.

Meine Mitarbeiter und ich haben diese Vermutungen genauer geprüft.[29] Männer schreiben Frauen tatsächlich mehr sexuelle Absichten zu, als diese wirklich haben, und umgekehrt unterschätzen Frauen die Ernsthaftigkeit der Bindungsbereitschaft der Männer. Dass diese Entscheidungsstrategien funktional sind und etwas mit dem Bestreben, optimale Fortpflanzungsbedingungen zu haben, zu tun haben können, zeigt sich, wenn man die Entscheidungen von Frauen nach der Menopause genauer analysiert. Für sie existiert das Risiko nicht, von einem Mann, der sich nicht binden will, schwanger zu werden. Bindungsskeptizismus ist in dieser Altersgruppe nicht mehr funktional – und folgerichtig unterschätzen postmenopausale Frauen die Bindungsbereitschaft der Männer auch nicht mehr.

Gefährliche Wünsche: Was passieren kann, wenn man wirklich bekommt, was man sich wünscht

»Bedenke gut, was du dir wünschst, es könnte wahr werden.« Wer kennt das nicht: Anfangs ist man hin und weg vom neuen Partner, doch Monate oder Jahre später verzweifelt man genau an den Eigenschaften, die man einst so toll fand. Wissenschaftler bezeichnen dieses Phänomen als »fatale Attraktionen«: Die Merkmale, die eine Person anfänglich attraktiv gemacht haben, sind bei genauerer Betrachtung oft auch die, welche später zur Trennung führen.[30] Das klingt zunächst wunderlich und erinnert an den Zauberlehrling, der die Geister nicht mehr loswurde, die er rief. Warum können sich auch Partnerwünsche manchmal als Hypothek mit unangenehmen Folgen erweisen?

Stellen Sie sich einen Mann mit Status vor, der für viele Frauen zunächst attraktiv wirkt. Status kommt nicht von ungefähr, meist muss »Mann« sich ihn hart erkämpfen. Mit Erfolg im Beruf glänzen zu können, bedeutet oft, im Privatleben einige Einbußen hinzunehmen. Überstunden, Wochenendseminare

[29] Cyrus, Schwarz & Hassebrauck, in Druck
[30] Felmlee, 1995

oder Onlinepräsenz nach Feierabend sind nötig, um die Karriereleiter emporzuklettern. Natürlich ist es in der Verliebtheitsphase für die Partnerin aufregend, einen Mann an ihrer Seite zu haben, zu dem andere aufsehen, der sie in exklusive Restaurants einlädt und einen Wochenendtrip nach Rom spendiert. Im Verlauf der Beziehung zeigt sich oft schnell die Kehrseite der Medaille: Für Urlaub bleibt keine Zeit, der Tag im Büro endet für ihn nicht vor 22 Uhr, und das Handy ist selbst in intimsten Momenten nicht ausgeschaltet. Partnerinnen eines solchen Mannes fühlen sich dann nicht selten in den Hintergrund gedrängt und beklagen, dass ihr Partner nur so wenig Zeit ins Privatleben investieren kann. So haben sie sich das Zusammenleben mit einem erfolgreichen Mann nicht vorgestellt!

Stellen Sie sich im Gegenzug eine Frau vor, die wegen ihres perfekten Aussehens alle Blicke auf sich zieht. Zunächst ist »Mann« hocherfreut über ihre tadellose Figur und das allzeit gelungene Styling. Mit so einer Frau lässt sich gut prahlen. Und mal ehrlich: Ein hübscher Frauenkörper lässt Männerherzen höherschlagen. Wer jedoch Supermodelqualitäten haben möchte, zahlt oft seinen Preis. Ständiges Achten auf das Gewicht, mühselige Stunden im Fitnessstudio und kostspielige Shopping-Touren sind an der Tagesordnung. Die Beziehung mit »Wonderwoman« hat eben auch ihre Kehrseite: Ein genussvolles Dinner zu zweit kann schnell langweilig werden, wenn das Zählen der Kalorien den Abend bestimmt. Sie stochert in ihrem Salat herum und nippt am stillen Wasser, während er die Flasche Brunello allein leeren muss. Die vielen Stunden beim Sport gehen von der Zeit zu zweit ab, die aufwendigen Investitionen in Kosmetik und Mode schröpfen die Haushaltskasse. Und die begehrenden Blicke der Konkurrenz machen irgendwann misstrauisch. Diane Felmlee meint daher, man könne oft schon am Anfang treffsicher vorhersagen, welche Beziehungen im Desaster enden würden. »Sei vorsichtig, was du wünschst«, nennt sie eine ihrer Publikationen auch folgerichtig. Versuchen Sie also nach Möglichkeit schon in der frühen Phase des Kennenlernens, die Schattenseiten der faszinierenden Seiten der neuen Bekanntschaft zu sehen. Sie können sich so vor späteren Enttäuschungen schützen.

Natürlich enden nicht alle erfüllten Partnerwünsche so dramatisch. Im Großen und Ganzen sind Präferenzen nämlich meist sehr funktional und helfen uns, eine glückliche und zufriedenstellende Beziehung zu führen. Etwa, wenn wir eine Person sympathisch finden, die uns in ihren Einstellungen ähnlich ist, oder wenn wir jemanden wählen, der großzügig anstatt kleinlich ist. Ebenso, wenn wir auf äußerliche Merkmale achten, die uns wichtig sind, wie gepflegte Haare oder schöne Zähne.

Was sich allerdings nachteilig auf den Verlauf von Beziehungen auswirkt, sind Vorlieben für extreme Ausprägungen bestimmter Eigenschaften – auch solcher, die an sich positiv sind. Die fallen zwar leicht ins Auge und lassen jemanden auf Anhieb begehrenswert erscheinen, später aber erweisen sich gerade diese Eigenschaften als Belastung für die Beziehung. Dann werden auf einmal sehr lustige und humorvolle Partner kritisiert, weil man sich nicht ernst mit ihnen unterhalten kann. Oder der Partner, der einst damit faszinierte, dass ihn nichts aus der Ruhe brachte, wird später für seine Unverbindlichkeit verurteilt. Jemand, der zuvor begeisterte, weil er extrem unkonventionell war, zeigt später, dass er auf Normen und das Erfüllen von Erwartungen keinen Wert legt – auch nicht in einer Beziehung. Und jemand, der sich bewundernswert um einen kümmert und einem jeden Wunsch von den Lippen abliest, wird nach einiger Zeit nicht selten als jemand empfunden, der einengt und nicht genug Freiräume lässt.

Extreme Merkmale setzen sich oft auf Kosten anderer wichtiger Merkmale durch, daher bedenken Sie: Ein wenig Durchschnittlichkeit ist nicht unbedingt von Nachteil. Und – überlegen Sie sich gut, was Sie sich wünschen!

Strategien und Taktiken: Wie bekommt man den Märchenprinzen oder die Traumfrau?

Bislang habe ich mich mit den Partnerwünschen befasst. Für manche(n) stellt sich aber die viel vordringlichere Frage, wie man es denn am besten anstellt, den Wunschpartner zu finden und zu bekommen. Wählen können wir nur aus der Menge der Verfügbaren – dem »field of eligibles«, wie es der Soziologe

R. F. Winch einmal genannt hat.[31] Dieses Feld ist aber gar nicht so groß. Machen Sie sich einmal den Spaß und beobachten Sie einen ganzen Tag lang *alle* Menschen, denen Sie begegnen, in Geschäften, am Arbeitsplatz, in der Freizeit, und stellen Sie sich bei jedem die Frage, ob er oder sie als Partner infrage käme. Sie werden erstaunt sein, wie wählerisch Sie sind und wie wenig übrig bleiben. Und auch die, die übrig bleiben, sind nicht unbedingt verfügbar, sind mitunter selbst gebunden oder finden an Ihnen nichts Besonderes.

Partnersuchende sollten zunächst darauf aus sein, dieses Feld der Verfügbaren möglichst groß zu gestalten. Erstaunlicherweise wählen aber viele Leute nicht die optimalen Wege dazu. Viele Personen, die ich befragt habe, wo man denn, wenn man auf Partnersuche ist, am besten jemanden kennenlernt, nannten Kneipen, Clubs und Discos. Tatsächlich beginnen aber die meisten Beziehungen nicht an solchen Orten, sondern am Arbeitsplatz, oder man lernt sich über gemeinsame Freunde kennen oder eben auch im Internet. Nur ein kleiner Teil der von uns in einer repräsentativen Umfrage befragten Personen hat den momentanen Partner in einer Kneipe kennengelernt. Eine gute Strategie, einen Partner zu finden, ist daher zunächst, den eigenen Bekanntenkreis zu pflegen und zu erweitern. Ebenso hilfreich ist es, die vielfältigen Möglichkeiten des Internets zu nutzen. Ob in Communitys oder beim Onlinedating, im Internet ist das Feld der Verfügbaren immens. An eine Zeit ohne Internet können wir uns schon fast nicht mehr erinnern. Ob es ums Einkaufen, den Urlaub, Tipps und Ratschläge oder gar um die Partnerwahl geht, ohne Internet läuft fast nichts. Dabei ist es noch nicht einmal 20 Jahre her, dass Leute, die über ein Zeitungsinserat den Mann oder die Frau fürs Leben gesucht haben, sich oft dafür entschuldigten. Formulierungen wie »sucht auf diesem Wege ... mangels anderer Gelegenheit« waren ein häufiger Bestandteil gedruckter Partnerschaftsanzeigen. Den Inserenten heftete oft der Makel an, zu einer Restkategorie von schwer Vermittelbaren zu gehören, zu Leuten, die auf normalem Weg keine(n) abbekommen haben. Das hat sich erfreulicherweise geändert, und über Onlineplattformen Freunde oder Lebenspartner zu finden, ist inzwischen normal, die Möglichkeit dazu wird von Menschen aller Berufs- und Altersgruppen genutzt.

---

31 Winch, 1958

Onlinedating-Plattformen vergrößern aber nicht einfach nur die Menge von Leuten, die man im Prinzip kennenlernen könnte. Sie bieten auch spezifische andere Vorteile.[32] Sie wirken sich beispielsweise förderlich auf die Kommunikation mit potenziellen Partnern aus. Im Vergleich zum Kennenlernen von Angesicht zu Angesicht kommunizieren Onlinedater offener und unverkrampfter miteinander. Sie sprechen schneller private Themen an, was dazu führt, dass beim Internet-Talk in kürzerer Zeit emotionale Nähe und Vertrautheit entstehen. Das ist gerade in Anfangsphasen einer Beziehung besonders wichtig. Normalerweise redet man nämlich über fast alles, nur nicht über die Vorstellungen von Beziehungen. Das scheint bei der Internetkommunikation anders sein. Schon nach kurzer Zeit kennt man den anderen tatsächlich besser, als es sonst der Fall wäre. Verantwortlich dafür ist zunächst etwas, was manche intuitiv eher als Nachteil von Onlinekommunikation betrachten würden, nämlich die größere Distanz und Anonymität. Dass eine gewisse Anonymität zu Nähe führen kann, wissen Forscher schon seit Langem und nennen es das »stranger in the train«-Phänomen. Oft redet man mit Fremden, beispielsweise einem zufälligen Sitznachbarn während einer Bahnreise, schon nach wenigen Minuten über ganz private Dinge, über die man mit Kollegen oder Bekannten nicht ohne Weiteres sprechen würde. Die damit verbundene Selbstöffnung begünstigt das Entstehen von emotionaler Nähe und Vertrautheit.

Bei all den Vorteilen fragt man sich, ob Beziehungen, die durch das Internet zustande gekommen sind, auch besser funktionieren. Dies scheint tatsächlich so zu sein, wie die jüngste Forschung belegt. Von 100 durch Onlineforen zustande gekommenen Beziehungen bestehen nach zwei Jahren immer noch 75. Im Vergleich dazu schneidet der klassische Beziehungsalltag eher schlecht ab. In meinen eigenen Studien mit Frischverliebten habe ich festgestellt, dass von 100 neu begonnenen Beziehungen schon nach nur sechs Monaten 40 nicht mehr bestehen. Nach zwei Jahren sieht die Bilanz noch schlechter aus.

Was allerdings bei all den Vorteilen des Kontaktaufbaus über das Internet nicht außer Acht gelassen werden darf, ist, dass es sich hierbei um die erste Phase der Beziehung handelt. Das persönliche Treffen muss irgendwann

[32] McKenna et al., 2002

stattfinden, denn ohne den Einsatz der Sinne – Sehen, Hören, Schmecken, Riechen und Fühlen – ist weder richtiges Verlieben noch der Aufbau einer »echten« Beziehung möglich.

Aber wenn es dann zum Treffen kommt, wie soll man es anfangen? Gibt es empfehlenswerte Strategien? Eine Warnung an die Männer vorweg: Versuchen Sie nicht, besonders lustig und locker zu sein! Das führt nicht zum gewünschten Erfolg, wie Michael Cunningham, Psychologieprofessor an der University of Louisville, festgestellt hat.[33]

Bei den erfolgreichen Strategien und Taktiken lassen sich zwei prinzipielle unterschiedliche Vorgehensweisen unterscheiden: zielpersonenorientierte und selbstbezogene. Zielpersonenorientierte Taktiken konzentrieren sich darauf, positive Gefühle bei der Person, die einen selbst sympathisch finden soll, auszulösen. Werden diese Gefühle dann mit einem selbst in Verbindung gebracht, gewinnt man durch diesen Konditionierungsprozess an Sympathie.[34] Das fängt schon mit der Wahl des Ambientes an. Ein gemütliches Restaurant führt ziemlich sicher zu einem positiveren Gefühl als ein erstes Treffen auf dem Bahnhofsvorplatz bei Wind und Regen. Wir machen Komplimente, am besten über Eigenschaften, über die sich die Zielperson selbst nicht ganz sicher ist. Einer umwerfend schönen Frau zu sagen, sie sehe gut aus, hat keine große Wirkung. Zustimmung ausdrücken und generell Interesse am anderen zeigen, ist da schon besser. All das gekoppelt mit nonverbalem Verhalten wie Lächeln, sich dem anderen zuwenden, scheinbar zufälligen flüchtigen Berührungen (funktioniert nur, wenn es Frauen machen!) führt zu einem angenehmen emotionalen Klima, das dann auch den Erfolg der selbstbezogenen Taktiken erhöht.

Die selbstbezogenen Taktiken zeichnen sich dadurch aus, dass man versucht, sich selbst in einem möglichst positiven Licht zu präsentieren. Das fängt mit der Kleidung an. Je nachdem, ob man als unkonventionell, konservativ, sexy oder wohlhabend erscheinen will, durch die Wahl des geeigneten Outfits kann man den Eindruck steuern. Die Kommunikation von persönlichen Informa-

---

[33] Cunningham, 1989
[34] Clore & Byrne, 1974

tionen, Selbstöffnung genannt, fördert emotionale Nähe und trägt zusätzlich zum positiven Gesamteindruck bei. Hier kann man aber einiges falsch machen. Zu viel Privates gleich am Anfang hat negative Effekte. Man muss in dieser Situation sorgfältig auf die Reaktionen des anderen achten. Selbstöffnung wird im Allgemeinen erwidert – ungefähr auf dem gleichen Niveau der Intimität, mit dem man angefangen hat. Vorsichtige Formen der Selbstabwertung, indem man wenige negative Informationen über sich selbst mitteilt, lassen einen bescheiden und aufrichtig erscheinen. Die Forschung zeigt, dass solche Ingratiation genannten Taktiken, wenn sie mäßig angewandt werden, den gewünschten Erfolg haben. So gewappnet könnte das erste persönliche Treffen erfolgreich sein.

Vielleicht gibt ja mancher trotz Internet noch eine klassische Bekanntschaftsanzeige auf. Wen man will, weiß man meist, und was man zu bieten hat, auch. Aber wie stellt man es am besten an, eine möglichst originelle Anzeige zu formulieren? Manche(r) ist angesichts dieser Aufgabe schier verzweifelt.

Neugierig, wie Forscher nun einmal sind, wollte ich auch das wissen. Ich habe daher eine Analyse des Stils von Bekanntschaftsanzeigen vorgenommen; ich habe ermittelt, ob und wie viel originelle Ausdrücke verwendet wurden, ob der Stil eher nüchtern oder lustig war, ob Substantive oder Verben benutzt wurden und dergleichen mehr. Schließlich habe ich die Anzeigen insgesamt noch im Hinblick auf ihre Originalität beurteilen lassen. Durch Kooperation mit der Anzeigenredaktion einer Tageszeitung erhielt ich zudem Informationen über die Menge der Zuschriften.[35]

Völlig überraschend war, dass der Stil und die Originalität überhaupt keinen Einfluss auf die Menge der Zuschriften hatten. Diese Mühe kann man sich also getrost sparen. Was Einfluss auf die Menge der Zuschriften hatte, war allein, wie konkret man Wünsche über den Partner formulierte. Je spezifischer und konkreter eine Anzeige formuliert war, desto weniger Zuschriften gingen ein. Dementsprechend war der absolute Spitzenreiter mit über 70 Zuschriften folgende Anzeige:

[35] Hassebrauck, 1990

»Sie, 21, attraktiv, sucht Partner.«

Ob der Richtige dabei war, weiß ich allerdings nicht. Diese junge Inserentin hat ein sehr weitmaschiges Netz aufgespannt und entsprechend viele Männer motiviert, ihr zu schreiben. Beim Onlinedating machen wir heute die gleichen Erfahrungen. Die Menge der Passenden hängt von der Spezifikation der eigenen Suchkriterien ab. Zu unspezifisch zu sein, hat wenig Sinn. Mit viel Aufwand muss man aus der riesigen Menge jemanden auswählen. Umgekehrt kann ich nur davor warnen, zu spezifisch und restriktiv zu sein. Seien Sie etwas großzügiger bei den Kriterien, die zwar wünschenswert, aber nicht absolut notwendig sind. Seien Sie hart und konkret bei den Partnermerkmalen, die für Sie absolut unverzichtbar oder aber klare Ausschlusskriterien sind. Die Chancen, die sich auf dem Partnermarkt des 21. Jahrhunderts bieten, sind einmalig in unserer menschlichen Geschichte, denn in der überwiegenden Zeit unserer Vergangenheit konnten wir im Laufe unseres Lebens aus nicht mehr als vielleicht hundert Personen wählen. Der beste Tipp, den ich Ihnen für die Partnerwahl geben kann, ist der einfachste: Erweitern Sie zunächst das Feld der Verfügbaren.

Kapitel 3

Der erste Blick

»Warum denn gerade der?«, fragt Julia ihre Freundin Sandra. »Der hat doch eine Nase wie Gérard Depardieu und erst seine roten Haare ...« – »Aber sieh dir mal seine Augen an, wie Brad Pitt, einfach süß.« Wir alle haben solche Gespräche schon einmal geführt und sind vielleicht zu der Erkenntnis gekommen, dass sich über Schönheit eben nicht streiten lässt – oder vielleicht auch doch? Allein der Umstand, dass wir uns oft über das Aussehen anderer unterhalten und uns über unser eigenes Aussehen Gedanken machen, zeigt den Stellenwert, den die äußere Erscheinung im Leben hat. Und meist reicht schon ein kurzer Blick (genauer 100 Millisekunden), um andere als schön oder auch weniger schön zu klassifizieren.[1] »So weit, so gut«, mag man denken, »Aussehen ist nichts als Schein, und die viel gerühmten inneren Werte sind letztlich ja doch erheblich wichtiger.« Tatsächlich stimmt das nur bedingt, denn Kennenlernen ist ein sequenzieller Prozess, in dem bestimmte Stufen durchlaufen werden. Zuerst haben wir oft keine andere Informationsquelle als das Aussehen zur Verfügung und können uns auf nichts anderes stützen. Diejenigen, die diesen ersten Screening-Test nicht bestehen, haben oft wenig Chancen, uns ihre anderen, vielleicht gar nicht so schlechten Eigenschaften zu offenbaren. Das habe ich schon vor vielen Jahren in einer Studie über Bekanntschaftsanzeigen festgestellt. Diejenigen, die keinerlei Angaben über ihr Aussehen machten, bekamen weniger Zuschriften.[2] Beim Onlinedating ist es genauso. Ohne Foto läuft meist nichts. Selbst ein wenig attraktives Bild ist besser als gar keins, so

---

1 Locher at al., 1993
2 Hassebrauck, 1990

als ob mögliche Partner immer vom »worst case« ausgingen, wenn jemand sein Aussehen nicht preisgibt. Das scheinen auch alle zu wissen. Wie sonst kann man erklären, dass in Deutschland im Jahr 2006 400 000 kosmetische Operationen durchgeführt wurden[3] und in den USA jährlich mehr Geld für Maßnahmen zur Gewichtsreduzierung ausgegeben wird als für das gesamte Bildungssystem?[4] Wohl nicht, weil nur die inneren Werte zählen. Wie wichtig das Aussehen beim Kennenlernen ist, demonstriert eine mittlerweile klassische Studie, die Elaine Hatfield schon 1966 an der University of Minnesota durchführte und die als »Computer dance«-Experiment in die Wissenschaftsgeschichte eingegangen ist.[5]

Aussehen und Partnerwahl

Wie an den meisten amerikanischen Colleges und Universitäten wurden und werden auch an der University of Minnesota zu Beginn des Semesters Einführungswochen abgehalten, die den Studenten die Orientierung und das gegenseitige Kennenlernen erleichtern sollen. Üblicherweise enden sie mit einer Tanzveranstaltung, einem kleinen Fest. Diese Gelegenheit nutzte Elaine Hatfield mit ihren Kolleginnen, um zu testen, welche Bedeutung das Aussehen und die Persönlichkeit bei der Partnerwahl haben. Mehr als 800 Studenten, die an dieser Tanzveranstaltung teilnahmen, wohl unter der Annahme, es sei eine gute Gelegenheit, andere Leute kennenzulernen, erhielten eine für die damalige Zeit fast revolutionäre Offerte. Ihnen wurde mitgeteilt, dass sie die Gelegenheit hätten, einem Computer einige persönliche Daten, wie Hobbys, Interessen und Ähnliches mitzuteilen, und der Computer würde dann die passende Partnerin oder den passenden Partner für sie finden (zur Erinnerung, der erste IBM-PC kam in Deutschland 1981 auf den Markt). Einzige Bedingung für die Teilnahme an dieser kostenlosen Aktion: Sie mussten bereit sein, ein paar Fragen zu beantworten. Ein in der Tat verlockendes Angebot, dachten wohl viele der Teilnehmer, erspart man sich doch auf diese Weise die vie-

---

3 Gesellschaft für ästhetische Chirurgie Deutschland e. V., http://www.gacd.de/presse/pressemitteilungen/2007/2007-09-14-statistikschoenheits-op-2006.html

4 Brownell, 1991

5 Walster et al., 1966

len, mitunter auch frustrierenden Versuche, den Passenden oder die Passende zu finden. Was sie jedoch nicht wussten, war, dass sie bereits bei der Ausgabe der Tickets für dieses Fest von den Ticketverkäufern dahingehend beurteilt worden waren, wie gut oder auch wie schlecht sie aussahen. Unsere Alltagserfahrung lässt uns vermuten, dass unser Anspruch an einen Partner – also wer unserer Meinung nach für uns als Partner infrage kommt und wer nicht – maßgeblich von Aspekten wie unserem Selbstvertrauen und unserem Erfolg beim anderen Geschlecht bestimmt wird. Doch ist das wirklich so? Sehen wir uns die Ergebnisse der Studie von Elaine Hatfield dazu genauer an. Der Clou bei dieser Studie war, dass keineswegs, wie angekündigt, der Computer die Paare zusammenstellte, sondern alle Paare vollkommen zufällig zusammengewürfelt wurden (mit der kleinen Ausnahme, dass die Männer immer größer waren als ihre Partnerinnen).

Während dieses vergnüglichen Abends wurden die Gäste während einer Tanzpause befragt, wie begehrt sie beim anderen Geschlecht seien, welche Ansprüche sie an potenzielle Partner oder Partnerinnen stellten, wie groß ihr Selbstvertrauen sei, wie sehr sie ihre neue Bekanntschaft mögen würden, ob sie glaubten, auch umgekehrt von dieser gemocht zu werden, wie attraktiv sie ihn oder sie bewerteten und – ganz wichtig – ob sie sich mit dieser Person noch einmal treffen mochten. Es wurde sorgfältig darauf geachtet, dass diese Fragen nicht etwa in Gegenwart der jeweiligen Tanzpartner gestellt wurden.

Die Ergebnisse waren für alle ziemlich überraschend. Entgegen der Vermutungen der Forscherinnen, dass Personen bei der Partnerwahl durchaus ihre eigenen Attribute mit berücksichtigen und beispielsweise weniger attraktive auch einen weniger attraktiven Partner präferieren und dass es auf Persönlichkeit und Ähnliches ankomme, war die einzige Einflussgröße, die überhaupt einen Effekt hatte im Hinblick auf die Sympathie und die Motivation, sich noch einmal mit dem Tanzpartner oder der Partnerin zu treffen, deren oder dessen Aussehen. Personen waren umso beliebter und wurden umso mehr gemocht, je besser sie aussahen. Alle weiteren Aspekte, wie das eigene Aussehen, das Bild, das man von sich selbst hat, und Ähnliches, hatten überhaupt keinen Einfluss auf die Sympathie für den Partner.

Gerade wenn es um Sex geht, kommt es auf das Aussehen an, vor allem das der Männer! Gut aussehende Männer haben mehr Affären. Das Aussehen von Frauen spielt im Kontext von kurzzeitigen Affären keine tragende Rolle. Angesichts des Umstands, dass Frauen generell wählerischer als Männer sind (vgl. Kapitel 2), ist das Muster verständlich. Wenn sie eine Affäre will, soll er wenigstens gut aussehen. Die vergleichsweise wenig selektiven Männer ergreifen anscheinend jede sich bietende Gelegenheit.[6]

Dass es auf dem Partnermarkt stark auf das Aussehen ankommt, scheinen Menschen weltweit zu wissen und auch schon seit Urzeiten gewusst zu haben. Versuche, das eigene Aussehen zu verschönern, sind aus allen Epochen der Geschichte bekannt. Aus fernöstlichen Kulturen kennen wir den Brauch, die Füße der Mädchen zu bandagieren, um deren Wachstum zu verhindern. Bei einigen indianischen Stämmen, bei denen eine Vorliebe für Frauen mit dicken Waden bestand, war es üblich, den Mädchen schon in der frühen Kindheit feste Ringe unterhalb der Knie umzulegen, die die Durchblutung und das Wachstum der Unterschenkel verhinderten. Andere Völker zogen es vor, den Kopf eines Babys so zu bandagieren, dass der Hinterkopf eine unnatürlich ovale Form erhielt. Gemessen an solchen martialischen Eingriffen muten die heutigen kosmetischen Operationen geradezu harmlos an.

Der erste Eindruck

Meist reicht schon ein kurzer Blick, um jemanden vertrauenswürdig, intelligent oder einfach nur nett zu finden. Schon in der Antike war bekannt, dass die äußere Erscheinung wichtig für unser Bild vom anderen ist. Sappho, die berühmte griechische Dichterin, fasste es vor mehr als 2600 Jahren treffend mit den Worten: »Wer schön ist, ist auch gut«, zusammen. Mit dem ersten Eindruck gehen vielfältige Annahmen über die wahrgenommene Person einher. Hier können Sie selbst testen, wie leicht das Äußere die Beurteilung einer Person beeinflusst.

[6] Rhodes, et al., 2005

Test 3.1 Wie das Aussehen die Beurteilung beeinflussen kann

Betrachten Sie kurz die Fotos dieser beiden Männer und geben Sie an, welcher interessant, warmherzig usw. ist. Markieren Sie Ihre Beurteilung durch ein Kreuz in dem jeweiligen Kästchen.

interessant	❐	❐
warmherzig	❐	❐
selbstsicher	❐	❐
entgegenkommend	❐	❐
erfolgreich	❐	❐
locker	❐	❐
offen	❐	❐
aufregend	❐	❐
gefühlvoll	❐	❐
intelligent	❐	❐
standhaft	❐	❐

Zählen Sie jetzt die Anzahl der Kreuze unter jedem Foto. Wenn Sie mehr Kreuze unter dem rechten als unter dem linken Foto gemacht haben, dann haben Sie sich – wie viele Tausend Testpersonen vor Ihnen – bei Ihrer Beurteilung vom Stereotyp der physischen Attraktivität leiten lassen.

Vielleicht haben Sie bei diesem kleinen Test gemerkt, wie leicht es fällt, ohne weitere Informationen lediglich auf der Basis des Aussehens Rückschlüsse auf »innere Werte« zu ziehen. Wir nutzen das Aussehen als Informationsquelle und schreiben Schönen im Allgemeinen positivere Eigenschaften als Hässlichen zu. Die Forschung spricht vom Stereotyp der physischen Attraktivität. Die Zuschreibungen und Bewertungen passieren dabei quasi automatisch innerhalb Bruchteilen von Sekunden, und das nicht nur bei der Partnerwahl.

Ähnlich wie in Test 3.1 gehen auch die Wissenschaftler bei der Erforschung des Stereotyps der physischen Attraktivität vor. In einem ersten Schritt wählen sie aus einem Pool von Fotos hübsche und hässliche aus, bei denen sich Beurteiler weitgehend einig sind. Die auf den Fotos dargestellten Personen werden dann in einem zweiten Schritt von wiederum anderen Personen mit Beurteilungsskalen, die denen in Test 3.1. ähnlich sind, eingeschätzt.

Alan Feingold, Psychologieprofessor an der renommierten Yale University, hat die Ergebnisse von 35 solcher Studien zusammengefasst und ein konsistentes Bild festgestellt. Schöne Menschen kommen fast immer besser weg. Ihnen werden positivere soziale Fertigkeiten (wie Ausgeglichenheit, soziale Kompetenz), mehr Sexappeal, höhere Intelligenz, eine bessere psychische Gesundheit und vieles mehr zugeschrieben. Lediglich bei der Beurteilung ihrer Bescheidenheit schneiden die Schönen schlechter ab. Sie werden als eitler und arroganter angesehen.[7]

Selbst bei Bewertungen von Leistungen in Schule und Beruf haben schöne Menschen einen Vorteil. So erhalten etwa gut aussehende Professoren positivere Bewertungen durch ihre Studenten.[8] Und auch Justitia scheint nicht so blind zu sein, wie sie sollte. Wissenschaftler der University of Houston haben insgesamt 2235 Gerichtsurteile analysiert und festgestellt, dass attraktive Angeklagte, zumindest bei kleineren Straftaten, mildere Strafen bekommen haben.[9] Schönheit ist – wie es Aristoteles vor mehr als 2000 Jahren formulierte – besser als jeder Empfehlungsbrief.

Wie kommt es, dass wir Gutaussehenden so übereinstimmend positive Eigenschaften zuschreiben? Schon in unserer Kindheit erfahren wir, dass Cha-

[7] Feingold, 1992
[8] Riniolo, 2006
[9] Downs & Lyons, 1991

rakter und Aussehen Hand in Hand gehen. Schneewittchen und Aschenputtel sind schön und gut, die Hexe und die Stiefmutter sind hässlich und böse. Das gute Mädchen, das bei Frau Holle geduldig seinen Dienst tut, wird mit Gold überschüttet – und schön, die faule Stiefschwester mit Pech übergossen – und hässlich. Diese Beispiele aus der Märchenwelt ließen sich beliebig fortsetzen, und es ist nicht verwunderlich, wenn ein kleines Mädchen folgendermaßen versucht zu erklären, was es bedeutet, hübsch zu sein: »Es ist, wie wenn man eine Prinzessin ist. Alle lieben dich.«

Dieses Muster, Schönheit mit positiven Eigenschaften zu paaren, findet sich genauso im modernen Film. Amerikanische Wissenschaftler haben Hollywood-Filme der letzten 50 Jahre analysiert und festgestellt, dass – wie im Märchen – positive Charaktere meist auch von attraktiven Personen repräsentiert wurden. Die Wissenschaftler gingen allerdings noch einen Schritt weiter: Sie zeigten ihren Studenten Filme, wobei eine Gruppe einen Film sah, in dem das »Wer schön ist, ist auch gut«Stereotyp sehr deutlich zum Vorschein kam. Eine andere Gruppe sah einen Film mit einer eher schwachen Beziehung zwischen Schönheit und Charakter der Darsteller. Später wurden diese Studenten um ihre Unterstützung in einer anderen Angelegenheit gebeten. Eine benachbarte Universität habe – so wurden sie informiert – darum gebeten, ihre Entscheidung bei der Einstellung von neuem Personal zu prüfen. Sie erhielten Informationen über fiktive Bewerber sowie deren Fotos. Diejenigen Studenten, die zuvor einen Film gesehen hatten, in denen schöne Darsteller positivere Eigenschaften hatten, haben sich auch bei der Bewertung der Eignung dieser fiktiven Bewerber stärker von deren Aussehen leiten lassen als die andere Gruppe von Studenten. Die erste Gruppe hatte gewissermaßen durch den Film »gelernt«, dass gute Eigenschaften mit Schönheit einhergehen.[10]

Wenn wir nun unterschiedliche Erwartungen im Hinblick auf die Eigenschaften attraktiver und unattraktiver Menschen haben, besteht dann nicht die Gefahr, dass wir uns diesen Erwartungen gemäß auch unterschiedlich verhalten und damit selbst zur Bestätigung unserer Erwartungen beitragen? Sind wir also zu schönen Menschen nett, zu hässlichen Menschen aber unfreundlich?

---

[10] Smith et al., 1999

Vom ersten Eindruck zur Realität

Forscher luden junge Männer ein, an einer Studie über Prozesse des gegenseitigen Kennenlernens teilzunehmen.[11] Dazu sollten sie mit einer ihnen unbekannten jungen Frau ein Telefongespräch führen. Der Hälfte der Männer wurde ein Foto der angeblichen Gesprächspartnerin gezeigt, das diese als eine sehr attraktive Frau darstellte. Die andere Hälfte der Versuchsteilnehmer musste annehmen, mit einer weniger attraktiven Partnerin zu telefonieren. Die kleine Manipulation hatte große Konsequenzen. Männer, die mit einer angeblich attraktiven Frau telefonieren sollten, erwarteten eine humorvolle, ausgeglichene und gesellige Gesprächspartnerin, die anderen hingegen eher eine ernste, unausgeglichene, ungeschickte Frau. Aber das war noch nicht alles: Nicht nur die Erwartungen der Männer waren vom Foto der Gesprächspartnerin beeinflusst, sondern auch ihr Verhalten. Männer, die annahmen, ihre Gesprächspartnerin sei lustig, machten mehr Witze. Diejenigen, die dachten, die Partnerin sei ernst, sprachen mehr ernste Themen an. Zudem – und das ist noch verblüffender – entsprach das Gesprächsverhalten der Frauen, die selbst nicht wussten, dass sie von ihrem jeweiligen Gesprächspartner anhand von fiktiven Fotos als mehr oder weniger hübsch eingeschätzt wurden, nahezu völlig den Erwartungen der Männer.

Unabhängige Beobachter bewerteten das Verhalten der »attraktiven« Frauen in diesem Experiment als animierender, selbstsicherer und sympathischer als das der »weniger attraktiven« Frauen. Das heißt, man verhält sich unbewusst so, wie es von einem erwartet wird, und diese Erwartungen richten sich nach der vermuteten Attraktivität. Das funktioniert offenbar auch, ohne dass sich beide Gesprächsteilnehmer jemals Angesicht zu Angesicht gegenübergestanden haben.

Doch auch bei direktem Kontakt ist ein solcher Effekt zu beobachten: Treffen Männer auf eine attraktive Frau, verhalten sie sich anders, als wenn sie es mit einer weniger attraktiven Frau zu tun haben. Sie nehmen eine offenere Körperhaltung ein und signalisieren durch bestätigende Mimik und Gestik,

---

11 Snyder, Tanke & Berscheid, 1977

dass sie sich in ihre Gesprächspartnerin einfühlen können. Der englische Psychologieprofessor Ray Bull machte die Probe aufs Exempel und ließ einer jungen Frau ein großes Feuermal ins Gesicht schminken – und dann mit der Londoner U-Bahn fahren. Der Wissenschaftler registrierte, wohin sich die einsteigenden Fahrgäste setzten: nach Möglichkeit auf die »schöne« Seite. Erst als der Zug voll war, setzten sich die Reisenden auch auf die weniger schöne Seite, wobei es vorkam, dass sie dann demonstrativ zwischen sich und die junge Frau eine Tasche oder ein anderes Gepäckstück stellten.[12]

Wie schwer es weniger schöne Menschen mitunter haben, scheint auch das amerikanische Justizministerium zu wissen. In den Gefängnissen einiger amerikanischer Bundesstaaten ist es möglich, dass Inhaftierte auf Staatskosten kosmetische Operationen an sich durchführen lassen können, um Kieferdeformationen und andere Auffälligkeiten zu beheben. Der Erfolg spricht für sich. Die Rückfallquote der operierten Straftäter ist niedriger.

Vor diesem Hintergrund ist es nicht überraschend, wenn sich Attraktive und weniger Attraktive tatsächlich auch in ihren sozialen Fertigkeiten unterscheiden, und wer möchte nicht lieber mit einem selbstsicheren, offenen Menschen als mit einem schüchternen, verklemmten zusammen sein?

Bei genauerer Betrachtung erweist sich das Muster jedoch als komplexer. Für Männer gilt, dass sie eine umso höhere soziale Kompetenz aufweisen, je attraktiver sie sind. Bei Frauen ist es genau umgekehrt. Das mag daran liegen, dass in unserer Gesellschaft immer noch weitgehend erwartet wird, dass Männer, zumindest offiziell, den ersten Schritt tun, und sie wählen nach Möglichkeit die attraktivsten Frauen, die dann ihrerseits keine ausgefeilten Fertigkeiten und Kompetenzen mehr entwickeln müssen. Sie können sich im Prinzip zurücklehnen und warten, bis der Passende kommt. Weniger attraktive Frauen haben es hier schwerer. Sie müssen aktiver in das Geschehen eingreifen und deshalb mehr soziale Fertigkeiten entwickeln.[13]

---

[12] Houston & Bull, 1994

[13] Reiz, Nezlek & Wheeler, 1980

Wir haben gesehen, welche Auswirkungen unser Aussehen auf das Verhalten unserer Mitmenschen haben kann und wie es sogar auf unser eigenes Verhalten zurückwirkt. Aber nehmen uns überhaupt alle gleich attraktiv oder unattraktiv wahr? Ist Schönheit eine subjektive Angelegenheit und liegt im Auge des Betrachters oder stimmen doch alle mehr oder weniger darin überein, wie schön jemand ist?

Diese Frage beschäftigt mich schon seit Beginn meiner wissenschaftlichen Tätigkeit. Ausschlaggebend dafür war ein Schlüsselerlebnis, allerdings im negativen Sinn. Anfang der 1980er-Jahre war ich als wissenschaftlicher Assistent an der TU Darmstadt tätig. Gemeinsam mit einer kleinen Gruppe von Studenten plante ich ein Experiment, das prüfen sollte, ob schönen Menschen eher geholfen wird als weniger attraktiven. Wir wollten dazu manipulierte Bewerbungsunterlagen in Cafés, Kneipen, Straßenbahnen, Telefonzellen und anderen öffentlichen Plätzen »verlieren«. Durch Fotos in diesen Bewerbungsmappen sollte der Besitzer als attraktiv oder weniger attraktiv erscheinen, und wir erwarteten, dass mehr Unterlagen von gut aussehenden an ihre Besitzer zurückgesandt würden. So weit die Theorie.

Jetzt brauchten wir nur noch Fotos von unterschiedlich attraktiven Personen. Mit Kamera und Stativ bewaffnet, machten sich meine Studenten auf den Weg, um Passanten für eine wissenschaftliche Studie zu fotografieren. Aus einer größeren Menge von Fotos wollten wir dann gemeinsam attraktive und weniger attraktiver raussuchen. Nur – wir waren uns nicht einig! Fand einer von uns ein Foto attraktiv, gab es bestimmt einen anderen, der meinte, es sei im besten Fall Mittelmaß. Sagte einer: »Der sieht aber hässlich aus«, konnte man sicher sein, dass es einen anderen gab, der das Foto ganz passabel fand. Wenn schon wir als »Experten« uns nicht einigen können, wie sieht es dann erst in der allgemeinen Bevölkerung mit der Übereinstimung bei Attraktivitätsbeurteilungen aus, fragte ich mich, und begann, mathematische Verfahren zu entwickeln, mit deren Hilfe man diese Frage genauer beantworten kann.[14]

---

[14] Hassebrauck, 1983, 1993

Die drei Säulen des Schönheitsempfindens

Zunächst galt meine Aufmerksamkeit der Frage, ob Schönheit völlig subjektiv ist oder sich zumindest teilweise auf objektive Merkmale zurückführen lässt. Die Antwort meiner Forschung: sowohl als auch.

Erinnern wir uns noch einmal an das Gespräch zwischen Julia und Sandra. Woran kann es liegen, dass Sandra den jungen Mann, über den sich beide unterhalten, als gut aussehend empfindet?

- Vielleicht hat Sandra keinen besonders hohen Anspruch und empfindet die meisten Männer als gut aussehend?
- Vielleicht meinen ja die meisten Frauen (und vielleicht auch Männer), er sehe gut aus. Man würde dann von objektiver Schönheit sprechen.
- Oder er trifft genau Sandras Geschmack, obwohl sie ansonsten sehr wählerisch ist und andere ihre Einschätzung in Bezug auf diesen Mann nicht teilen.

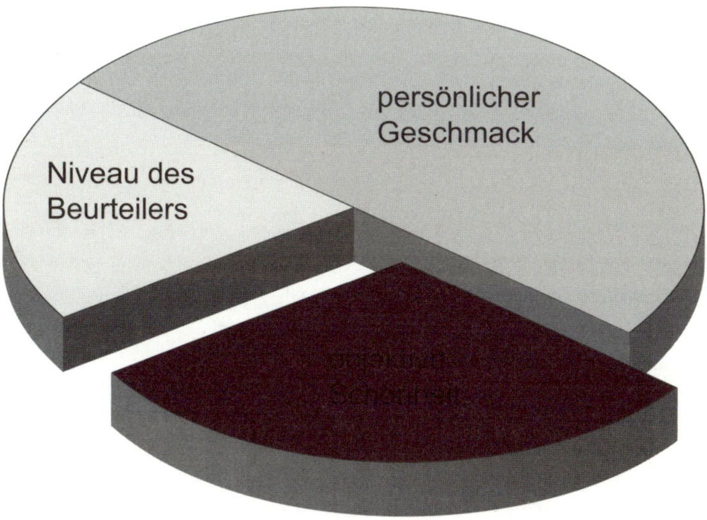

Abbildung 3.1: Mit mathematischen Verfahren kann man Attraktivitätsurteile in einzelne Komponenten zerlegen. Wie man sieht, hat Schönheit sowohl eine objektive als auch eine subjektive Seite.

Ich habe ein mathematisches Modell entwickelt, mit dem man Attraktivitätsbeurteilungen in diese drei Komponenten zerlegen kann. Es zeigt, dass Schönheit sowohl eine objektive als auch eine subjektive Seite hat – und vielleicht ist das der Grund, dass wir uns immer gern mit unseren Freunden und Freundinnen über das Aussehen anderer unterhalten. Wir versuchen so, unseren subjektiven Eindruck zu überprüfen, und implizit hoffen wir meist, dass die anderen mit uns übereinstimmen.

Die objektive Basis von Schönheit: Wer ist schön und warum?

Die Frage, was körperliche Schönheit eigentlich ausmacht, beschäftigt die Menschen schon seit Jahrtausenden. So gab es bereits in der Antike Versuche, Schönheit auf der Basis geometrischer Regelmäßigkeit, wie dem Goldenen Schnitt, formal zu bestimmen. Jahrhunderte später wurden in der Renaissance diese Überlegungen wieder aufgegriffen. Ein schönes Gesicht sollte sich in drei gleiche Teile einteilen lassen.

- vom Haaransatz bis zu den Augenbrauen
- von den Augenbrauen bis zum Nasenende
- vom Nasenende bis zum Kinn

Diese globalen Kriterien treffen auf zahlreiche Personen in unserem sozialen Umfeld zu. Aber nicht alle gefallen uns. Umgekehrt gibt es Personen, die wir schön finden, bei denen aber diese regelmäßige Dreiteilung nicht messbar ist. An der Regelmäßigkeit von Proportionen kann es also nicht liegen, dass uns jemand gefällt. Wissenschaftler gingen daher weiter und haben mit fototechnischen Verfahren unterschiedliche Einzelmerkmale – meist im Gesicht – manipuliert und die Konsequenzen dieser Manipulation überprüft. Die Ergebnisse waren alles andere als überzeugend. In einem Gesicht führte beispielsweise eine große Nase zu einer Verringerung der Schönheit, in einem anderen hingegen verbesserte sie die Erscheinung. Die Redakteure des britischen Magazins *Arena* versuchten, am Computer die virtuelle Idealfrau zu konstruieren. Den Mund von Debbie Harry, das Kinn von Sandra Bullock,

Naomi Campbells Augen und so weiter – nur die besten »Zutaten«. Das so konstruierte Gesicht war nicht besonders ansprechend, sagen uns doch schon die alten Griechen, dass das Ganze mehr ist als die Summe seiner Teile. Nach allem, was Forscher und Künstler bislang festgestellt haben, kann man sicher sagen, dass sich Schönheit nicht auf einzelne Merkmale zurückführen lässt. Das darf aber nicht darüber hinwegtäuschen, dass umgekehrt Hässlichkeit durchaus durch ganz konkrete Einzelmerkmale zustande kommen kann, etwa durch einen schiefen Mund, asymmetrische Augen und ähnliche Abweichungen vom Normalgesicht.

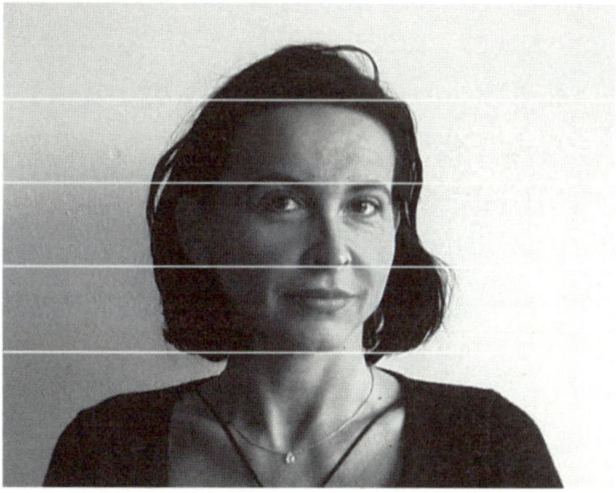

Abbildung 3.2: Ein schönes Gesicht sollte sich nach Meinung der alten Griechen in drei gleich große Teile einteilen lassen

Nicht zuletzt eine Studie der beiden amerikanischen Anthropologen Ford und Beach aus den frühen 1950er-Jahren, die Schönheitsideale in mehr als 200 verschiedenen Kulturen untersuchten und keinerlei universellen Standard fanden, führte dazu, dass der Versuch, die objektive Basis von Schönheit zu bestimmen, über lange Zeit nicht weiter verfolgt wurde.[15] Noch in den 1970er-Jahren mussten Elaine Hatfield und Ellen Berscheid, die das Thema Schönheit in der Wissenschaft salonfähig gemacht haben, auf die Frage, welche Merkmale denn für Schönheit verantwortlich seien, einräumen, dass man es nicht ge-

[15] Ford & Beach, 1951

nau sagen könne und vermutlich die Gesamterscheinung und nicht einzelne Merkmale wichtig seien.[16]

Da aber ungefähr ein Drittel eines Attraktivitätsurteils durch objektive Merkmale der beurteilten Person beeinflusst ist, drängt sich die Frage auf, was die Basis dafür ist, dass die meisten Menschen George Clooney schöner als Gérard Depardieu finden. Was ist also der gemeinsame Kern von Attraktivitätsbeurteilungen?

Erst aktuelle Studien mit einem evolutionspsychologischen Hintergrund haben mehr Licht in das Dunkel gebracht. Die evolutionäre Denkweise regt an, über die Funktion beobachtbarer Phänomene nachzudenken. Warum ist bei der Wahl eines Partners überhaupt körperliche Attraktivität wichtig und nicht etwa die Form des Bauchnabels, die Form des Ohres oder die Breite des großen Zehs? Warum legen Männer mehr Wert auf das Aussehen von Frauen als umgekehrt? Warum hätten Männer weltweit, unabhängig von ihrem eigenen Alter, gern Sex mit einer Frau zwischen 20 und 30? Und warum stimmen Männer, die die Attraktivität von Frauen bewerten, besser in ihren Beurteilungen überein als Frauen, die die Attraktivität von Männern einschätzen?[17]

Diese und ähnliche Fragen haben dazu geführt, dass Wissenschaftler die Funktion des Aussehens und dessen Bedeutung für die Evolution des Menschen hinterfragt haben. Schönheit, so die Vermutung, signalisiert Partnerwert – die Eignung einer Person als Fortpflanzungspartner. Nun wollen wir uns ja nicht gleich fortpflanzen, wenn uns jemand gefällt. Ganz im Gegenteil! Die moderne Evolutionspsychologie geht allerdings davon aus, dass Menschen in ihrer stammesgeschichtlichen Entwicklung mit einer Reihe ganz spezifischer Probleme konfrontiert waren, die erfolgreich gemeistert werden mussten, um zu überleben. Da der Evolutionsprozess langsam voranschreitet und oft Tausende von Generationen benötigt, sind auch die heute lebenden Menschen noch mit psychischen Mechanismen ausgestattet, die im Prinzip

[16] Berscheid & Walster [Hatfield], 1974
[17] Hassebrauck, 2009; Marcus & Miller, 2003

an die Lebensweisen unserer Urahnen angepasst sind. Zu den Problemen, für deren Lösung sich solche psychischen Mechanismen herausgebildet haben, gehört unter anderem das Auffinden geeigneter Nahrung und die Wahl eines passenden Fortpflanzungspartners. Auch wenn Fortpflanzung im konkreten Fall kein Thema ist, verhalten sich Menschen intuitiv auch heute teilweise wie unsere Vorfahren in einer Jäger- und Sammlergesellschaft und wählen Partner nach deren Reproduktionspotenzial aus.

Erfolgreiche Fortpflanzung stellt aber Männer und Frauen vor ganz unterschiedliche Aufgaben. Die Investitionen von Frauen in die Nachkommen sind erheblich größer als die der Männer. Sie müssen eine Schwangerschaft von neun Monaten und eine nicht ungefährliche Geburt ertragen, an die sich eine Phase des Stillens und Versorgens des noch nicht allein lebensfähigen Neugeborenen anschließt. Für Männer reduzieren sich die minimal notwendigen Investitionen der Fortpflanzung auf einen kurzen sexuellen Kontakt mit einer Frau im fruchtbaren Alter.[18]

Diese unterschiedlichen elterlichen Investitionen beeinflussen das Partnerwahlverhalten von Männern und Frauen. Männer finden diejenigen Frauen am attraktivsten – so die Argumentation –, die ein Maximum an Fortpflanzungserfolg erwarten lassen. Das sind Frauen, die gesund und jung sind, die aber trotz ihrer Jugend sexuelle Reife ausdrücken.

Michael Cunningham hat diese Überlegungen aufgegriffen und wollte es genauer wissen. Finden Männer solche Frauen attraktiv – fragte er sich –, die in ihrem Gesicht Merkmale von Jugendlichkeit, Gesundheit und sexueller Reife erkennen lassen? Er ließ dazu Fotos von Frauen – darunter 27 Frauen, die nationale Schönheitswettbewerbe gewonnen hatten – im Hinblick auf ihre physische Attraktivität beurteilen und anschließend präzise vermessen. Es wurden dabei so unterschiedliche Maße wie der Augen- und Pupillendurchmesser, die Länge der Nase, die Wangenbreite und vieles mehr gemessen, und aus diesen Maßzahlen wurden Indikatoren für Jugendlichkeit, Reife und Gesundheit ermittelt.

[18] Trivers, 1972

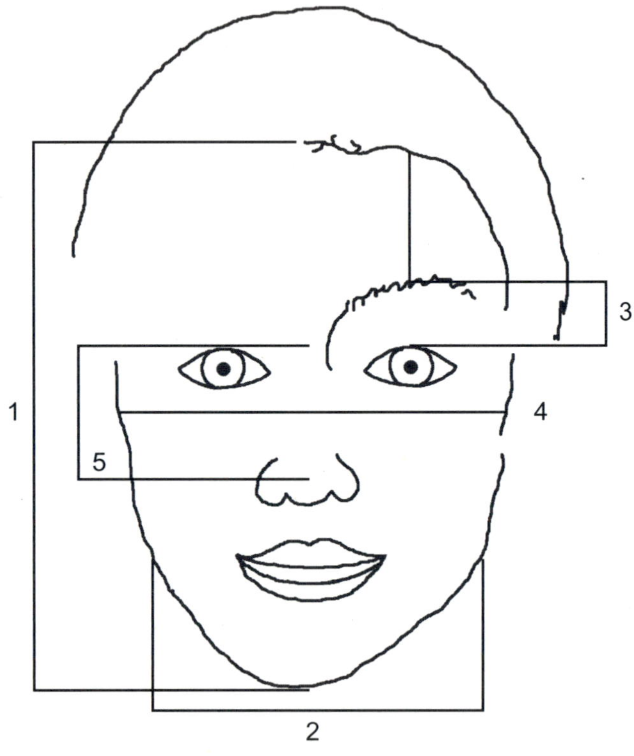

Abbildung 3.3: Der amerikanische Wissenschaftler Michael Cunningham hat Gesichtsfotos präzise vermessen und so objektive Maßzahlen für Gesundheit, Jugendlichkeit und sexuelle Reife ermittelt. Die dargestellten Linien verweisen auf Cunninghams Messungen. Nr. 4 beispielsweise ist die Gesichtsbreite, die in Kombination mit der Augengröße und der Breite des Kinns etwas über die Jugendlichkeit aussagt.

Jugendlichkeit beispielsweise wird durch in Relation zur Gesichtsfläche große Augen, ein schmales Kinn und eine kleine Nase ausgedrückt (wie Shakira), sexuelle Reife durch volle Lippen, hohe Wangenknochen, schmale Wangen, ein tendenziell eher ovales als rundes Gesicht (wie Angelina Jolie). Gesundheit zeigt sich durch symmetrisch angeordnete Augen, reine Haut und auch glänzendes, fülliges Haar. Auf der Basis dieser objektiv messbaren Indikatoren waren Vorhersagen des Attraktivitätsurteils gut möglich. Männer mit Präferenzen für Frauen mit diesen Merkmalen folgen unbewusst einer sinnvollen Strategie, denn attraktive Frauen leben länger[19] und sind auch fruchtbarer.[20]

Und wie sieht es mit der Schönheit der Männer aus? Frauen, so die evolutionäre Argumentation, müssen nicht nur einen gesunden und fortpflanzungsfähigen Partner finden, sie müssen wegen ihrer größeren elterlichen Investitionen auch darauf achten, dass der potenzielle Partner fähig und willens ist, sie und ihre Nachkommen zu versorgen. Frauen sollten demnach bei Männern solche Merkmale attraktiv finden, die Hinweise auf Dominanz, Verlässlichkeit und die Bereitschaft, sich langfristig zu binden, liefern. Diese Merkmale schlagen sich nicht alle im Aussehen nieder. Das ist mit ein Grund dafür, warum Frauen im Vergleich zu Männern weniger auf das Aussehen ihrer potenziellen Partner achten und auch insgesamt wenig darin übereinstimmen, ob ein Mann gut aussieht oder nicht.

Dominanz könnte sich als vorteilhaft im intrasexuellen Wettstreit der Männer untereinander erweisen. Zuverlässigkeit sollte der Frau signalisieren, dass sie während der Schwangerschaft und auch in den Jahren danach nicht auf sich allein gestellt ist. Ein solcher Mann könnte seiner »Beschützer- und Versorgerfunktion« besser gerecht werden als ein weniger dominanter und weniger zuverlässiger Mann. Ein Partner sollte allerdings nicht nur Beschützer und Versorger sein, er sollte auch die emotionalen Bedürfnisse seiner Partnerin befriedigen und über die notwendige Wärme und Sensibilität verfügen. Ein nur dominanter Mann würde diesen Ansprüchen nicht gerecht. Ein optimaler Partner sollte daher neben Dominanz und Stärke auch Merkmale von Kind-

19 Henderson & Anglin, 2003
20 Jasienska et al., 2006

lichkeit aufweisen, so die Argumentation der sogenannten Multiplen-Motiv-Hypothese. Michael Cunningham ließ auch die Fotos von Männern präzise vermessen und im Hinblick auf ihre Attraktivität beurteilen. Und auch hier hängen die objektiv messbaren Merkmale von Maskulinität, Dominanz und Kindlichkeit mit dem subjektiven Attraktivitätseindruck zusammen.

Genau wie die Männer nutzen die Frauen völlig unbewusst eine erfolgreiche Strategie. Männer, deren Äußeres auf Dominanz hindeutet, haben im Allgemeinen einen höheren Testosteronspiegel. Das männliche Keimdrüsenhormon Testosteron ist aber nicht nur die Grundlage für ein erfülltes Sexualleben und ein Indikator der Maskulinität schlechthin, sondern darüber hinaus ein Hormon, das die Antriebsstärke und Aktivität positiv beeinflusst und ein gut funktionierendes Immunsystem signalisiert. Forscher haben Gesichter von Männern Frauen zur Beurteilung vorgelegt und (ohne dass die Frauen davon wussten) die Menge und die Beweglichkeit der Spermien (beides Kriterien der Spermienqualität nach Empfehlungen der WHO) dieser Männer ermittelt. Der Befund ist so überraschend wie eindeutig. Je besser aussehend der Mann war, desto höher war die Qualität seiner Spermien.[21] Evolutionär gesehen hatten Frauen, die Männer unter diesen Gesichtspunkten wählten, einen klaren Reproduktionsvorteil.

Merkmale wie Jugendlichkeit oder Gesundheit können aber höchstens als rudimentäre Grundbedingungen physischer Attraktivität betrachtet werden, denn zahlreiche Frauen sind sowohl jugendlich als auch gesund und ebenso viele Männer verfügen über Merkmale von Maskulinität und Kindlichkeit. Dennoch unterscheiden sich all diese Personen in ihrer physischen Attraktivität. Gleichzeitig ändern sich auch die Inhalte, die mit solchen allgemeinen Konzepten – wie zum Beispiel Gesundheit – verbunden sind, in verhältnismäßig kurzer Zeit und hängen unter anderem auch von den Lebensbedingungen ab.

Der britische Attraktionsforscher Viren Swami[22] hat Schönheitsideale in Ländern mit einem hohen ökonomischen Standard mit den Schönheitsidealen in

[21] Soler et al., 2003
[22] Swami et al., 2007

ärmeren Ländern verglichen. In reichen Ländern werden dünne Menschen präferiert, während es in den ärmeren Ländern ruhig ein wenig mehr Gewicht sein darf. Die Erklärung ist einfach. In armen Ländern, in denen Hunger herrscht, ist ein kleines Fettpolster durchaus nützlich und hilft, Zeiten von Krankheit und Entbehrungen zu überstehen, ganz im Gegensatz zu den Industrienationen, in denen Krankheiten, die auf Übergewicht zurückgehen, wie Herz-Kreislauf-Erkrankungen oder Diabetes, zunehmen. Die Maxime: »Gesund ist schön«, gilt in beiden Fällen, nur dass eben das, was als gesund betrachtet wird, über die Zeit und die Lebensbedingungen hinweg variiert. Deutlich wird das beispielsweise in Mauretanien. Über lange Zeit waren üppige Rundungen für die Frauen in Mauretanien erstrebenswert und galten als Inbegriff von Wohlstand (und letztlich auch von Gesundheit). Doch die medizinischen Probleme des Übergewichts nehmen auch in Mauretanien zu. Und immer mehr Mauretanierinnen empfinden sich plötzlich als zu dick und versuchen, durch Sport Fettpolster und üppige Rundungen loszuwerden.

Veränderungen von Schönheitsstandards innerhalb relativ kurzer Zeit sind auch in den westlichen Industrienationen zu beobachten und zeigen sich sogar bei den Schönsten der Schönen. Wissenschaftler haben die Fotos von *Playboy*-Playmates zwischen 1960 und 2000 genauer analysiert und mit der wirtschaftlichen Lage in Beziehung gesetzt. Geht es den Leuten gut, werden Frauen mit eher kindlichen Merkmalen, etwa besonders großen Augen und eher jugendlichem Körperbau als schön empfunden und finden sich auf den Covers der Magazine. In eher schlechten Zeiten sieht es ganz anders aus: Jetzt plötzlich sind die Playmates reifer, weisen mehr Kurven und weniger kindliche Merkmale auf.[23]

Trotz all der Unterschiede zwischen verschiedenen Kulturen in den Präferenzen für eher schlanke oder eher dicke Körper und der rapiden Veränderung solcher Präferenzen im Laufe der Zeit scheint es doch eine Konstante zu geben: das Taille-zu-Hüfte-Verhältnis. Nach Forschungsergebnissen des amerikanischen Psychologen Devendra Singh von der University of Texas, die ich auch in meinen Studien hier in Deutschland erfolgreich replizieren

[23] Pettijohn & Jungeberg, 2004

konnte, werden die Frauen als besonders attraktiv empfunden, bei denen der Taillenumfang dividiert durch den Hüftumfang dem Wert 0,7 möglichst nahe kommt (vgl. Abb. 3.4). Das klassische Maß 90-60-90 drückt genau das aus.

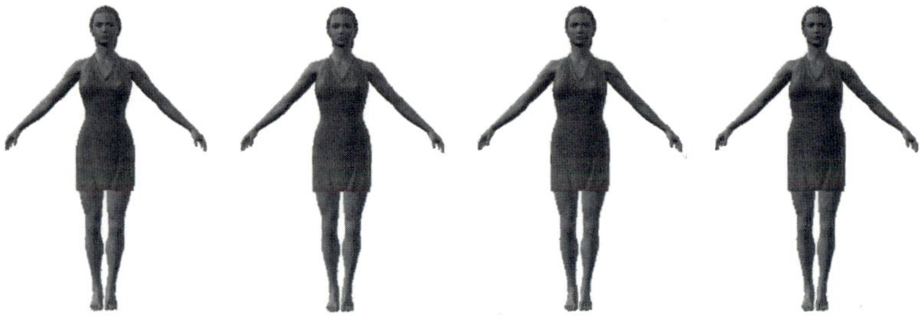

Abbildung 3.4: Körper mit unterschiedlichem Taille-zu-Hüfte- Verhältnisen: Von links nach rechts 0,70, 0,78, 0,84, 0,91 (erstellt mit Poser 4.0)

Warum aber finden Männer wie Frauen die Körper solcher Frauen, die dieser magischen Zahl möglichst nahe kommen, so attraktiv? Auch hier hilft die Evolutionspsychologie. Während in der Kindheit Jungen und Mädchen eine ziemlich ähnliche Figur haben mit einem Taille-zu-Hüfte-Verhältnis von ungefähr 0,9, führt die mit dem Einsetzen der Pubertät beginnende Östrogenproduktion des weiblichen Körpers zu einer Fettablagerung an Oberschenkel und Gesäß. Östrogen hemmt zugleich Fettablagerungen in der Taillenregion.

Das typische Taille-zu-Hüfte-Verhältnis von Frauen nach der Pubertät, aber vor der Menopause liegt zwischen 0,67 und 0,80 und ist weitestgehend unabhängig vom Gewicht. Mit späterem Alter steigt der Wert an. Insofern ist das Verhältnis von Taillen- zu Hüftumfang ein guter Indikator für die auf die weiblichen Sexualhormone zurückgehende Fettverteilung und diese wiederum ein Indikator für den Reproduktionserfolg. Eine geringe Zunahme des Taille-zu-Hüfte-Verhältnisses um nur 0,1 Punkte verringert die Fruchtbarkeit der Frau bereits um etwa 30 Prozent.[24] Insofern haben vermutlich diejenigen unserer Urahnen einen größeren Fortpflanzungserfolg gehabt, die sich mit Frauen mit einem Taille-zu-Hüfte-Verhältnis von ungefähr 0,7 gepaart haben. So wurden weder zu junge noch zu alte gewählt, noch schwangere, noch solche, deren Hormonproduktion gestört war.

Ganz anders sieht es bei Männern aus. Testosteron, das männliche Sexualhormon, begünstigt Fettablagerungen in der Taillenregion und erhöht somit das Taille-zu-Hüfte-Verhältnis. Männer, deren Taille-zu-Hüfte-Verhältnis zwischen 0,9 und 1,0 liegt, haben einen höheren Testosteronspiegel als solche mit deutlich niedrigeren Werten. Dementsprechend waren und sind Frauen gut beraten, wenn sie Männern mit einem Taille-zu-Hüfte-Verhältnis von 0,9 solchen mit einem Wert von beispielsweise 0,7 vorziehen.

Mit VPM der Schönheit auf der Spur

Um all diese aus der Evolutionsforschung stammenden Vermutungen auf eine solidere empirische Basis zu stellen, habe ich eine neue Methode, die Visual-Process-Methode (VPM), entwickelt, die es ermöglicht, den Prozess der Suche nach Informationen über das Aussehen von Menschen detailliert abzubilden.[25] Die VPM benutzt digitalisierte Bilder von Gesichtern und Ganzkörperaufnahmen und präsentiert sie auf einem Computerbildschirm. Es wird genau registriert, welche Gesichts- und Körperteile in welcher Reihenfolge betrachtet werden, wie viel Zeit die Betrachter den einzelnen Merkmalen widmen und wie bedeutsam diese Merkmale für den Gesamteindruck der physischen Attraktivität sind. Das Programm startet mit einem fast schwarzen Bildschirm (vgl. Abb. 3.5), auf dem lediglich die Konturen eines Gesichts und eines Körpers zu sehen sind. Die Testpersonen sind instruiert, die Attraktivität der zunächst noch verdeckten Person zu beurteilen; sie können dazu in beliebiger Reihenfolge einzelne Elemente auswählen und aufdecken. Nach jedem Aufdecken werden sie gebeten, die Schönheit der betreffenden Person zu beurteilen und anzugeben, ob sie noch mehr Informationen benötigen, um zu einem endgültigen Urteil zu kommen. Diese Prozedur wird so lange wieder-

[24] Li & Kenrick, 2006
[25] Hassebrauck, 1998

holt, bis entweder die abgebildete Person völlig aufgedeckt ist oder aber die jeweilige Testperson meint, keine weiteren Informationen mehr zu benötigen.

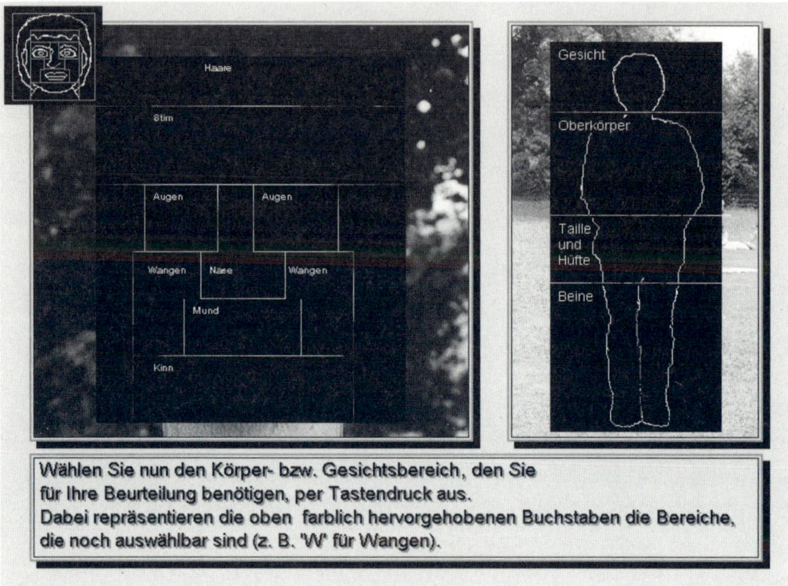

Abbildung 3.5: So startet die Visual-Process-Methode

Die Suchtiefe gibt zum Beispiel an, wie viel Gesichts- und Körperteile benötigt werden, um die Schönheit von Männern und Frauen zu beurteilen. In Übereinstimmung mit evolutionären Überlegungen, nach denen Männer mehr auf das Aussehen von Frauen achten als umgekehrt Frauen auf das Aussehen von Männern, kann ich feststellen, dass sich die Suchtiefe von männlichen und weiblichen Probanden deutlich unterscheidet. Männer wollen etwa 25 Prozent mehr Gesichts- und Körperinformationen von Frauen sehen als umgekehrt. Trotz der größeren Menge von Informationen – und auch das passt gut in das evolutionäre Muster – verarbeiten Männer die Aussehensinformationen über Frauen schneller als Frauen die über Männer. Die Ergebnisse deuten darauf hin, dass Männer wegen der für sie größeren Bedeutung der Attraktivität ihrer Partnerinnen spezielle psychische Mechanismen zur Attraktivitätsbeurteilung entwickelt haben, die es ihnen ermöglichen, die körperliche Schönheit von Frauen schnell und effektiv festzustellen. Frauen tappen gewissermaßen etwas mehr im Dunkeln. Das Aussehen von Männern ist eben nur ein vager Hinweis – und vermutlich nicht der wichtigste – auf ihre Eignung als Partner.

Abbildung 3.6: – und so endet sie

Die Visual-Process-Methode liefert auch eine Antwort auf die Frage, ob es konkrete Merkmale gibt, die für Schönheit verantwortlich sind. Betrachtet man die Häufigkeit und Reihenfolge, mit der Gesichts- und Körperteile der fotografierten Personen betrachtet werden, stellt man fest, dass Männer wie Frauen gleichermaßen zuerst auf die Augen und dann auf den Mund sehen. Auch dieses Muster hat sich vermutlich in unserer evolutionären Vergangenheit als nützlich erwiesen, denn Augen und Mund liefern einen ersten Eindruck von der Symmetrie des Gesichts. Bei einem symmetrischen Gesicht sind die Augen gleich groß und gleichermaßen weit entfernt von einer Symmetrieachse, die durch die Mitte des Mundes geht (vgl. Abb. 3.7).

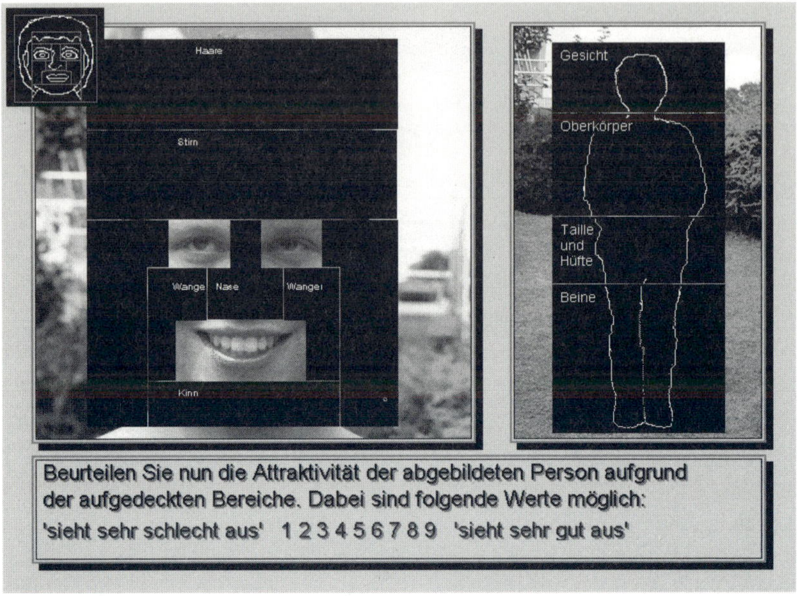

Abbildung 3.7: Ein kurzer Blick auf Augen und Mund reicht, um sich über die Symmetrie eines Gesichts klar zu werden.

Aber warum ist Symmetrie wichtig? Ist es nicht so, wie uns viele Literaten lehren, dass gerade die Abweichung von der Regelmäßigkeit das Salz in der Suppe der Schönheit ist?

Symmetrie ist deswegen so wichtig und so informativ, weil symmetrische Organismen gesünder sind. Die Ursachen dafür liegen in der Zellteilung. In dem Maße, in dem die Zellteilung ungenauer wird (so wird ein Stück der DNA »vergessen«), nimmt die Zahl von Fehlern zu. Diese Fehler treten zufällig an den unterschiedlichsten Körperteilen auf, was dazu führt, dass Teile, die eigentlich gleich oder zumindest sehr ähnlich sein sollten, wie die beiden Ohren, der Umfang der Handgelenke, die Größe der Augen, plötzlich voneinander abweichen, also weniger symmetrisch werden. Zahlreiche Studien haben gezeigt, dass ein symmetrischer Körperbau mit längerer Lebenserwartung, höherer Fruchtbarkeit und besserer Gesundheit in Zusammenhang steht.[26] Symmetrie ist auch ein Hinweis auf die Stärke des Immunsystems, und bei Männern hängt sowohl deren Dominanz und Wettbewerbsorientierung als auch die Menge der Spermien pro Ejakulat mit dem Ausmaß von Symmetrie zusammen: Symmetrische Männer sind durchsetzungsfähiger und fruchtbarer. Insofern waren unsere Ahnen gut beraten, symmetrischen Männern und Frauen den Vorzug bei der Partnerwahl zu geben. Anscheinend haben wir Relikte dieses evolutionären Erbes auch heute noch in uns und empfinden daher symmetrische Gesichter als schöner. Wie subtil und für uns unbemerkt dieser Auswahl- und Beurteilungsprozess abläuft, zeigt eine in der amerikanischen Zeitschrift *Evolution and Human Behavior* veröffentlichte Studie. Frauen reagieren nicht immer und gleichermaßen auf den Signalreiz Symmetrie, sondern vor allem während der fruchtbaren Tage ihres Menstruationszyklus, und Frauen, die die Pille nehmen, beachten die Symmetrie überhaupt nicht.[27]

Gesundheit ist für Männer und Frauen ein gleichermaßen wichtiges Merkmal bei der Partnerwahl. Den evolutionären Überlegungen zufolge sollte aber Jugendlichkeit viel wichtiger für weibliche Attraktivität als für männliche sein, und umgekehrt sollte Dominanz wichtiger für männliche Attraktivität als für weibliche sein. Auch dieses Muster können wir mit unserer Methode bestätigen. Während die ersten beiden Suchschritte von Frauen und Männern (erst die Augen, dann der Mund) identisch sind, zeigen sich im weiteren Verlauf der Informationssuche Unterschiede zwischen den Geschlechtern. Männer achten mehr auf die Wangen und auf Taille und Hüfte als Frauen. Beide Körperteile liefern Informationen über die sexuelle Reife einer Frau. Während die Größe der Augen relativ zur Gesamtgröße des Gesichts ein Hinweis auf Jugendlichkeit ist, signalisieren eher schmale Wangen, dass die betreffende Frau die Kindheit hinter sich hat und sexuell reif ist. Die Kombination aus großen Augen bei gleichzeitig schmalen Wangen lässt die Frau jung, aber sexuell reif – und damit attraktiv – erscheinen. Anders ist das Suchmuster von Frauen. Sie achten viel stärker als Männer auf das Kinn, das Hinweise auf Dominanz und Durchsetzungsfähigkeit liefert.

---

[26] Gangestad & Cousins, 2002
[27] Thornhill & Gangestad, 1999

Insgesamt zeigt meine neue Methode, dass Beobachter nur verhältnismäßig wenig Informationen – im Durchschnitt ungefähr vier Gesichts- oder Körperteile – benötigen, um zu einem Attraktivitätsurteil zu gelangen, und sie nehmen diese Beurteilung mit der erstaunlichen Geschwindigkeit von weniger als zwei Sekunden pro betrachtetem Körperteil vor. Bei all dieser Regelmäßigkeit der Informationssuche darf aber nicht übersehen werden, dass Gesundheit, Jugendlichkeit und sexuelle Reife, so wie sie durch Gesicht und Körper ausgedrückt werden, nur die generelle Leitlinie darstellen, an der wir uns orientieren, wenn wir andere Menschen im Hinblick auf ihre körperliche Schönheit beurteilen. Es existieren Abertausende von jungen Menschen, auf die diese Merkmale zutreffen, und trotzdem unterscheiden sie sich nicht nur in ihrem Typus, sondern durchaus auch in ihrer physischen Attraktivität. Alle Aspirantinnen für einen nationalen oder internationalen Miss-Wettbewerb weisen das ideale Taille-zu-Hüfte-Verhältnis auf, alle zeigen, dass sie jung und auch gesund sind, aber trotz allem unterscheiden sich auch diese Schönheiten noch im Ausmaß ihrer physischen Attraktivität, und eine muss schließlich gewinnen. Schönheit ist eben immer auch ein Aspekt des persönlichen Geschmacks und der situativen Bedingungen, unter denen man auf eine andere Person trifft.

Der Einfluss des Beurteilers

Unterscheiden sich Menschen in ihrem Anspruchsniveau bei der Beurteilung der Schönheit? Gibt es Menschen, die generell ihre Mitmenschen als weniger attraktiv beurteilen als andere?

Ich habe in meiner Forschung auch diese Fragen aufgegriffen und kann feststellen: Es gibt solche. Genau genommen eine ganze Gruppe, nämlich die Frauen. In meinen Studien konnte ich beobachten, dass Frauen bei Attraktivitätseinschätzungen generell niedrigere Beurteilungen abgeben als Männer. Das gilt bei der Beurteilung ihrer Geschlechtsgenossinnen und noch mehr, wenn man die Bewertungen, die Frauen im Hinblick auf Männer vornehmen, mit denen vergleicht, die Männer im Hinblick auf Frauen vornehmen.[28] Eine Erklärung dafür ist, dass Frauen schon sehr früh lernen, wie wichtig Aussehen ist. Frauen lernen, dass zur weiblichen Geschlechtsrolle, zum Frausein, Schön-

[28] Hassebrauck, 1993

heit einfach dazugehört. In der Folge kümmern sie sich mehr um ihr eigenes Aussehen, als Männer das tun, entwickeln höhere Standards und nutzen diese bei der Bewertung ihrer Mitmenschen als Bezugspunkt. Als ein solcher Bezugspunkt kann auch die Einschätzung des eigenen Aussehens dienen. Diejenigen, die selbst gut aussehen, beurteilen daher, so kann man vermuten, andere kritischer, weniger positiv. Das trifft, wie die Forschung zeigt, für Frauen voll zu. Je attraktiver sich eine Frau einschätzt, desto niedriger fällt ihr Urteil über andere Frauen aus. Bei Männern ist das völlig anders. Je schöner sie sich fühlen, desto positiver bewerten sie ihre Geschlechtsgenossen.

Aber es muss nicht nur das eigene Anspruchsniveau sein, das für besonders strenge Bewertungskriterien mancher unserer Mitmenschen verantwortlich ist. Mitunter ist es auch purer Selbstschutz. Der texanische Psychologe Jeffrey Simpson und seine Kollegen gehen davon aus, dass attraktive Personen des anderen Geschlechts (sofern man selbst heterosexuell orientiert ist) eine starke Bedrohung für die eigene Beziehung darstellen können.[29] Die Versuchung ist einfach viel zu groß. Eine Möglichkeit, die eigene Beziehung aufrechtzuerhalten und zu stabilisieren, könnte die gezielte Abwertung solcher attraktiver Personen sein. Vor allem das Aussehen ist für solche Abwertungstendenzen besonders anfällig, denn es beinhaltet eben auch eine subjektive Komponente.

Singles und Paare nahmen an einer Studie teil, in der es angeblich darum ging, die Möglichkeiten von Computern, Paare optimal zusammenzustellen, zu testen. Alle mussten zunächst einige persönliche Angaben über sich, ihre Persönlichkeit und ihre Interessen machen, anschließend wurde ihnen das Foto einer ausgesprochen attraktiven Person – zurzeit ohne feste Beziehung – gezeigt. Die Hälfte der Teilnehmer an diesem Experiment, das John Lydon an der University of Montreal durchführte, befand sich in dem Glauben, die attraktiven Personen auf dem Foto seien vom Computer als für sie passend ausgewählt worden. Die andere Gruppe war sich in dieser Hinsicht im Unklaren. Schließlich wurden alle gebeten, die Schönheit der Person auf dem Foto zu bewerten.[30]

---

29 Simpson et al., 1990

30 Lydon et al., 1999

Für die Singles stellte eine verfügbare Alternative keine Bedrohung dar, ganz im Gegenteil. Dementsprechend positiv war deren Bewertung. Anders war es bei den gebundenen Versuchsteilnehmern. Sie bewerteten die Person auf dem Foto umso negativer, je stärker sie sich an ihren Partner oder ihre Partnerin gebunden fühlen. Das galt vor allem dann, wenn die vermeintliche Bedrohung durch die Information, der Computer habe beide als optimal zusammenpassend ausgewählt, noch erhöht wurde.

Wir werten aber nicht nur die Schönheit anderer, die unsere Beziehung bedrohen könnten, ab, sondern wir werten gleichzeitig auch die Schönheit unserer eigenen Partner auf und vergrößern damit den Abstand in Attraktivitätseinheiten gleich doppelt. Holländische Forscher haben Ehepartner gebeten, ihre eigene Attraktivität und die ihrer Partner einzuschätzen. Der Vergleich zeigt, dass wir die von uns Geliebten schöner wahrnehmen als diese sich selbst.[31]

Das soziale Umfeld

Bei der Auswahl unserer Kleidung richten wir uns oft danach, was gerade »in« ist. Wer möchte schon völlig »out« sein? Auch die Äußerungen politischer Ansichten werden oft durch die Reaktion des Umfelds in die eine oder andere Richtung beeinflusst und ebenso unsere Schönheitsurteile. Denn nicht nur unser evolutionäres, auch unser kulturelles Erbe bestimmt Schönheitsurteile.

Wir reagiert eine junge Frau, wenn ihre Freundinnen ihre Begeisterung für das Aussehen des neuen Arbeitskollegen überhaupt nicht teilen können? Findet sie ihn nun erst recht attraktiv oder passt sie sich der Meinung ihrer Freundinnen an?

Ich wollte es genauer wissen und habe Gesichtsporträts von meinen Versuchsteilnehmern zunächst allein, später dann in kleinen Gruppen von vier Personen im Hinblick auf ihre Schönheit bewerten lassen. Dabei mussten alle ihre Urteile laut abgeben. Diese kleinen Gruppen trafen sich mehrmals über einen Zeitraum von drei Wochen und beurteilten immer wieder die gleichen

[31] Barelds-Dijkstra & Barelds, 2008

Personen. Während anfangs die Schönheitsurteile noch deutlich voneinander abwichen (Abb. 3.8) – Schönheit liegt eben auch im Auge des Betrachters –, erfolgte in den drei Wochen eine deutliche Angleichung der Urteile, die auch über die eigentlichen Gruppensitzungen hinaus bestehen blieb.

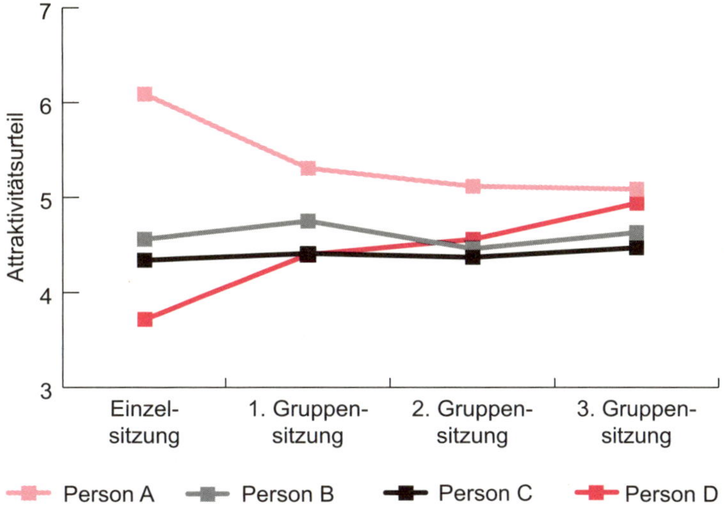

Abbildung 3.8: Wie sich die Anwesenheit anderer auf Attraktivitätsbeurteilungen auswirken kann.
Zunächst haben die Testpersonen in Einzelsitzungen Attraktivitätsbeurteilungen abgegeben, dann in kleinen Gruppen von vier Personen, je einmal wöchentlich über drei Wochen hinweg. Deutlich ist die gegenseitige Annäherung zu erkennen.

Die Macht der Situation: Ich sehe dich so, wie ich mich fühle

Wir bewerten unser Leben positiver, wenn die Sonne scheint. Wir sind mit der Politik unserer Regierung zufriedener, wenn wir gerade einen lustigen Film gesehen haben, und wir blicken optimistischer in die Zukunft, wenn wir uns wohlfühlen. Kleine Ursachen, die sich auf unsere Stimmungen auswirken, das Wetter, der Sieg einer Fußballmannschaft oder einfach nur der Lieblingssong im Radio, beeinflussen unsere Sicht der Dinge und auch, ob uns jemand gefällt oder nicht.

Forscher haben die Bedeutung der spezifischen Situationen, in denen man das Aussehen anderer bewertet, detaillierter untersucht und ließen junge Frauen die Attraktivität von Männern beurteilen, während einige von ihnen angenehme Hintergrundmusik hörten, andere hingegen nervende Musik mit vielen Disharmonien.[32] Wie erwartet fiel die Bewertung bei angenehmer Musik positiver aus. Das mag daran liegen, dass wir sehr oft unsere momentane Stimmung als Kriterium in die Bewertung einer Sache mit einbeziehen. Die Forschung spricht hier vom »informativen Wert affektiver Zustände«.[33] Das führt dann schnell dazu, dass die neue Urlaubsbekanntschaft als besonders schön empfunden wird. Dass der Eindruck auf unsere gute Laune zurückzuführen ist, ist uns meist nicht bewusst.

Je später der Abend, desto schöner die Gäste?

Gerade in Kneipen und Discos, einem Umfeld, in dem man sehr oft auf potenzielle Partner stößt, kann sich durch Musik oder durch die Anwesenheit netter Leute die Stimmung heben und auf das Schönheitsempfinden auswirken. Es gibt hier aber noch ein weiteres Phänomen, das Auswirkungen auf die Bewertung anderer hat: die Sperrstunde.

Schon 1979 veröffentlichten James Pennebaker und seine Kollegen eine Studie mit dem schönen Titel: »Don't get the girls prettier at closing time?«[34] Die Autoren befassten sich mit der Frage, ob man etwa in einer Art von Torschlusspanik kurz vor Kneipenschluss die noch anwesenden anderen Gäste attraktiver einschätzt als noch wenige Stunden zuvor. Es deutet einiges darauf hin, dass es so ist, aber warum? Die naheliegende Erklärung, dass die Gäste mit vorrückender Zeit schon so viel Alkohol getrunken haben, dass sie wahlloser und unkritischer werden, lässt sich nicht aufrechterhalten, denn als schöner werden nur anwesende Gäste des jeweils anderen Geschlechts beurteilt, nicht etwa gleichgeschlechtliche und auch nicht solche, die zwar auf Fotos zu sehen, aber nicht potenziell verfügbar sind.

---

[32] May & Hamilton, 1980
[33] Schwarz & Clore, 1988
[34] Pennebaker et al., 1979

Ausschlaggebend für den Sperrstundeneffekt kann ein Phänomen sein, das man »psychologische Reaktanz« nennt. Immer dann, wenn wir uns in unserer individuellen Freiheit, etwas zu tun oder auch zu lassen, bedroht fühlen, reagieren wir mit einem Widerstand, der sich gegen die Bedrohung richtet und dem Ziel dient, den Freiheitsraum aufrechtzuerhalten oder wiederherzustellen. Eine Möglichkeit, mit der wir in solchen Situationen reagieren, ist die Steigerung der Attraktivität der bedrohten oder nicht verfügbaren Alternative. Die Kirschen in Nachbars Garten schmecken eben doch besser als die eigenen. Und je näher die Sperrstunde rückt, desto unwahrscheinlicher wird es, sich doch noch zu verabreden oder auf ein Gläschen Wein woanders hinzugehen. Unsere Wahlfreiheit wird damit bedroht, und wir finden die anderen dann besonders attraktiv.

Die Medien, der Sex und die Schönheit

Kaum eine Titelseite einer Zeitschrift, auf der nicht das Foto einer (meist weiblichen) attraktiven Person zu sehen ist. Muten im Vergleich dazu die zahlreichen Menschen, mit denen wir tagtäglich zu tun haben, eher wenig verlockend an, oder färbt die Nähe der Topmodels auf den Mann oder die Frau auf der Straße positiv ab?

Die Frage nach der Bedeutung des Kontextes auf die Attraktivitätsbeurteilung beschäftigt die Forschung schon seit einer Weile. Ende der 1970er-Jahre ließen Douglas Kenrick und Sarah Gutierres Bewohner in einem Studentenheim die Fotos einer Studentin dahingehend beurteilen, ob sie vom Aussehen her für einen Freund infrage käme.[35] Diejenigen, die befragt wurden, kurz nachdem sie die damals so beliebte Fernsehserie *Drei Engel für Charly* mit den drei ausgesprochen attraktiven Hauptdarstellerinnen gesehen hatten, beurteilten die Studentin als weniger attraktiv, als es Studenten taten, die die Sendung nicht gesehen hatten. Es handelt sich dabei um einen Kontrasteffekt, wie wir ihn beispielsweise auch im Winter empfinden, wenn wir aus der Kälte in einen warmen Raum kommen. Er erscheint uns wärmer als im Sommer, wenn wir aus der Hitze in das Haus kommen. Insofern kann die permanente Präsentation von schönen Menschen mit dazu beitragen, dass unsere Erwartungen,

---

[35] Kenrick & Gutierres, 1980

wie attraktiv eigentlich Menschen zu sein haben – man spricht vom Prototyp der Attraktivität –, erhöht werden. Im Vergleich mit diesen hohen Standards empfinden wir weder uns noch unsere nächsten Bekannten als besonders attraktiv. Man sollte nun aber nicht leichtfertig seinen Bekanntenkreis danach zusammenstellen, dass alle Freunde und Freundinnen deutlich weniger gut als man selbst aussehen, getreu dem Motto, der Einäugige ist unter den Blinden König, denn der Schuss kann buchstäblich nach hinten losgehen. Unattraktive Personen, die mit uns in Verbindung gebracht werden, mit denen wir sozusagen eine Art Einheit bilden, strahlen negativ auf uns ab, und umgekehrt können wir uns im Licht der schönen Menschen sonnen, die zu uns gehören.

Auch unser eigenes Verhalten ist ganz subtil durch Vergleiche, die wir beiläufig mit attraktiven Personen anstellen, beeinflusst. Frauen, die hübsche Models auf den Covers von Zeitschriften gesehen haben, essen unmittelbar danach weniger, wenn ihnen etwas angeboten wird.[36]

Noch komplizierter wird es, wenn wir berücksichtigen, dass die in den Medien dargestellten Schönheiten oft auch gleichzeitig in einem erotischen Kontext zu sehen sind, etwa die berühmten Playmates des Monats im Playboy. Wie sexuelle Erregung dazu führen kann, dass man Personen schöner empfindet, haben Walter Stephan, Ellen Berscheid und Elaine Hatfield demonstriert.[37] Unverheiratete Männer sollten ein Gespräch mit einer jungen Frau führen. Die Forscher wollten, so lautete die Information für die Testpersonen, diese Gespräche dann genauer analysieren und die beteiligten Personen über ihre Eindrücke des jeweils anderen befragen. So weit, so gut. Kurz bevor es nun losging, kam ein junger Student und erklärte, er plane im Rahmen seiner Abschlussarbeit eine Untersuchung über Sexualität und sei gerade damit beschäftigt, einige Materialien vorzubereiten. Ob sie kurz Zeit hätten, wurden die Männer gefragt, einen dieser Texte zu lesen, um ihn auf seine Verständlichkeit und Ähnliches hin zu beurteilen. Gesagt, getan, die Hälfte der Angesprochenen las einen langweiligen Text über das Sexualverhalten von Möwen, die anderen aber einen Text, in dem eine Verführungsszene ziemlich plastisch geschildert wurde.

---

[36] Gurari et al., 2006

[37] Stephan, Berscheid & Walster [Hatfield], 1971

Die jungen Männer bekamen dann – sozusagen als Vorbereitung auf das Gespräch mit der jungen Frau – einen Umschlag mit einem Foto und einigen persönlichen Hintergrundinformationen über ihre Gesprächspartnerin und wurden gebeten, ihren ersten Eindruck von dieser Person zu beurteilen. Hierbei wurde unter anderem auch deren Attraktivitätseinschätzung ermittelt. Wie von den Forschern vermutet, beurteilten sexuell erregte Männer die Frau auf dem Foto (es handelte sich in allen Fällen um die gleiche Frau) als attraktiver als nicht erregte. Weiterführende Studien zeigen aber, dass sexuelle Erregung nicht allgemein zu einer Erhöhung der Attraktivitätseinschätzung führt, sondern es dadurch eher zu einer Extremisierung kommt: Attraktive Frauen werden von sexuell erregten Männern als noch attraktiver bewertet, und unattraktive werden noch negativer bewertet.

Rot macht schön

Meryl Streep in *Der Teufel trägt Prada* machte es, und Julia Roberts in *Pretty Woman* auch – sie trugen Rot. Und haben Sie sich eigentlich schon einmal gefragt, warum Rotlichtbezirke *Rotlicht*bezirke sind und nicht Grünlicht- oder Blaulichtbezirke? Warum wird über die ganze Welt hinweg Sex mit rotem Licht in Verbindung gebracht?

Rot ist zunächst einmal eine warme Farbe. Rot gestrichene Zimmer wirken wärmer als etwa blaue. Rot erhöht auch unser Aktivitätsniveau, manchmal sogar unsere Aggressionsbereitschaft. Rot ist aber zugleich eine Signalfarbe und deutet auf potenzielle Gefahr. Doch kann all das die Verbindung von Rot mit Sex erklären? Eher nicht. Wissenschaftler vermuten, dass Rot Frauen begehrenswerter erscheinen lässt und auf Männer wie ein Aphrodisiakum wirkt.[38]

Meine Mitarbeiter an der Universität Wuppertal haben getestet, ob Rot Frauen wirklich attraktiver und begehrenswerter macht. In einer Reihe von Studien wurden die Fotos von Frauen entweder auf einen roten, blauen, grünen oder weißen Hintergrund montiert. Männer wie auch Frauen, denen diese Fotos gezeigt wurden, sollten angeben, als wie schön, wie sexuell anziehend und wie sympathisch die jeweilige Person empfunden wurde.

[38] Elliot & Niesta, 2008

Zu unserer Überraschung reichte schon ein roter Hintergrund aus, um eine Frau schöner und erotischer erscheinen zu lassen. Die Assoziation von Rot mit Weiblichkeit zeigte also die vermutete Wirkung. Grüne oder blaue Hintergründe hatten keine höhere Attraktivitätseinschätzung zur Folge. Noch deutlicher zeigte sich die Wirkung in der Studie, wenn eine Frau rote Kleidung trug, etwa ein rotes T-Shirt. Wir vermuten, dass die Ursache für dieses Phänomen darauf zurückgeht, dass Rot unser Erregungsniveau erhöht und die erhöhte Erregung der Betrachter auf die Beurteilungen der Frauen ausstrahlt.

Hübsch oder hässlich? Was bei der Partnerwahl wirklich zählt

Nur die Schönsten überleben ist der provokante Titel eines Buchs über Schönheit.[39] Nach allem, was ich bisher in diesem Kapitel geschrieben habe, entsteht leicht der Eindruck, dass es Schöne ganz allgemein leichter im Leben haben und dass wir vor allem bei der Wahl eines Partners versuchen, möglichst den Schönsten oder die Schönste zu bekommen. Folgerichtig verwenden die meisten Menschen viel Geld und Energie darauf, noch schöner zu werden. Auf den ersten Blick erscheint das auch sinnvoll. Schließlich hängen Gesundheit, Aussehen und Reproduktionspotenzial zusammen, wie die evolutionäre Literatur zeigt. Aber gesund und damit mit Reproduktionspotenzial ausgestattet sind fast alle, und ich habe mich gefragt, ob wir bei der Partnerwahl wirklich Schönheit anstreben oder nicht einfach nur Hässlichkeit vermeiden wollen. Schönheit anstreben oder Hässlichkeit vermeiden sind nicht einfach zwei Seiten der Medaille, sondern dahinter liegen komplett unterschiedliche Partnerwahlstrategien. Wenn es bei der Partnerwahl darum ginge, den Schönsten zu bekommen, hätte das zunächst einen ganz immensen intrasexuellen Wettbewerb zur Folge. Stellen wir uns einmal vor, alle Männer hätten das gleiche Schönheitsideal und würden versuchen, die wenigen Frauen, die diesem Ideal entsprächen, als Partnerinnen zu gewinnen. Was für ein Stress! Erfolg hätten nur die wenigsten, und die meisten würden leer ausgehen oder mit jemandem vorliebnehmen müssen, den sie gar nicht wollten. Und müsste nicht die

[39] Etcoff, 2001

Menschheit immer schöner werden, wenn die Schönen gegenüber den Normalen einen Reproduktionsvorteil hätten?

In Kapitel 2 habe ich die Fehler-Management-Theorie dargestellt, die beschreibt, dass die Konsequenzen von Fehlentscheidungen nicht symmetrisch sind. Etwas übersehen ist manchmal teurer, als einen falschen Alarm auszulösen. Ich habe diese Überlegungen auf die Bedeutung des Aussehens für die Partnerwahl übertragen. Partnerwahl ist gewissermaßen auch eine Entscheidung unter unsicheren Bedingungen. Unsicher insofern, als das Aussehen eben nur indirekte Hinweise auf den Reproduktionswert liefert. Nicht alle hübschen Menschen sind gesund und fertil und nicht alle wenig attraktiven krank. Menschen stehen bei der Partnerwahl vor der Frage, sich einem anderen anzunähern und als Partner zu gewinnen oder ihn zu ignorieren und einen anderen auszuwählen. Das Dilemma dabei liegt darin, dass sich der Reproduktionserfolg durch Paarung mit dem entsprechenden Menschen nicht voraussehen lässt. Gesundheit, Jugendlichkeit und damit letztlich Fertilität lassen sich eben nicht objektiv messen, sondern nur tendenziell einschätzen.

Was ist nun kostspieliger in Einheiten »evolutionärer Währung«? Einen unattraktiven Partner zu wählen, der vielleicht krank ist und früh stirbt oder Erbkrankheiten an den Nachwuchs weitergibt oder aber einen attraktiven Partner zu übersehen, eine gute Gelegenheit zu verpassen?

Mit meinen Mitarbeitern an der Universität Wuppertal bin ich dieser Frage in den letzten Jahren nachgegangen, und wir haben eine Menge von Hinweisen darauf gefunden, dass die Partnerwahl eher durch die Vermeidung von Hässlichkeit als durch das Anstreben von Schönheit gekennzeichnet ist.[40]

Den ersten Hinweis darauf liefert schon die Übereinstimmung von Attraktivitätsurteilen. Im Großen und Ganzen ist sie ja nicht besonders hoch, wie ich schon beschrieben habe. Allerdings sind sich die Beurteiler bei wenig attraktiven Personen eher einig als bei schönen. Wir haben also zunächst schon einmal eine klarere Vorstellung von Hässlichkeit als von Schönheit.

[40] Hassebrauck, 2009

In anderen Studien haben wir Leute gebeten aufzuschreiben, woran sie festmachen, ob jemand hübsch oder hässlich ist. Auch hier zeigt sich, dass Menschen ein klareres Verständnis von Hässlichkeit als von Schönheit haben. Hässlichkeit wird vor allem mit Merkmalen, die mit Gesundheit und damit mit Reproduktionspotenzial zu tun haben, in Verbindung gebracht. Unsere Probanden nannten Merkmale wie »Pickel«, »dick«, »dürr«, »schlechte Zähne«, »deformiert«. Das Spektrum der Merkmale, die mit Schönheit in Verbindung gebracht werden, ist viel breiter und unspezifischer, angefangen von »gepflegtem Aussehen« über einen »knackigen Po« bis hin zum »freundlichen Lächeln«. Dabei stimmen Männer und Frauen bei den Merkmalen, die Hässlichkeit beschreiben, viel stärker überein als bei den Merkmalen, die etwas mit Schönheit zu tun haben.

In einem unserer Experimente haben wir untersucht, ob unser Gedächtnis unterschiedlich gut funktioniert bei Hübschen oder Hässlichen. Dazu haben wir unseren Testpersonen am Computermonitor Gesichter von unterschiedlich attraktiven Personen gezeigt. Etwas später, nachdem sie in der Zwischenzeit zur Ablenkung etwas völlig anderes tun mussten, haben wir ihnen wieder Bilder gezeigt, teils solche, die sie vorher schon einmal auf dem Monitor hatten, teils neue, unbekannte. Bei jedem Bild mussten unsere Versuchsteilnehmer entscheiden, ob sie es schon einmal gesehen hatten oder ob es neu war. Die Ergebnisse sprechen für sich: Unattraktive Gesichter – egal, ob Mann oder Frau – werden besser und schneller wiedererkannt als mittelmäßig oder sehr attraktive Gesichter. Warum? Vermutlich, weil unattraktive Personen eine größere Bedeutung für uns haben.

Aus der Emotionsforschung ist ein Befund bekannt, den man das Gesicht-in-der-Menge-Phänomen nennt.[41] In einer größeren Menge freudiger Gesichter wird ein einzelnes Gesicht, das Furcht ausdrückt, schneller erkannt als umgekehrt ein freudiges Gesicht in einer Menge von ängstlichen. Die Forscher erklären das mit der größeren Bedeutung der Emotion Furcht im Vergleich zu Freude. Sehen wir in einem Gesicht eines Mitmenschen Anzeichen von Furcht, werden wir aufmerksamer und versuchen die Ursache dafür zu fin-

[41] Hansen & Hansen, 1988

den. Möglichen Gefahren können wir so leichter entkommen. Unser Wahrnehmungsapparat ist also auf die Erkennung emotional relevanter Hinweise spezialisiert – so die Schlussfolgerung.

Ich habe diese Überlegungen auf die Frage, ob die Vermeidung von Hässlichkeit wichtiger als das Anstreben von Schönheit ist, übertragen. Wie wir feststellten, fällt ein einzelnes hässliches Gesicht in einer Menge von schönen Gesichtern stärker auf als ein hübsches in einer Menge von hässlichen. Auch das zeigt die größere Bedeutung von Hässlichkeit im Vergleich zu Schönheit.

Diese Experimente und zahlreiche andere, die wir in den letzten Jahren durchgeführt haben, zeigen, dass wir Menschen Spezialisten im Entdecken und Erkennen von Menschen mit geringer Attraktivität sind. Das Vermeiden von Hässlichkeit und nicht das Anstreben von Schönheit ist das Grundmuster der Partnerwahl.

Die Konsequenzen sind weitreichend. Nicht die ohnehin gut aussehenden Menschen müssen versuchen, noch schöner zu werden (es überleben eben nicht nur die Schönsten!). Im Gegenteil! Diejenigen, die meinen, es lohne sich ohnehin nicht, etwas am eigenen Aussehen zu verändern, profitieren am stärksten von Maßnahmen, das Aussehen zu verbessern. Der Schritt von 3 zu 5 auf der Traumfrau-Skala von 1 bis 10 ist erheblich wirkungsvoller als der von 7 auf 9. Und er ist auch leichter zu vollziehen. Ein Gang zum Friseur, etwas abspecken, all das lässt relativ schnell wenig attraktive Menschen mittelmäßig attraktiv werden – und das reicht völlig aus.

Angesichts dieser beeindruckenden Befunde muss die Geschichte der Schönheit umgeschrieben werden. Nicht der Schöne ist gut, wie es Sappho ausgedrückt hat, sondern im Gegenteil: »Ugly is bad«, so heißt es schon im Titel einer aktuellen Studie zu diesem Thema.[42]

[42] Griffin & Langlois, 2006

Kapitel 4

Sich verlieben

Verliebt sein ist eine der intensivsten Emotionen, die Menschen überhaupt verspüren können, und schon beim bloßen Gedanken an das Objekt der Begierde geraten Verliebte in einen intensiven physiologischen Erregungszustand. Kein Wunder, dass sich Literaten wie auch Wissenschaftler immer wieder mit diesem Gefühl auseinandergesetzt haben.

Mein Freund und Kollege Art Aron von der State University of New York hat Hunderte von Frischverliebten danach gefragt, was denn der Auslöser ihres Gefühls war.[1] Liebe auf den ersten Blick war es selten, denn die meisten der Befragten kannten die von ihnen plötzlich so heiß begehrte Person schon länger. Wichtiger waren vielmehr manchmal ganz triviale gemeinsame Erlebnisse oder einfach das Gefühl, dass der andere einen selbst mochte. Aber wenn es dann passiert, spielt der Organismus verrückt. Unsere Gedanken kreisen permanent um die geliebte Person, wir idealisieren sie, sehen alle ihre positiven Aspekte noch positiver, als sie sind, verschließen gleichzeitig aber die Augen vor Unzulänglichkeiten und wollen von Hinweisen auf mögliche Probleme absolut nichts wissen.

Die Chemie der Liebe

Es sind vier kleine Hirnregionen, denen wir das schönste aller Gefühle – die große Liebe – verdanken, wie der Neurowissenschaftler Andreas Bartels in sei-

---

1 Aron et al., 1989

ner Arbeit »Das neuronale Korrelat der romantischen Liebe« beschreibt.[2] Seine Testpersonen sahen Porträts ihrer Liebsten oder aber eines guten Freundes, während ein funktionales Kernspintomogramm (fMRT) von ihrem Gehirn aufgenommen wurde. Die Computeranalyse ergab, dass beim Anblick der Bilder des Liebespartners nur vier eng begrenzte Regionen des Gehirns aktiv wurden. Das waren Regionen, die auch schon früher von anderen Wissenschaftlern mit Emotionen und Glücksgefühlen in Verbindung gebracht wurden und die für die Ausschüttung von Neurotransmittern wie Dopamin oder Endorphin verantwortlich sind.

Wenn Menschen verliebt sind, bekommt ihr »Liebesobjekt« eine ganz neue Bedeutung für sie. Sie denken, die geliebte Person sei einmalig auf der Welt, und richten einen großen Teil ihrer Aufmerksamkeit auf sie. Sie achten mehr auf ihre positiven Eigenschaften und ignorieren ihre schlechten. Gleichzeitig reduziert sich ihre Fähigkeit, sich parallel in eine weitere Person zu verlieben. Verantwortlich für diese Effekte ist eine erhöhte Dopamin-Konzentration.

Endorphin, eine dem Morphin ähnliche körpereigene »Droge«, löst Euphorie aus und lindert Schmerz. Gleichzeitig wird der rechte präfrontale Kortex *deaktiviert*, eine Gehirnregion, die bei Depressiven übermäßig aktiv ist. Der Organismus läuft jetzt auf Hochtouren, das Erregungsniveau ist erhöht, das Schlafbedürfnis und der Appetit sind reduziert. Eine erhöhte Produktion von Phenylethylamin verbessert die Stimmung. Wir sind bester Laune und lassen auch einmal »fünf gerade sein«. Phenylethylamin ist eine allgemein energetisierend wirkende Substanz, die chemisch den Amphetaminen ähnlich ist und dazu führt, dass Verliebte meinen, Berge versetzen zu können. Schließlich stellt man bei Verliebten auch erhöhte Werte der Neuropeptide Oxytocin und Vasopressin fest, die manchmal auch salopp als »Nähe-Hormone« bezeichnet werden. Oxytocin ist ein Hormon, das seine Hauptaufgabe eigentlich während der Schwangerschaft und der Stillzeit hat. Physiologisch fördert es die Wehen und stimuliert die Milchdrüsen. Es wird deswegen manchmal auch zur Einleitung der Wehen verabreicht. Psychologisch fördert es die Bindung der Mutter

[2] Bartels & Zeki, 2000

an das Neugeborene. Verliebte weisen ebenfalls erhöhte Oxytocin-Werte auf, was auch bei ihnen – wie bei Müttern nach der Geburt – das Bindungssystem aktiviert. Sie fühlen sich in der Nähe des Geliebten ruhig, sicher und wohl, genießen die emotionale Nähe und haben durch Oxytocin auch mehr Vertrauen zum anderen.[3] Und schließlich sinken ähnlich wie bei einer Zwangsstörung die Serotoninwerte im Blut, was die Fixierung auf das begehrte Objekt erklärt. Auf dem Höhepunkt dieses Chemiecocktails passiert etwas ganz Wunderbares: Verliebte Männer und Frauen werden einander teilweise ähnlicher. Donatella Marazitti und ihr Team von der Universität Pisa haben verschiedene Hormone im Blut Verliebter und im Blut von gerade nicht Verliebten untersucht. Was sie entdeckten, ist so verblüffend wie sinnvoll. Die Konzentration des männlichen Sexualhormons Testosteron war im Blut verliebter Männer erniedrigt, bei Frauen hingegen erhöht. Die Konsequenz dieser hormonellen Gleichmacherei: Frauen haben ein erhöhtes Bedürfnis nach Sex und Männer sind weniger aggressiv.[4]

Bei so viel Chemie im Körper ist es aber gleichzeitig nicht überraschend, dass Verliebte im wahrsten Sinne des Wortes krank werden, wenn die geliebte Person nicht da ist oder sie gar abweist. Sie sind gewissermaßen mit den gleichen Entzugserscheinungen konfrontiert, die auch Drogensüchtige verspüren. Eines der bei Verliebten besonders aktiven Gehirnareale wird übrigens auch durch Suchtstoffe wie Kokain und Heroin angeregt.

Doch Chemie allein reicht nicht. Bei all diesen chemischen Vorgängen im Körper sind wir nicht – wie uns manchmal suggeriert wird – deswegen verliebt, weil diese Stoffe plötzlich vorhanden sind. Würde man Ihnen einen Liebestrank mit einigen dieser Zutaten verabreichen, hätte das wenig Sinn. Sie hätten einfach nur gute Laune und das Gefühl, Berge versetzen zu können – verliebt wären Sie nicht. Verliebtsein ist ein komplizierter psychologischer Vorgang und entsteht aus dem Zusammenspiel der prinzipiellen Bereitschaft, sich zu verlieben, physiologischer Erregung und einer Person, die wir als Ursache für diesen Erregungszustand ansehen.

---

3 Mikolajczak et al., 2009

4 Marazitti, & Cassano, 2003

Der evolutionäre Sinn des Verliebtseins

Ganz nüchtern betrachtet, besteht der Sinn unseres Lebens in der Weitergabe unserer Gene an die nachfolgende Generation. Ein Gefühl wie das des Verliebtseins, das so intensiv ist, dass es teilweise unmöglich wird, die vielfältigen Informationen aus unserer Umwelt gründlich und systematisch zu verarbeiten und einen selbst nur noch an die geliebte Person und an Sex denken lässt, ist letztlich der Fortpflanzung dienlich. Kinder wollen aber nicht nur gezeugt, sondern auch großgezogen werden. Verliebtsein sollte daher nicht unmittelbar, nachdem eine Paarbindung und gegebenenfalls eine Schwangerschaft angefangen hat, aufhören, sondern mindestens so lange andauern, bis die Kinder nicht mehr auf dauernden Schutz durch beide Elternteile angewiesen sind. Verliebtsein erhöht somit auch die Bindungsbereitschaft – zumindest für einen Zeitraum von circa zwei bis drei Jahren.[5] Alleinerziehende haben es nämlich nicht nur heute schwerer als Paare. Vor Jahrtausenden, als sich diese evolutionären Mechanismen entwickelt haben, waren sie existenziell bedroht.

Wenn Sie selbst genau wissen wollen, wie verliebt Sie in Ihren Partner sind, bearbeiten Sie den Fragebogen zur Messung der leidenschaftlichen Liebe, den Susan Sprecher und Elaine Hatfield, zwei amerikanische Sozialpsychologinnen, entwickelt haben (Test 4.1).[6] Ich habe diesen Fragebogen ins Deutsche übertragen und in zahlreichen meiner Studien eingesetzt.

Test 4.1 Wie groß ist Ihre leidenschaftliche Liebe?

Denken Sie jetzt an Ihre/n Partner/-in und versuchen Sie, mittels der folgenden Aussagen Ihre Gefühle Ihrem Partner bzw. Ihrer Partnerin gegenüber zu beschreiben. Bei jeder der folgenden Aussagen können Sie das Ausmaß Ihrer Zustimmung oder Ablehnung auf sieben Stufen ausdrücken. Dabei bedeutet 1 »trifft gar nicht zu« und 7 »trifft völlig zu«. Alle dazwischen liegenden Abstufungen sind ebenfalls möglich.

1. Ich würde sehr verzweifeln, wenn ___ mich verlassen würde.	trifft gar nicht zu	1	2	3	4	5	6	7	trifft völlig zu

[5] Liebowitz, 1983

[6] Hatfield & Sprecher, 1986

2. Manchmal fühle ich, dass ich meine Gedanken nicht kontrollieren kann; der Gedanke an ___ lässt mich nicht los.	trifft gar nicht zu	1	2	3	4	5	6	7	trifft völlig zu
3. Ich fühle mich glücklich, wenn ich etwas tue, das ___ glücklich macht.	trifft gar nicht zu	1	2	3	4	5	6	7	trifft völlig zu
4. Ich möchte lieber mit ___ zusammen sein als mit jemand anderem.	trifft gar nicht zu	1	2	3	4	5	6	7	trifft völlig zu
5. Ich werde eifersüchtig, wenn ich mir vorstelle, dass ___ sich in jemand anderen verliebt.	trifft gar nicht zu	1	2	3	4	5	6	7	trifft völlig zu
6. Ich möchte gern alles über ___ wissen.	trifft gar nicht zu	1	2	3	4	5	6	7	trifft völlig zu
7. Ich will ___ – körperlich, gefühlsmäßig und geistig.	trifft gar nicht zu	1	2	3	4	5	6	7	trifft völlig zu
8. Ich habe ein ungeheures Verlangen nach Zuneigung von ___.	trifft gar nicht zu	1	2	3	4	5	6	7	trifft völlig zu
9. Für mich ist ___ der/ die perfekte Liebespartner/ in.	trifft gar nicht zu	1	2	3	4	5	6	7	trifft völlig zu
10. Ich fühle, wie mein Körper reagiert, wenn ___ mich berührt.	trifft gar nicht zu	1	2	3	4	5	6	7	trifft völlig zu
11. ___ scheint immer in meinen Gedanken zu sein.	trifft gar nicht zu	1	2	3	4	5	6	7	trifft völlig zu
12. Ich möchte, dass ___ mich kennt – meine Gedanken, meine Ängste, meine Hoffnungen.	trifft gar nicht zu	1	2	3	4	5	6	7	trifft völlig zu
13. Ich suche begierig nach Hinweisen auf ___s Verlangen nach mir.	trifft gar nicht zu	1	2	3	4	5	6	7	trifft völlig zu

14. Ich fühle mich zu ___ stark hingezogen.	trifft gar nicht zu	1	2	3	4	5	6	7	trifft völlig zu
15. Ich bin extrem deprimiert, wenn meine Beziehung mit ___ nicht gut läuft.	trifft gar nicht zu	1	2	3	4	5	6	7	trifft völlig zu

Auswertung
Addieren Sie die angekreuzten Zahlen. Je höher Ihr Wert ist, desto mehr sind Sie in Ihren Partner verliebt. Liegt er über 80, empfinden Sie für Ihren Partner mehr Liebe als der Durchschnitt der von uns befragten Personen.

Erregung und leidenschaftliche Liebe

In der Presse liest man manchmal von merkwürdigen Fällen, in denen sich Geiseln in die Geiselnehmer verliebt haben, oder Personen, die gemeinsam in einem Aufzug stecken geblieben sind, sich zueinander hingezogen fühlten. Genauso sind Liebesbeziehungen, die ihren Anfang in einem Luftschutzbunker während eines Bombardements im Zweiten Weltkrieg genommen haben, keine Seltenheit. »Wie kann das sein?«, fragt man sich.

Die Intensivierung von Liebe durch Erregungszustände, die alles andere als romantische Ursachen haben, ist ein gut dokumentiertes Phänomen. Die Forschung spricht vom »Erregungstransfer« und von »Fehlattribution von Erregung«. Körperliche Erregung hat viele Ursachen: den Schrecken, knapp einem Unfall entgangen zu sein, die Freude über eine mit Bravour bestandene Prüfung oder schlicht die Anstrengung, zehn Stockwerke zu Fuß gegangen zu sein, weil der Aufzug defekt war. All diese Ereignisse erhöhen unser physiologisches Erregungsniveau und die Ausschüttung des Hormons Adrenalin und werden von uns körperlich wahrgenommen. Wir spüren, dass unser Herz wilder als sonst pocht, dass unsere Hände feucht sind, dass die Atmung beschleunigt ist. Aber nicht immer wissen wir genau, warum. Und nicht immer führen wir an uns selbst wahrgenommene Erregung auf ihre wahren Ursachen zurück, sondern oft auf die subjektiv naheliegenden – manchmal auch falschen – Quellen. Wenn wir beispielsweise in letzter Minute im Laufschritt den gerade noch abfahrenden Zug erreicht haben, völlig aus der Puste sind und uns dann erschöpft neben eine Person setzen, die wir sehr attraktiv finden, dann ist es wahrscheinlich, dass wir diese Person jetzt als verführerischer wahrnehmen, als wir es tun würden, wären wir körperlich nicht so erregt. Und umgekehrt: Sitzt jetzt ein widerlicher Typ neben uns, der uns provoziert, reagieren wir mit höherer Aggression, als wir es sonst vielleicht täten.

Als Kate Winslet im Film *Titanic* voller Verzweiflung versucht, sich vom Bug des Schiffs in die Tiefe zu stürzen, erblickt sie im Augenblick der Todesangst und höchster Erregung Leonardo di Caprio – und überträgt anscheinend die Erregung, die sie in diesem Augenblick verspürt, auf ihn. Zu welch intensiven Formen des Verliebtseins dieser Erregungstransfer führt, wird an vielen Stellen des Filmes deutlich.

Wie romantische Anziehung durch solche Fehlattributionen von Erregung intensiviert wird, haben Donald Dutton und Art Aron schon vor fast 40 Jahren in einem mittlerweile klassischen Experiment auf amüsante Weise genauer untersucht.[7] Die »Versuchspersonen« waren junge Männer, die während eines Ausflugs ins Grüne eine ziemlich wacklige und instabile 137 Meter lange Hängebrücke, die den Capilano Canyon in North Vancouver überspannt, überquerten. Die Brücke schwankt und wackelt, und der Blick auf den 70 Meter tiefer liegenden Fluss ist alles andere als beruhigend. Es ist nur allzu verständlich, dass diese jungen Männer, nachdem sie die Brücke überquert hatten, noch aufgeregt waren. Am Ende der Brücke stand eine junge, attraktive Frau, die alle Männer nach dem Überqueren der Brücke ansprach und ihnen erklärte, sie führe im Rahmen ihres Studiums eine Befragung durch, und sie bat, ihr ein paar – in Wirklichkeit völlig belanglose – Fragen zu beantworten. So nett angesprochen, waren die Männer dann auch gern bereit zu helfen. Dann bot ihnen die Interviewerin an, mehr über das Projekt zu erzählen, und gab ihnen ihre Telefonnummer, sodass die Männer sie anrufen konnten, wenn sie wollten.

[7] Dutton & Aron, 1974

Ein Stück weiter flussabwärts gibt es eine weitere Möglichkeit, den Fluss zu überqueren, allerdings auf einer grundsoliden festen Brücke. Am nächsten Tag empfing die junge Interviewerin andere männliche Passanten an dieser Stelle und erzählte ihnen genau die gleiche Geschichte. Auch diesmal erhielten sie die Gelegenheit, telefonisch mit ihr Kontakt aufzunehmen. 50 Prozent der Männer, die die wacklige Hängebrücke überquert hatten, versuchten Kontakt mit der Interviewerin aufzunehmen, während es nur 12 Prozent derjenigen taten, die die stabile Betonbrücke überquert hatten. Erregt vom Gang über die wacklige Brücke glaubten sie fälschlicherweise, die junge Frau sei der Auslöser für ihre Erregung, und fanden sie plötzlich erotischer und attraktiver. Am Rande bemerkt: Es wurden auch Männer von einem männlichen Interviewer auf die beschriebene Art angesprochen. Hier gab es keinen Unterschied zwischen beiden Brücken. Ein männlicher Interviewer scheint den meisten als Ursache für ihre Erregung wenig plausibel.

Diese Fehlattribution von Erregung birgt aber auch Gefahren in sich und erhöht nicht zwangsläufig die positiven Gefühle. Personen, die man wenig attraktiv findet, die man vielleicht ohnehin nicht besonders mag, werden noch negativer bewertet, wenn ihr Auftauchen mit Erregung aus anderen Quellen gekoppelt ist. Erregung intensiviert also eine an sich schon vorhandene emotionale Reaktion. So kann es in Situationen wie in schwülen, engen Discos auch mal leicht zu einer Prügelei kommen.

Körperliche Anstrengung und Leidenschaft

Körperliche Erregung ist oft schlicht das Ergebnis körperlicher Anstrengung, sei es beim Sport oder beim körperlichen Arbeiten. Der Organismus schüttet unter anderem Adrenalin aus und stellt die notwendigen Energiereserven für erhöhte Leistung bereit. Das Interessante ist nun, dass wir nach solchen Erregung auslösenden Ereignissen schon recht bald meinen, wir seien wieder ganz ruhig und auf unser Ausgangsniveau zurückgekehrt. Tatsächlich aber geht die physiologisch messbare Erregung erheblich langsamer zurück. Ich habe diese beiden Verläufe in Abb. 4.1 dargestellt und man sieht, dass es eine Phase gibt, in der wir meinen, wir seien nicht mehr erregt, obwohl wir es aber noch sind. Verantwortlich für diese Diskrepanz ist der Umstand, dass wir, was die Wahrnehmung unserer eigenen physiologischen Prozesse angeht, verhältnismäßig unsensibel sind und nur große Veränderungen bemerken.

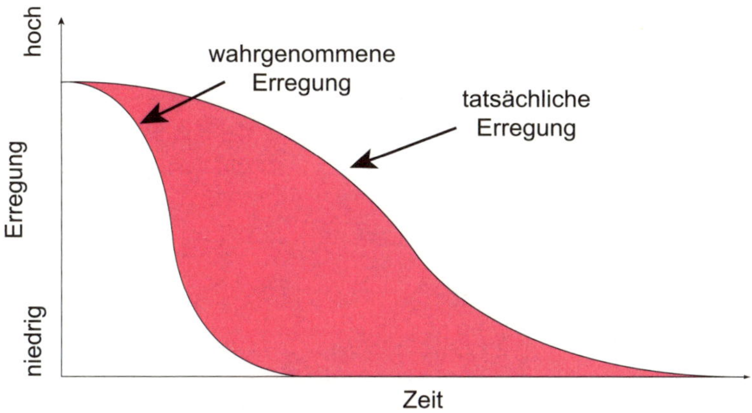

Abbildung 4.1: Wahrgenommene und tatsächliche Erregung stimmen nicht immer überein.

Wenn nun in dieser Phase, in der das Erregungsniveau in unserem Organismus unbemerkt noch relativ hoch ist, ein neues, ebenfalls Erregung auslösendes Ereignis eintritt, wenn etwa eine hochattraktive Person in unserem Blickfeld auftaucht, dann addieren sich die noch vorhandene Resterregung und die neue Erregung, wie ich es in Abb. 4.2 dargestellt habe. Wir reagieren dann umso emotionaler, je nach Situation positiver oder auch negativer. Dabei läuft dieser Erregungstransfer so subtil ab, dass er uns nicht einmal in Ansätzen bewusst ist.

In Studien zum Phänomen des Erregungstransfers lässt man Testpersonen zunächst eine körperliche Anstrengung vollbringen, beispielsweise auf einem Heimtrainer strampeln, auf der Stelle springen oder Ähnliches. Nach einer kurzen Ruhepause von etwa fünf bis zehn Minuten bringt man sie mit attraktiven oder wenig attraktiven Personen zusammen und erfasst dann ihren

Eindruck von diesen Personen. Das Resultat ist wie erwartet: Erotische Menschen werden durch die vorausgegangene Erregung noch erotischer wahrgenommen, unsympathische Menschen als noch unsympathischer empfunden.[8]

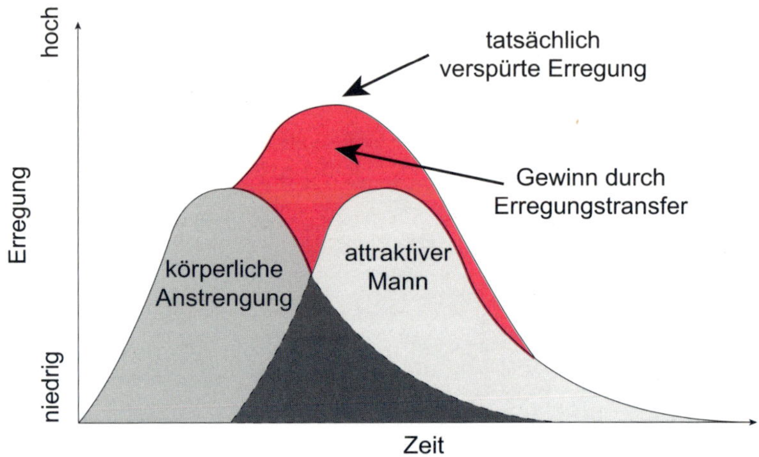

Abbildung 4.2: Resterregung eines vorausgegangenen Ereignisses kann mit später eintretender Erregung kombiniert werden und erhöht so die emotionale Reaktion.

Sogar das Klima kann so etwas bewirken. Warme Winde, Gewitter und andere natürlich vorkommende Phänomene spalten die Moleküle der Luft in positiv und negativ geladene Ionen. Das Ergebnis ist atmosphärische Elektrizität, und die hat vielerlei Konsequenzen – auch für die Liebe. Es sind vor allem die negativen Ionen in der Luft, die unser Erregungsniveau anheben. Stellen Sie sich einmal vor, wie es ist, nach einem heftigen Gewitter ins Freie zu gehen. Man fühlt sich angenehm befreit, fast beschwingt. Das ist auf den Überschuss negativ geladener Teilchen in der Luft nach einem Gewitter zurückzuführen. Sie erhöhen unser Erregungsniveau und haben damit, wie Robert Baron eindrucksvoll demonstrieren konnte, einen unmittelbaren Einfluss auf Sympa-

[8] Zillmann, 1983

thie und Antipathie.[9] In seinem Laboratorium an der Purdue University in Indiana, USA, hat er das Klima künstlich verändert. Mit einem Ionengenerator erhöhte oder verringerte er die Konzentration negativer Ionen im Labor. Währenddessen sollten seine weiblichen Testpersonen angeben, wie attraktiv sie eine andere Person fanden. Diese Person war ihnen entweder in vielerlei Hinsicht ähnlich oder aber völlig verschieden. Die kleine Klimamanipulation hatte große Wirkung. Nicht nur, dass sich je nach Ionenkonzentration der Blutdruck der Testpersonen unterschied – negative Ionen erhöhten den Blutdruck –, auch ihre Attraktivitätseinschätzungen wurden extremer. Sie empfanden ihnen ähnliche Personen als noch attraktiver und ihnen unähnliche als noch unattraktiver. Ein vorherrschendes Gefühl wird also durch negative Ionen intensiviert.

Warum die Leidenschaft nicht von Dauer ist

Wer von uns hat nicht schon einmal sehnsüchtig an Zeiten in der eigenen Beziehung zurückgedacht, in denen es ständig kribbelte und knisterte. Den meisten geht es im Beziehungsalltag wohl ähnlich. Nach und nach, ganz allmählich lassen die Leidenschaft und die Sehnsucht nach. Oft denkt man dann, es stimme etwas nicht mehr in der Beziehung. Manche tragen sich gar deswegen mit Trennungsgedanken oder sind zumindest Affären gegenüber offener. Häufig merken wir erst nach einer Trennung, was wir eigentlich verloren haben.

Wie kommt es zu diesem nahezu unvermeidlichen Nachlassen der Leidenschaft in einer Beziehung? Man kann dafür Erklärungen auf verschiedenen Ebenen finden. Betrachten wir noch einmal die Chemie der Liebe. Die in der Anfangsphase ausgeschütteten Glückshormone, den Morphinen ähnlich, wirken eben auch im Negativen teils wie ihre gefährlichen Pendants, sie machen süchtig, führen langfristig zur Gewöhnung und verlieren damit an Wirkung. Diese Erklärung stellt aber nicht wirklich zufrieden, denn ich beschreibe da-

[9] Baron, 1987

mit den Zustand nur auf einer anderen – der physiologischen – Ebene. Und wir sind ja nicht deswegen verliebt, weil der Körper Endorphine und Ähnliches ausschüttet, sondern umgekehrt: Weil wir verliebt sind, produziert der Organismus diese Stoffe.

Gibt es bessere Erklärungen? Roy Baumeister und Ellen Bratslavsky, zwei amerikanische Psychologen, haben eine faszinierende Antwort geliefert.[10] Sie haben die Entwicklung der Intimität in einer Beziehung und den Verlauf der Leidenschaft beobachtet. Mit Intimität ist hier nicht sexuelle Intimität, sondern emotionale Nähe, die Kenntnis des anderen, Sicherheit und Vertrauen gemeint. Was sie feststellen, ist so einfach wie überzeugend: Die Intimität nimmt in den ersten Monaten einer neuen Beziehung relativ schnell zu. Vom ersten Blick bis zum ersten Kuss ist es schon ein großer Schritt, vom ersten Kuss bis zur ersten gemeinsamen Nacht ebenfalls. Wir lernen anfangs mit Riesenschritten unseren Partner mehr und mehr kennen, erfahren, wie er riecht, schmeckt, werden mit seinen Vorlieben und Abneigungen konfrontiert. All dies bedeutet einen großen Zuwachs an Intimität in der Beziehung. In dieser Zeit ist die Leidenschaft extrem. Wir sind in Gedanken nahezu unentwegt beim anderen, denken ständig an Sex, probieren im Bett Neues aus. Ein großer *Zuwachs* an Intimität geht offensichtlich mit einem hohen Maß an Leidenschaft einher. Das Problem ist nur, dass Intimität nicht beliebig zunehmen kann. Irgendwann kennen wir den Partner fast so gut wie uns selbst und wissen oft schon im Voraus, wie er auf bestimmte Vorschläge reagieren wird. Wir befinden uns auf einem hohen Niveau der Intimität, das aber nicht mehr steigen kann. Das ist die Zeit, in der die Leidenschaft ziemlich abgeklungen ist. Denn wenn nach Baumeisters und Bratslavskys Theorie die Leidenschaft eine Funktion der *Zunahme* der Intimität ist, ist sie zwangsläufig niedrig, wenn die Intimität nicht mehr steigt. Ich habe diesen Zusammenhang in Abb. 4.3 dargestellt. Wenn die Intimitätskurve stark ansteigt, ist das Niveau der Leidenschaft hoch. Ist aber die Intimität auf einem hohen Niveau angelangt und kann nicht weiter ansteigen, ist die Leidenschaft sehr niedrig.

---

[10] Baumeister & Bratslavsky, 1999

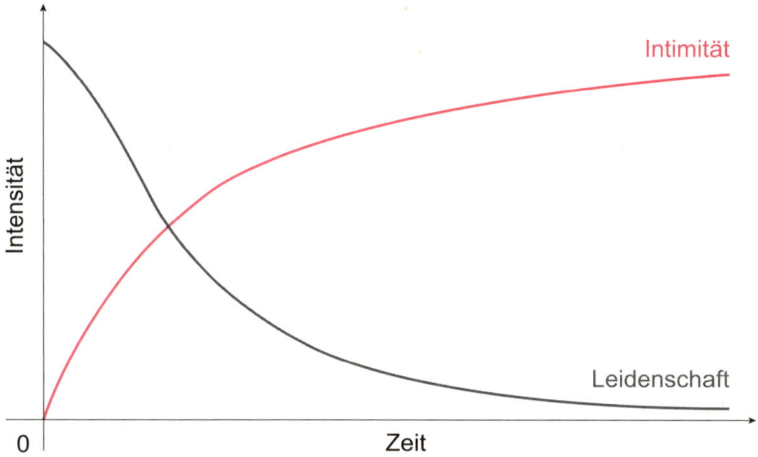

Abbildung 4.3: Baumeister und Bratslavsky gehen davon aus, dass Leidenschaft eine Funktion der Veränderung der Intimität in einer Beziehung ist.

Diese wechselseitige Abhängigkeit von Leidenschaft und Intimität erklärt auch sehr gut, wieso Paare nach einer Krise, nach einer Trennung auf Probe oder einfach nur nach einem heftigen Streit oft wieder mehr Lust aufeinander haben. Die Intimität sinkt in Zeiten von Problemen und Krisen auf einen niedrigen Wert, von dem aus sie nach einer Versöhnung wieder steigen kann. Versöhnen wir uns, nimmt die Intimität wieder schnell zu – und die Leidenschaft auch. Wer ein hohes Maß an Leidenschaft auf Dauer erhalten möchte, müsste nach diesem Modell entweder eine Beziehung immer dann beenden, wenn er dem anderen emotional sehr nahe ist, oder aber sich immer wieder trennen und dann erneut mit dem Partner oder der Partnerin zusammenkommen. Erstrebenswert ist das allerdings nicht. Wir erreichen auf diese Weise zwar viel Leidenschaft, aber um den Preis von Intimität, Nähe und Geborgenheit. Beides gemeinsam zu haben, scheint unmöglich.

Auch evolutionär gesehen erscheint es sinnvoll, die Leidenschaft nicht beliebig lang aufrechtzuerhalten. Leidenschaftliche Liebe dient der Paarbildung und der Zeugung von Nachkommen und kann spätestens dann, wenn ein Kind nicht mehr völlig von den Eltern abhängig ist, als bindende Kraft nachlassen und anderen Aspekten, wie dem Wunsch nach Nähe und Geborgenheit, Platz machen. Wäre es nicht auf Dauer auch ungeheuer anstrengend, wenn wir uns immer im Hochgefühl des Verliebtseins befänden? Eine gründliche und auch notwendige Verarbeitung der vielfältigen Informationen aus unserer Umwelt wäre dann nämlich nicht möglich, und wir würden vieles nicht mehr geregelt kriegen.

Der Ausweg

Nach neuen Forschungsergebnissen von Art Aron und seinen Mitarbeitern ist die Lage aber doch nicht ganz so aussichtslos, wie es scheint.[11] Aron meint, wenn Paare nach einer langen Zeit des Zusammenlebens gemeinsam für sie neue und gleichzeitig erregende Tätigkeiten ausüben, erhöhe das wieder die gegenseitige Leidenschaft. In einer seiner Studien mussten Paare, die mit den Händen auf dem Rücken aneinandergefesselt waren, einen Ball über eine Schaumgummibarrikade werfen. Nicht ganz einfach – und sehr lustig, wenn man zusieht. Diese Aufgabe erfüllt alle drei Kriterien, die für das Wiederbeleben der Leidenschaft verantwortlich sind. Es muss etwas *gemeinsam* gemacht werden. Wenn einer das Fallschirmspringen lernt und der andere zusieht, wirkt das nicht. Den aneinandergefesselten Paaren in Arons Studie blieb gar nichts anderes übrig, als die Aufgabe gemeinsam zu meistern. *Neu* muss die Tätigkeit für das Paar sein. Zum fünften Mal gemeinsam Wildwasser-Kanu-Fahrten zu machen, ist sicher erregend, aber eben nicht neu, und es wird nicht den gewünschten Effekt haben. *Erregend* muss es sein. Das bedeutet nicht, dass es etwas emotional Aufregendes sein muss. Erregung, die ihren Ursprung in körperlicher Betätigung hat, reicht auch. Suchen Sie sich also etwas für Sie beide Neues und Erregendes aus, das Sie dann gemeinsam tun. Die Leidenschaft, die sie füreinander empfinden, wird zunehmen.

Macht Liebe blind?

Traut man dem Volksmund, betrachten Verliebte ihre Umwelt durch die besagte rosarote Brille, und kein Geringerer als William Shakespeare hat im *Kaufmann von Venedig* den schönen Satz geprägt:

---

[11] Aron et al., 2000; Lewandowski & Aron, 2004

»Doch Liebe ist blind, Verliebte sehen nicht
das schöne Narrenspiel, das sie selbst spielen.«
(II/6. Szene)

Tatsächlich neigen Verliebte dazu, die geliebte Person zu idealisieren. Sie schreiben ihr mehr positive Eigenschaften zu, als sie besitzt, und übersehen dabei negative. Sie übersehen auch Unterschiede in Einstellungen und Werthaltungen – und oft sehen sie sprichwörtlich Tugenden in Fehlern. Kommt »Er« zu spät zur Verabredung, denkt die Frischverliebte »Sie« nicht etwa, dass sie sich auf ihn nicht verlassen kann, sondern vielleicht, er sei eben ein wenig unkonventionell. Forscher, die Hunderte von Personen über ihre Liebeserfahrungen berichten ließen, stellten fest, dass Verliebte oft auch in den banalsten Merkmalen der geliebten Person noch etwas Positives sehen, gleichzeitig aber vor offensichtlichen negativen Eigenschaften ihres Partners und auch möglichen Problemen in ihrer Beziehung schlichtweg die Augen verschließen.[12]

Wie kommt es zu solchen Wahrnehmungsverzerrungen? Dazu muss man wissen, wie Gefühle unser Denken beeinflussen. Hier hilft ein kleiner Blick in die Funktionsweise des menschlichen Gehirns. Man kann sich das menschliche Gedächtnis als ein Netzwerk vorstellen (vgl. Abb. 4.4).

All unser Wissen, unsere Informationen über den Partner, unsere Erfahrungen, aber auch unsere Gefühle sind nach diesem Modell in sogenannten Gedächtnisknoten gespeichert. Wird nun einer dieser Gedächtnisknoten aktiviert, zum Beispiel durch ein Gespräch, durch Musik oder dadurch, dass man jemanden wiedersieht, breitet sich von da Erregung auf benachbarte Knoten aus. Je weiter der Weg ist, den diese Aktivität zurücklegen muss, desto mehr flaut das Energieniveau ab, bis es schließlich so gering ist, dass kein Knoten mehr aktiviert wird. Die mit aktivierten Knoten verbundenen Gedächtnisinhalte sind aktuell verfügbar, an sie denken wir, nicht aktivierte Knoten befinden sich gewissermaßen im Ruhezustand. Das Spannende ist nun, dass auch Gefühle wie Verliebtsein oder Ärger als Emotionsknoten in unserem Gedächtnis existieren. Ist ein positiver Emotionsknoten aktiviert, breitet sich von da

[12] Miller et al., 2006

Energie auf andere ebenfalls positive Gedächtnisinhalte aus, ist ein negativer Emotionsknoten aktiviert, sind eben negative Gedächtnisinhalte besser verfügbar. Daher erinnern wir uns in guter Stimmung eher an Positives, und in schlechter Stimmung fallen uns mehr negative Dinge ein.

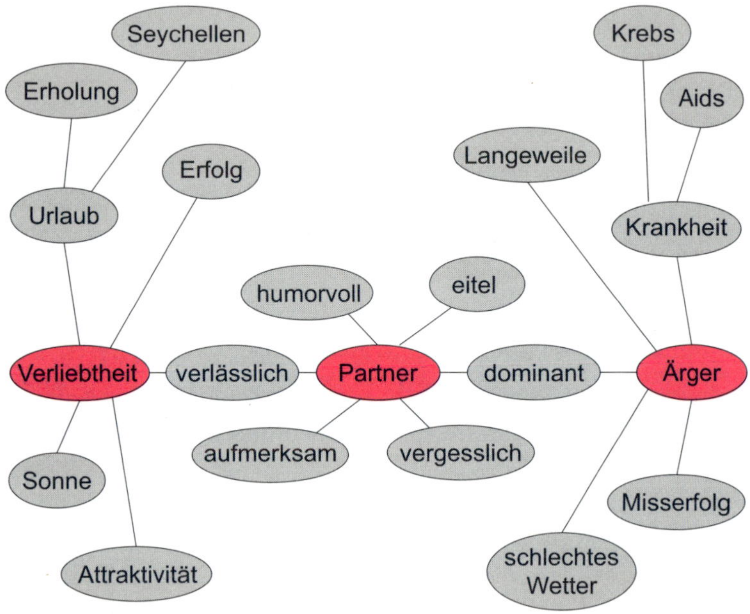

Abbildung 4.4: Gordon Bower stellt sich das Gedächtnis wie ein Netzwerk vor, in das auch Gefühle integriert sind

Betrachten wir eine verliebte Person, die an ihren Partner denkt (vgl. Abb. 4.4). Vermutlich hat der Partner (wie wir alle) positive *und* negative Eigenschaften.

Die positiven Eigenschaften sind wegen ihrer größeren Nähe zum positiven Gefühl des Verliebtseins aber besser verfügbar und gelangen so ins Bewusstsein der verliebten Person. Ganz anders, wenn man vielleicht nach einer Trennung im Zustand des Ärgers oder der Trauer an die gleiche Person denkt. Jetzt sind negative Gedächtnisinhalte besser verfügbar und man bewertet die gleiche Person plötzlich völlig anders. Gordon Bower, der dieses Gedächtnismodell entwickelt hat, nennt so etwas stimmungskongruentes Erinnern.[13] Die Konsequenzen des Verliebtseins gehen aber noch weiter. Nicht nur, dass uns im Zustand des Verliebtseins mehr positive als negative Aspekte des Partners in den Sinn kommen, wir haben auch eine Tendenz, bei der Aufnahme neuer Informationen solchen Informationen mehr Aufmerksamkeit zu schenken, die zu unserem jeweiligen Gefühl passen. Sind wir verliebt, haben negative Informationen eine geringere Chance, überhaupt im Gedächtnis gespeichert zu werden. Auch das trägt mit zu einem positiven, mitunter aber unrealistischen Bild der geliebten Person bei.

Verliebtsein beeinflusst aber nicht nur, *was* wir denken, sondern auch, *wie* wir denken. Unsere Gefühle haben sich im Laufe der Jahrtausende währenden Evolution entwickelt, und sie sind notwendig, um den vielfältigen Erfordernissen unserer Umwelt gerecht zu werden. Gefühle haben gewissermaßen eine Signalfunktion für den Organismus. Sie informieren uns darüber, ob die momentane Situation eine Reaktion erforderlich macht oder nicht. Negative Gefühle zeigen uns, dass die momentane Situation problematisch oder vielleicht sogar gefährlich ist. Sie begünstigen damit eine Art der Informationsverarbeitung, die für problematische Situationen optimal ist. Wir sind dann weniger risikobereit, gründlicher und sorgfältiger und verlassen uns eher auf Bewährtes.

Positive Gefühle wie Verliebtsein vermitteln uns Sicherheit und signalisieren uns, dass alles in bester Ordnung ist. Dann können wir ruhig ein wenig risikobereit sein und eher die Brauchbarkeit neuer Lösungswege testen. Verliebte sind bei Arbeiten, die sehr viel Sorgfalt erfordern, eher etwas oberflächlich. Andererseits sind sie kreativer und finden mitunter auch Lösungen für Probleme, die andere nicht finden – allerdings nur, solange sie glücklich verliebt sind. Unglücklich Verliebte sind gefangen in ihren eigenen Gedanken. Bei ihnen dreht sich alles im Kreis, und im Mittelpunkt dieses Kreises steht die geliebte Person.[14]

---

[13] Bower, 1981

[14] Clore, Schwarz & Conway, 1994

Ich habe mit meinen Mitarbeitern an der Universität Wuppertal in einem langjährigen Forschungsprogramm dieses Phänomen näher untersucht. In einer unserer Studien haben wir über 200 Frischverliebte über die ersten sechs Monate ihrer neuen Beziehung begleitet. Nur allzu verständlich war, dass in dieser Phase alle völlig euphorisch im Hinblick auf ihre Beziehung waren, und dementsprechend waren sie allesamt mit ihrer Beziehung auch sehr zufrieden (vgl. Abb. 4.5). Im Durchschnitt bewerteten Frischverliebte ihre Beziehung mit 4,6 (5 war der maximal mögliche Wert).

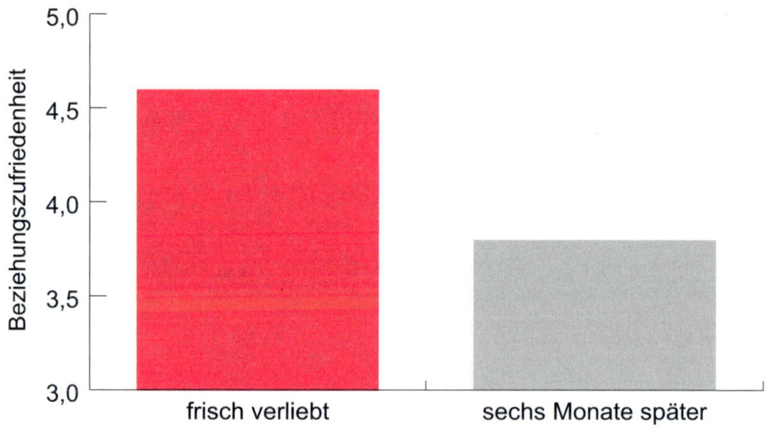

Abbildung 4.5: Nach nur 6 Monaten geht die Beziehungszufriedenheit von Verliebten deutlich zurück

Wir wollten nicht nur wissen, wie zufrieden Frischverliebte sind, wir wollten auch genauer wissen, was für ihre Zufriedenheit verantwortlich ist. Sind es gemeinsame Interessen, ist es Vertrauen, ist es der Sex? Insgesamt ließen wir sie eine Liste mit 20 solcher Merkmale dahingehend beurteilen, wie sehr sie jeweils in ihrer Beziehung vorhanden sind. Wenn man halbwegs rational urteilt, sollte man mit der eigenen Beziehung umso zufriedener sein, je mehr Dinge, die einem für eine Beziehung wichtig sind, auch in einer Beziehung vorhanden sind. Erstaunlicherweise war das aber bei den Frischverliebten nicht ganz der Fall. Eine Vorhersage der Beziehungszufriedenheit war auf der Basis der

Ausprägung der Beziehungsmerkmale nicht besonders gut möglich. Vielmehr scheinen sich Verliebte einfach von ihren positiven Gefühlen leiten zu lassen, wenn sie die Zufriedenheit mit ihrer Beziehung beurteilen.

Nach nur sechs Monaten sieht es dann aber ganz anders aus. Nicht nur, dass schon diese kurze Zeitspanne reicht, um deutlich weniger mit der Beziehung zufrieden zu sein (vgl. Abb. 4.5). Jetzt berücksichtigten unsere nicht mehr ganz so frisch verliebten Testpersonen viel stärker, wie viele Gemeinsamkeiten sie mit dem Partner hatten, wie gut es im Bett klappte, wie viel Verständnis und Zärtlichkeit es gab und so weiter. Sie nahmen also in einem etwas »abgekühlteren« Zustand eine gründlichere Bewertung ihrer Beziehung vor, verarbeiteten – wie es die Forschung ausdrückt – beziehungsrelevante Informationen systematischer.

Die wenig systematische Informationsverarbeitung im Zustand der akuten Verliebtheit erscheint auf den ersten Blick widersinnig, denn wenn man schon gleich am Anfang mögliche Probleme wahrnehmen würde, könnte man sich mitunter spätere Enttäuschungen ersparen. Bedenkt man aber, dass sich in der Entwicklung der Menschheit Verliebtheit als eine emotionale Reaktion auf einen potenziellen Sexualpartner herausgebildet hat und damit zumindest für eine vorübergehende Zeit zur Bildung einer stabilen Beziehung beiträgt, sieht das ganz anders aus. Vielleicht ist es evolutionär betrachtet gar nicht so falsch, zu Beginn einer neuen Beziehung nicht so kritisch zu sein, sonst würden vielleicht zu viele potenzielle Partner schon im Vorfeld ausgeschlossen. Nach zwei bis drei Jahren, wenn Kinder nicht mehr völlig auf die Unterstützung durch ihre Eltern angewiesen sind, kann die Leidenschaft ruhig etwas zurückgehen und damit einer rationaleren Informationsverarbeitung Platz machen. Dann kann die Entscheidung, die Beziehung aufrechtzuerhalten oder sie zu beenden, auf einer solideren Basis erfolgen.

Heutzutage allerdings beginnen wir Beziehungen üblicherweise nicht mit dem Gedanken, möglichst schnell Nachwuchs zu zeugen. Wir erwarten vielmehr, dass unsere Partner und Partnerinnen eine Vielzahl sozialer und emotionaler Bedürfnisse befriedigen. Vor diesem Hintergrund ist die blendende Wirkung von Verliebtheit alles andere als funktional. Diejenigen, die Hals über Kopf verliebt sind, sollten versuchen, manchmal doch noch einen klaren Blick zu bewahren, um sich vor späteren Enttäuschungen zu schützen.

Verliebt sein – eine kulturelle Perspektive

Als Clyde und Susan Hendrick, zwei amerikanische Beziehungsforscher, 1986 ihre Studierenden fragten, ob sie gerade verliebt seien, antworteten 46 Prozent der Männer und 66 Prozent der Frauen mit Ja. 89 Prozent der Studenten waren schon mindestens einmal in ihrem Leben verliebt, nur 11 Prozent waren es noch nie. Aber wie ist es mit Männern und Frauen anderswo auf der Welt? Obwohl man oft hört, Verliebtsein sei eine typisch westliche »Erfindung« und habe nur in modernen Gesellschaften eine so große Bedeutung, zeigen doch verschiedene Studien etwa in Mexiko, im Pazifikraum oder in China, dass Verliebtsein ein universelles Phänomen ist. Nicht nur, dass dieses Gefühl in allen untersuchten Kulturen auftritt, auch die Intensität der verspürten leidenschaftlichen Liebe (wenn sie denn da ist) ist weitestgehend gleich. Der zu Beginn dieses Kapitels abgedruckte Test zur Erfassung der leidenschaftlichen Liebe wurde von Amerikanern europäischer, japanischer, pazifischer oder chinesischer Abstammung ausgefüllt. Die Werte schwankten nur gering. Vor dem Hintergrund der evolutionspsychologischen Annahme der Bedeutung des Verliebtseins für die Paarbildung sollte diese kulturelle Gleichförmigkeit auch nicht weiter überraschen.

Was allerdings von Kultur zu Kultur variiert, ist die Wichtigkeit, die dem Verliebtsein für das Heiraten beigemessen wird. Würden Sie jemanden heiraten, in den Sie nicht verliebt sind? Nein? Dann geht es Ihnen wie fast allen Menschen in westlichen Industriegesellschaften, für die Verliebtheit die wesentliche Basis einer Ehe ist. Das war aber nicht immer so. Für die alten Griechen war Liebe für eine Ehe nicht notwendig. Die Ehe war da, um Kinder in die Welt zu setzen und den Besitz zu mehren, aber die wahren Freuden der Liebe hat man in ihr weder gesucht noch gefunden. Noch im Mittelalter etwa hat man bei uns in Europa die Entscheidung, jemanden zu heiraten, von eher wirtschaftlichen Überlegungen, wie der gemeinsamen Bewirtschaftung eines

Hofes, abhängig gemacht. Das so flüchtige Gefühl des Verliebtseins jedenfalls war fürs Heiraten nicht nötig. Liebe als Basis der Ehe geht ungefähr auf das 18. Jahrhundert zurück und hat seitdem an Bedeutung gewonnen. Aber auch in der heutigen Zeit werden in der überwiegenden Zahl aller bekannten Kulturen Ehen oder eheähnliche Beziehungen durch die Eltern oder enge Verwandte gestiftet, wobei der Druck, der auf die Töchter ausgeübt wird, eine bestimmte Person zu heiraten, größer ist als der Druck auf die Söhne.[15]

1967 stellte William Kephart 503 amerikanische Studenten und 576 Studentinnen die folgende Frage:[16]

> *»Wenn ein Mann (eine Frau) alle Eigenschaften hätte, die Sie wünschen, würden Sie diese Person heiraten, wenn Sie nicht in sie verliebt wären?«*

64,6 Prozent der Männer, aber nur 24,3 Prozent der Frauen haben diese Frage verneint. Seitdem wurde diese Frage immer wieder gestellt, 1976, 1984, 1995.[17] Immer mehr Männer und Frauen verneinen die Frage, und der noch von Kephart festgestellte Unterschied zwischen den Geschlechtern zeigt sich heute nicht mehr. Ungefähr 80 Prozent der Männer und Frauen in den USA würden auf keinen Fall jemanden heiraten, in den sie nicht verliebt wären. Je unabhängiger Frauen in ökonomischer Sicht sind, desto wichtiger ist ihnen das Verliebtsein als Basis der Ehe.

Vor einigen Jahren wurde von Robert Levine und seinen Kollegen die Frage nach der Wichtigkeit des Verliebtseins für das Eingehen einer Ehe den Bürgern aus elf verschiedenen Ländern gestellt (vgl. Abb. 4.6). Darunter waren neben den klassischen Industrienationen wie USA oder England auch Länder wie Thailand, Brasilien und Indien.

Die Unterschiede sind frappierend. Während es nicht überrascht, dass nur 3,5 Prozent der US-Bürger eine Person heiraten würden, ohne in sie verliebt

---

15 Apostoulou, 2007
16 Kephart, 1967
17 Levine et al., 1995

zu sein, sind es in Thailand beispielsweise schon 18,8 Prozent, in Pakistan sogar über 50 Prozent. Es sind aber weniger die klassischen Unterschiede zwischen westlichen und östlichen Gesellschaften, die für dieses Muster verantwortlich sind, sondern vielmehr die wirtschaftlichen Bedingungen. In Japan, Hongkong oder auf den Philippinen sind die Prozentwerte eher denen der westlichen Kulturen als denen der anderen östlichen Kulturen ähnlich. Die Bewohner dieser reichen östlichen Länder können sich wie die der westlichen den Luxus der Romantik leisten.

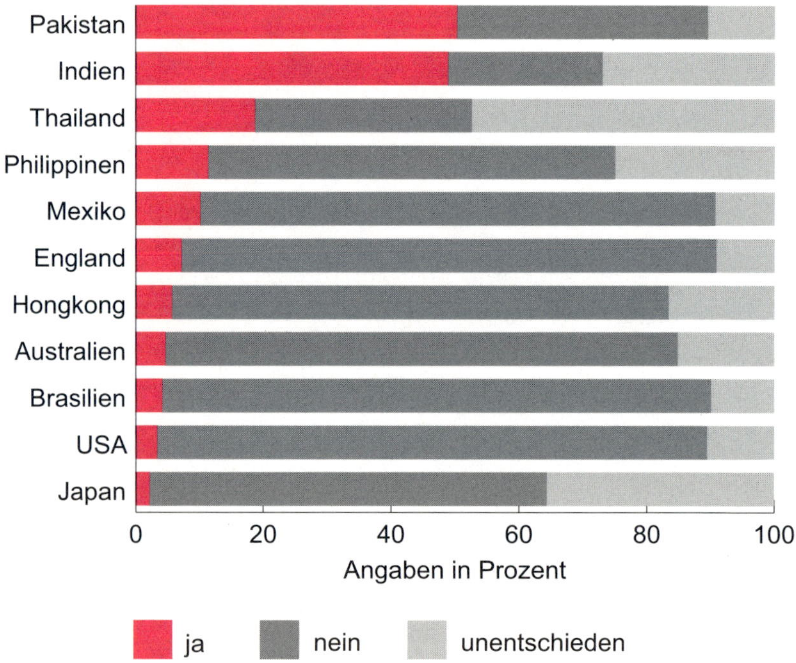

Abbildung 4.6: Verliebtheit ist nicht in allen Ländern gleichermaßen für eine Heirat wichtig.

Und wie sieht es bei uns aus? Angelika Kümmerling, eine ehemalige Mitarbeiterin meiner Arbeitsgruppe, hat 1998 ebenfalls die Frage nach der Wichtigkeit des Verliebtseins fürs Heiraten gestellt. Um die Antworten auf eine möglichst breite Basis stellen zu können, hat sie zufällig Nummern aus Telefonbüchern gezogen und die so Ausgewählten telefonisch befragt. Bei uns scheint das Verliebtsein noch wichtiger als anderswo zu sein: 86 Prozent der Frauen und 90 Prozent der Männer wären auf keinen Fall bereit, eine Person zu heiraten, die zwar alle erwünschten Eigenschaften aufweist, in die sie aber nichtsdestotrotz nicht verliebt sind. Dieser Trend ist bei jüngeren Menschen noch ausgeprägter als bei älteren.

Aber können nicht auch diejenigen, die nicht aus Liebe geheiratet haben, trotzdem mit ihrer Beziehung zufrieden sein? Oder ist man dann zum Unglücklichsein verdammt? Indische Wissenschaftler haben Ehepaare befragt, von denen einige aus Liebe geheiratet hatten, während die Ehen der anderen arrangiert waren. Die Paare beantworteten Fragen, mit denen das Ausmaß ihrer Liebe gemessen wurde, und solche, die sich auf Sympathie für den anderen bezogen. Anfangs, während der ersten fünf Ehejahre, liebten diejenigen, die aus Liebe geheiratet hatten, ihren Partner leidenschaftlicher und mochten ihn/sie auch mehr als die anderen. Dann jedoch begann sich das Muster umzukehren. Bei den schon länger Verheirateten liebten Personen in arrangierten Ehen ihren Partner mehr als diejenigen, die ursprünglich aus Liebe geheiratet hatten.[18] Das flüchtige Gefühl des Verliebtseins scheint also offenbar nicht die einzige Basis einer langfristigen und zufriedenstellenden Beziehung zu sein. Wenn es nach einigen Jahren nachlässt, muss noch etwas anderes, das die Partner aneinander bindet, vorhanden sein.

Wenn andere intervenieren – der Romeo-und-Julia-Effekt

Nicht immer findet die von uns geliebte Person die ungetrübte Zustimmung unseres sozialen Umfelds. Freunde und Freundinnen fragen manchmal ganz unverblümt, was man denn an dem/der Neuen finde, Eltern haben sich oft andere Schwiegersöhne oder -töchter gewünscht und drücken diese Wünsche mitunter auch mehr oder weniger deutlich aus.

[18] Gupta & Singh, 1982

Romeo und Julia waren nicht das erste und erst recht nicht das letzte Liebespaar, das unter der ablehnenden Haltung der Familien zu leiden hatte, aber sie sind vermutlich das bekannteste. Wie die Geschichte will, lösen Versuche der Eltern, eine junge Liebe zu unterbinden, gerade das Gegenteil aus.

Die Verbindung zwischen elterlicher Intervention und gesteigerter Liebe findet sich in vielen Kulturen und Zeiten. In der römischen Mythologie ist die tragische Beziehung zwischen Pyramus und Thisbe ein typisches Beispiel dafür, wie Liebe durch elterliche Verbote intensiviert wird.

> *Nachbarkinder waren sie so und lernten sich kennen,*
> *Lernten sich lieben; dann wuchs die Liebe und hätte zu rechter*
> *Ehe geführt: die Väter verwehrten's. Doch was sie nicht wehren*
> *Konnten: es brannten die beiden in gleicher und heftiger Liebe.*
> *(Ovid, Metamorphosen, IV. Buch, 59–62)*

Literarische und volksmundliche Weisheiten sind nicht zwangsläufig eine Garantie für die Existenz eines Phänomens, aber sie können Ideen für wissenschaftlich prüfbare Vorhersagen liefern, dachten sich Richard Driscoll, Keith Davis und Milton Lipetz, und fragten 140 Paare unter anderem danach, ob ihre Eltern der Beziehung negativ gegenüberstünden – und selbstverständlich berücksichtigten sie auch, wie sehr sich die Partner liebten.[19] Elterliche Interventionen und Verbote intensivierten die Zuneigung. Die Paare, deren Eltern der Beziehung negativ gegenüberstanden, berichteten von leidenschaftlicheren Gefühlen füreinander.

Aber warum? Ausschlaggebend ist wiederum ein Phänomen, das wir schon in Kapitel 2 kennengelernt haben, die psychologische Reaktanz, ein Widerstand, der sich regt, wenn man meint, die eigene Entscheidungsfreiheit sei bedroht oder eingeschränkt. Wir wollen den anderen erst recht, wenn es die Eltern verbieten – genau wie die Vorbilder aus der Mythologie und Literatur. Aber wie ist es, wenn sich die geliebte Person selbst schwer erreichbar macht? Hat nicht vielleicht Aschenputtel gerade dadurch, dass sie immer um Mit-

[19] Driscoll et al., 1972

ternacht den Ball verlassen musste, die Leidenschaft des Prinzen besonders angefacht?

Das »Hard-to-get«-Phänomen

Die schwer erreichbaren Früchte schmecken bekanntlich am besten. Schon Sokrates riet Theodata, einer Prostituierten, sie solle sich möglichst zurückhalten.

»Sie werden deine Begünstigungen am meisten lieben, wenn du wartest, bis sie darum bitten. (...) Dem Hungrigen schmecken selbst schlechte Mahlzeiten. (...) Zeige eine Scheu nachzugeben, halte dich so lange wie möglich zurück.«

Und bei Ovid finden wir in der Kunst der Liebe: »Leichte Dinge möchte niemand. Aber was verboten ist, das ist herausfordernd.« Soll man (oder eher sie) sich also – wie es die Großmütter schon ihren Töchtern empfahlen – rarmachen, um dadurch die Liebe noch zu steigern, oder geht diese Strategie nach hinten los? Denn gab es da nicht den Fuchs, der wieder und wieder vergeblich versuchte, saftige, süße Trauben an einem hoch hängenden Rebstock zu erreichen, dann frustriert von dannen zog und sich sagte, sie seien ohnehin zu sauer?

Wie so oft muss man sich auch hier fragen, ob solche Alltagsweisheiten der wissenschaftlichen Prüfung standhalten. Elaine Hatfield führte mit ihren Kollegen eine sehr realitätsnahe Prüfung dieses Tipps durch. Zunächst haben die Forscher – vermutlich von Sokrates inspiriert – eine Prostituierte als Verbündete angeworben und sie gebeten, sich bei einem Teil ihrer Kunden infolge vieler Termine als schwer erreichbar darzustellen. Bei anderen sollte sie ohne Umschweife auf ihre Angebote eingehen. Doch im Kontext einer primär geschäftlichen Beziehung wirkte das »Hard-to-get«-Phänomen nicht. Die Männer versuchten nicht häufiger, Kontakt mit der anscheinend schwer erreichbaren Frau aufzunehmen. Für Geld wollen die Kunden eben Ware und das, ohne sich besonders anstrengen zu müssen.

Das dachten sich dann wohl auch die Autoren dieses Experiments und gingen in weiteren Studien systematischer vor. Sie eröffneten Männern die Gelegenheit, an einer computerbasierten Partnervermittlung teilzunehmen, und gaben ihnen Informationen über Frauen, die der Computer angeblich als für sie passend ermittelt hatte. Eine der Frauen erschien als leicht zu haben. Sie hatte zum Ausdruck gebracht, sie würde sich mit allen ihr bislang vorgestellten Männern gern treffen. Eine andere erschien dagegen für alle schwer erreichbar, und eine dritte schließlich war im Prinzip zwar auch wählerisch und fand die ihr bislang vorgestellten Männer nicht besonders attraktiv – mit einer Ausnahme: Der jeweilige männliche Versuchsteilnehmer musste annehmen, er sei der Auserwählte.

Die Ergebnisse sprechen für sich. Es nutzt nichts, sich einfach als schwer erreichbar darzustellen und sich zu zieren, obwohl man eigentlich möchte. Es nutzt auch nichts, sich als »generell leicht zu haben« darzustellen. Was letztlich wirkt, ist die Kombination aus beidem, das selektive Sich-Rarmachen. Es sind gerade die Frauen besonders anziehend und begehrt, die zwar für die anderen schwer zu kriegen, für einen selbst aber leicht erreichbar sind.

Kapitel 5

Gleich und Gleich gesellt sich gern?

Sucht man sich lieber einen Partner, der einem selbst möglichst ähnlich ist, oder sind es gerade die Gegensätze, die sich anziehen? Die Frage, ob Ähnlichkeit oder Gegensätzlichkeit das Grundmuster einer funktionierenden Partnerschaft ist, beschäftigt die Forschung schon seit den Arbeiten von Charles Darwin und Sir Francis Galton, dem englischen Vererbungsforscher aus dem 19. Jahrhundert. Anfang des 20. Jahrhunderts hat dann Carl Pearson, ein englischer Mathematiker, eine Methode, die Korrelationsrechnung, entwickelt, mit der es erstmals möglich war, Ähnlichkeiten und Zusammenhänge mathematisch exakt zu bestimmen. Ganz begeistert von seiner neuen Methode probierte er sie auch gleich an Paaren aus. Er prüfte, in welchen Aspekten sich der männliche und der weibliche Teil eines Paares ähnlich sind. Nach Pearsons Ergebnissen ähneln sie einander in der Tat in mancherlei Hinsicht. So haben große Männer auch größere Frauen, dünne Männer eher dünne Frauen. Allerdings erscheinen uns diese Ähnlichkeiten in Bezug auf Körpergröße und -gewicht vermutlich eher trivial.[1]

Deswegen wollten es Forscher genauer wissen. Sie ermittelten akribisch, wie ähnlich sich (Ehe-)Partner im Hinblick auf so unterschiedliche Merkmale wie familiärer Hintergrund, Religion, Bildung und Gesundheit sind – um nur einige der untersuchten Aspekte zu nennen. In all diesen Merkmalen sind sich

[1] Pearson, 1903

tatsächliche Paare ähnlicher, als man es bei einer vollkommen willkürlichen Paarbildung erwarten würde. Man spricht daher auch von *Homogamie*, der Tendenz, Partner auf der Basis von Ähnlichkeit zu wählen, als dem Grundprinzip der Paarbildung.

Trotz all dieser auf den ersten Blick deutlichen Unterstützung für die volksmundliche Weisheit »Gleich und Gleich gesellt sich gern« muss man sich fragen, was das eigentlich bedeutet. Wollen wir wirklich einen Partner mit derselben Religion, wie wir sie selbst haben, ist es uns wirklich wichtig, dass unser Lebenspartner nicht weit von unserem eigenen Geburtsort entfernt geboren ist (schließlich wurden noch Anfang der 1990erjahre 90 Prozent aller Ehen zwischen Menschen geschlossen, die nicht mehr als 30 Kilometer voneinander entfernt geboren wurden)? Vermutlich lautet die Antwort eher Nein.

Ausschlaggebend dafür, dass sich Paare dennoch in solchen demografischen Merkmalen ähnlich sind, ist vor allem der Umstand, dass wir Personen, die uns in diesen Merkmalen ähnlich sind, mit größerer Wahrscheinlichkeit überhaupt begegnen. Denn was nutzt uns der potenzielle Idealpartner, wenn wir nichts von seiner Existenz wissen? Und was bringt es, wenn wir jemanden auf den ersten Blick zwar ganz toll finden, aber keine Chance haben, ihn jemals wiederzusehen? Räumliche Nähe ist somit eine Rahmenbedingung, die das Kennenlernen erleichtert. Und wir wohnen eben eher in der Nähe von Menschen, deren sozialer Hintergrund unserem ähnlich ist.

Räumliche Nähe hat aber auch noch einen anderen Effekt – wir treffen dieselben Leute immer wieder. Der amerikanische Wissenschaftler Robert Zajonc hat sich näher damit beschäftigt, was passiert, wenn wir immer wieder mit den gleichen Reizen unserer Umwelt konfrontiert werden: Sie gefallen uns zunehmend besser.[2] Das gilt nicht nur für ursprünglich Fremde, die wir immer wiedersehen und die uns dann zunehmend vertrauter und sympathischer werden, sondern auch für Songs im Radio, für Modetrends und vieles mehr. Wer hat nicht schon selbst die Erfahrung gemacht, dass einem ein neues Lied anfangs oft nicht besonders gut gefällt, später findet man den Song gar nicht

[2] Zajonc, 1968

mehr so übel, und schließlich wird er gar zum Ohrwurm. So geht es uns mit neuen Kollegen am Arbeitsplatz – und so geht es uns auch mit uns selbst. Das Gesicht, das wir Tag für Tag im Spiegel sehen, ist uns vertraut, und so ist es nicht weiter verwunderlich, dass uns Menschen, die so aussehen wie wir, besser gefallen.[3] Aber aufgepasst, Robert Zajonc hat auch die Kehrseite dieses Effekts betrachtet. Wenn wir nämlich immer wieder mit etwas konfrontiert werden, das wir ohnehin nicht mögen, wird die Abneigung umso größer.

Bei Ähnlichkeit im Kontext von Liebe und Partnerwahl denken wir aber wohl nicht primär an solche Aspekte, wie wir sie bislang betrachtet haben. Eher interessieren uns vermutlich Ähnlichkeiten in Überzeugungen, Meinungen und Hobbys oder gar die Ähnlichkeit unserer Persönlichkeiten.

Zwei Seiten der Ähnlichkeit: Das Ähnlichkeitsdreieck

Was meint eigentlich der Volksmund mit »Gleich und Gleich gesellt sich gern«? Mögen wir die, die uns tatsächlich objektiv ähnlich sind, oder mögen wir diejenigen, von denen wir lediglich glauben, sie seien uns ähnlich?

Das in Abbildung 5.1 dargestellte Ähnlichkeitsdreieck zeigt diese beiden Seiten von Ähnlichkeit auf. Einmal können wir unsere eigene Sicht mit der Sicht unseres Partners vergleichen. Wenn wir beispielsweise meinen, die Hausarbeit sollte zwischen beiden aufgeteilt werden und wenn unser Partner das auch meint, dann liegt hier objektive Ähnlichkeit (im Hinblick auf die Hausarbeitsverteilung) vor. Wir können uns aber auch selbst fragen, wie denn unser Partner antworten würde. Vergleichen wir unsere Meinung mit den Vermutungen, die wir über den Partner haben, so erhalten wir Informationen über die subjektive Ähnlichkeit, also wie ähnlich wir denn unseren Partner sehen. Unsere Sicht des anderen muss nicht zwangsläufig mit dessen Sicht der Dinge übereinstimmen. Beim nächsten Test können Sie selbst einmal feststellen, wie gut Sie sich gegenseitig einschätzen können.

[3] DeBruine, 2004

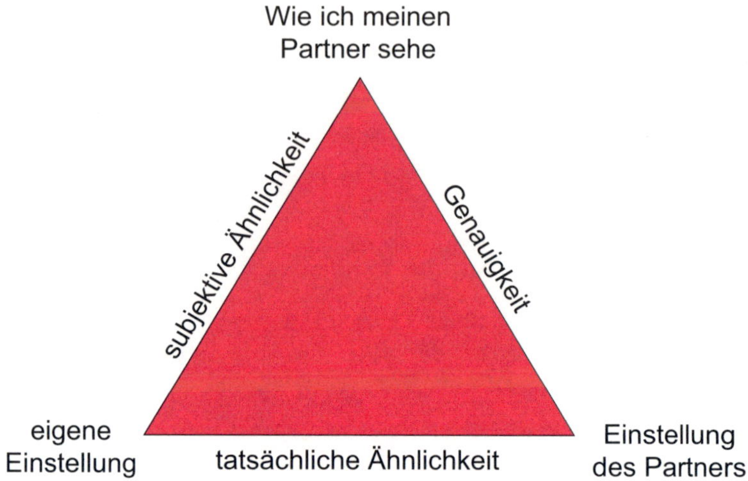

Abbildung 5.1: Das Ähnlichkeitsdreieck zeigt, dass Ähnlichkeit eine objektive und eine subjektive Seite hat.

Test 5.1 Wie ähnlich sind Sie sich?
Objektive und subjektive Ähnlichkeit in der Partnerschaft

»Du bist so anders!« Wenn Sie so oder ähnlich manchmal über Ihren Partner oder Ihre Partnerin denken, sollten Sie den folgenden Test machen. Hier können Sie herausfinden, wie ähnlich Sie und Ihr/e Partner/in sich in Ihren Ansichten über eine gute Beziehung sind. Sie können dabei nicht nur sehen, wie ähnlich Sie beide sich tatsächlich sind, sondern auch, wie gut Sie den anderen eigentlich kennen und einschätzen können.
Geben Sie nun zunächst für die folgenden Merkmale an, wie wichtig sie Ihnen in einer Beziehung sind. Vergeben Sie dazu je nach Wichtigkeit jeweils bis zu 5 Punkte, wobei 1 Punkt bedeutet, dieses Merkmal »ist mir überhaupt nicht wichtig« und 5 Punkte bedeuten, dieses Merkmal »finde ich sehr wichtig«. Tragen Sie die entsprechende Punktzahl Ihrer Bewertung in die Spalte A ein.

Wichtigkeit	**D**	**C**	**B**	**A**
1. Sich gegenseitig zuhören				
2. Körperkontakt				

Wichtigkeit	**D**	**C**	**B**	**A**
3. Sich nach dem anderen sehnen				
4. Miteinander reden				
5. Sex				
6. Aufeinander eingehen				
7. Einfühlungsvermögen				
8. Haushalt gemeinsam machen				
9. Gleichberechtigung				
10. Geborgenheit				
11. Ähnliche Überzeugungen				
12. Zurückstecken zugunsten des Partners				

Wenn Sie mit Ihrer Bewertung fertig sind, schätzen Sie Ihren Partner ein. Was, meinen Sie, ist für Ihren Partner in der Beziehung wichtig? Wieder können Sie bis zu 5 Punkte von 1 = »ist meinem Partner überhaupt nicht wichtig« bis 5 = »ist meinem Partner sehr wichtig« vergeben. Tragen Sie in Spalte B ein, was, wie Sie glauben, Ihrem Partner wichtig ist.

Nun ist Ihr Partner oder Ihre Partnerin an der Reihe, Sie zu beurteilen. Decken Sie dazu Ihre Antworten in Spalten A und B zu und lassen Sie dann Ihren Partner beurteilen, wie wichtig ihm oder ihr die einzelnen Merkmale sind (Spalte C). Anschließend soll auch Ihr Partner einschätzen, wie wichtig Ihnen wohl diese Merkmale sind (Spalte D), so wie Sie vorher umgekehrt Ihren Partner eingeschätzt haben.

Auswertung

Wie ähnlich sind Sie und Ihr Partner sich wirklich?

Objektive Ähnlichkeit: Ziehen Sie dafür zunächst bei jedem Merkmal Ihre Bewertung aus Spalte A von der Bewertung Ihres Partners aus Spalte C ab und tragen Sie das Ergebnis ohne Minus-Vorzeichen in die Spalte 1 der Aus-

wertungstabelle unten ein. Sie erhalten so die Differenz zwischen Ihren eigenen Beurteilungen und denen Ihres Partners (zum Beispiel Merkmal Geborgenheit: Spalte A = 3, Spalte C = 5, Differenz = 2). Zählen Sie anschließend die Beträge aller Merkmale aus Spalte 1 zusammen. Dieser Kennwert ergibt dann den Grad der objektiven Ähnlichkeit zwischen Ihnen und Ihrem Partner, also wie ähnlich Sie beide sich tatsächlich sind.
Und als wie ähnlich nehmen Sie Ihren Partner wahr, wie ähnlich sieht er Sie?
Subjektive Ähnlichkeit aus Ihrer Sicht: Verfahren Sie hier genauso, nur dass Sie diesmal die Differenz zwischen den Spalten A und B, also zwischen Ihrer eigenen Beurteilung und Ihrer Einschätzung über Ihren Partner, berechnen. Tragen Sie das Ergebnis in Spalte 2 ein. Wenn Sie diese Werte summieren, erhalten Sie den Kennwert für die subjektiv wahrgenommene Ähnlichkeit zwischen Ihnen und Ihrem Partner, also dafür, wie ähnlich Sie sich und Ihren Partner finden.
Subjektive Ähnlichkeit aus Sicht Ihres Partners: Berechnen Sie hierfür die Differenz zwischen Spalte C und D, also zwischen den Beurteilungen Ihres Partners und seinen oder ihren Einschätzungen von Ihnen. Tragen Sie die Ergebnisse in Spalte 3 ein und addieren Sie anschließend alle Beträge dieser Spalte. Der Kennwert sagt Ihnen, wie ähnlich Sie beide sich aus Sicht Ihres Partners sind.
Wie gut Sie Ihren Partner kennen: Berechnen Sie hierfür die Differenz zwischen Spalte B, (also dem, was Sie glauben, wie Ihr Partner ist), und Spalte C (also den tatsächlichen Beurteilungen Ihres Partners). Tragen Sie das Ergebnis in Spalte 4 ein und addieren Sie wieder alle Werte. Dieser Kennwert sagt Ihnen, wie gut Sie Ihren Partner kennen. Will Ihr Partner oder Ihre Partnerin umgekehrt auch wissen, wie gut er oder sie Sie kennt, berechnen Sie die Differenz von Spalte A und D und addieren Sie die Beträge.

Wichtigkeit	**1 (A – C)**	**2 (A – B)**	**3 (C – D)**	**4 (B – C)**
1. Sich gegenseitig zuhören				
2. Körperkontakt				
3. Sich nach dem anderen sehnen				
4. Miteinander reden				
5. Sex				
6. Aufeinander eingehen				
7. Einfühlungsvermögen				
8. Haushalt gemeinsam machen				

Wichtigkeit	1 (A – C)	2 (A – B)	3 (C – D)	4 (B – C)
9. Gleichberechtigung				
10. Geborgenheit				
11. Ähnliche Überzeugungen				
12. Zurückstecken zugunsten des Partners				
Summe				
	objektive Ähnlichkeit	subjektive Ähnlichkeit aus eigener Sicht	subjektive Ähnlichkeit aus Sicht des Partners	wie gut Sie Ihren Partner kennen

Stellen Sie sich nun Ihr persönliches Antwortmuster zusammen:

Kennwerte von 0–16 (Spalte 1–4): Haben Sie in Spalte 1 einen niedrigen Kennwert, dann sind Sie und Ihr Partner sich tatsächlich sehr ähnlich. Ist Ihr Kennwert aus Spalte 2 ebenfalls niedrig, dann nehmen Sie Ihren Partner auch subjektiv als sehr ähnlich wahr. Ist auch der Kennwert der Spalte 3 niedrig, dann sind Sie sich auch aus Sicht Ihres Partners sehr ähnlich. Haben Sie ebenfalls in Spalte 4 einen niedrigen Wert, bedeutet dies, daß Sie einander wirklich gut kennen.

Kennwerte von 17–32 (Spalte 1–4): Sie und Ihr Partner sind sich in Ihrer Meinung über eine gute Beziehung durchaus ähnlich, aber Sie stimmen nicht völlig überein (Spalte 1). Subjektiv nehmen Sie Ihren Partner (Spalte 2) und er umgekehrt Sie (Spalte 3) ebenfalls als mäßig ähnlich wahr. Sie kennen sich, aber die Meinung des anderen bietet doch noch Überraschungen für Sie (Spalte 4).

Kennwerte von 33–48 (Spalte 1–4): Sie und Ihr Partner sind grundverschiedener Ansicht darüber, was eine gute Beziehung ausmacht (Spalte 1). Sie schätzen den anderen völlig anders ein als sich selbst (Spalte 2) und auch Ihr Partner glaubt, dass sie gänzlich unterschiedlicher Meinung sind (Spalte 3). Haben Sie in Spalte 4 einen hohen Summenwert, bedeutet dies, dass Sie sich gegenseitig nicht besonders gut kennen. Es ist viel Raum für Überraschungen da.

Maximal ähnlich sind Sie beide sich, wenn Ihr Kennwert für die objektive Ähnlichkeit (Spalte 1) 0 ist, maximal unähnlich sind Sie sich, wenn Ihr Kennwert 48 beträgt. Je niedriger der Wert, desto ähnlicher sind Sie sich tatsächlich. Dasselbe gilt für die subjektive Ähnlichkeit aus Ihrer Sicht (Spalte 2) oder aus Sicht Ihres Partners (Spalte 3). Je niedriger der Wert, desto ähnlicher nehmen Sie sich gegenseitig wahr. Dies gilt auch für die Frage, wie gut Sie Ihren Partner kennen; je niedriger der Summenwert von Spalte 4, desto besser kennen Sie den anderen.

Ich habe in meiner Forschungstätigkeit zahlreiche Studien durchgeführt, um die Bedeutung von Ähnlichkeit oder Unähnlichkeit für Paarbeziehungen zu untersuchen. Männer und Frauen wurden mit einer ganzen Batterie von Fragen bombardiert, Fragen, die sich auf Freizeitaktivitäten und Hobbys bezogen, Fragen im Hinblick auf die Einstellung der Partner zu so unterschiedlichen Aspekten wie Verteilung der Hausarbeit, Gleichberechtigung, Geburtenkontrolle, Politik, um nur einige zu nennen, und ich habe mit speziellen Testverfahren Aspekte der Persönlichkeit gemessen. Ähnlich wie bei dem Test oben mussten auch die Teilnehmer meiner Studien verfahren. Sie beantworteten die Fragen zunächst aus der eigenen Sicht und hatten dann die Aufgabe, sich in den Partner hineinzuversetzen und so zu antworten, wie es vermutlich der Partner tun würde. Und das Gleiche hat der Partner selbst getan. Was zählt nun, objektive oder subjektive Ähnlichkeit? Oder sind es doch die Gegensätze, die sich anziehen?

Für die Vermutung, dass sich Gegensätze in Einstellungen und Interessen förderlich auf die Beziehung auswirken, kann ich keinerlei Bestätigung finden, genauso wenig wie Dutzende von anderen Wissenschaftlern weltweit, die untersucht haben, was eine Beziehung aufrechterhält und was sie eher schwächt. Gegensätzlichkeit fördert die Partnerschaft nicht (einmal davon abgesehen, dass in den meisten Paarbeziehungen die Geschlechter gegensätzlich sind), ganz im Gegenteil.

Und die Ähnlichkeit der Persönlichkeit? Passen zwei Neurotiker denn zusammen? Nach allem, was die Forschung bislang festgestellt hat, wirkt sich die *Ähnlichkeit* von Persönlichkeitseigenschaften nur gering – wenn überhaupt – auf die Qualität einer Paarbeziehung aus. Nicht, dass Persönlichkeit nicht wichtig wäre. Ganz im Gegenteil. Es gibt Menschen, die aufgrund ihrer Persönlichkeit immer wieder in Beziehungen scheitern, Menschen, die sehr verletzlich und emotional gereizt sind, oder Menschen, die auch in den positivsten Dingen noch etwas Negatives finden. In einer Längsschnittstudie, die einen Zeitraum von mehr als 50 Jahren umfasste, konnte festgestellt werden, dass Persönlichkeitseigenschaften, die schon in den 1930er-Jahren mit speziellen Tests bei Hunderten von Personen gemessen wurden, noch Jahrzehnte später völlig unabhängig von den Eigenschaften der jeweiligen

Ehepartner negative Konsequenzen für die Stabilität und Qualität von Beziehungen haben.[4]

Und umgekehrt gibt es natürlich auch Persönlichkeitseigenschaften, die sich förderlich auf eine Beziehung auswirken. Das ist die Art, mit Problemen umzugehen, oder auch, worin wir die Ursachen von Verhaltensweisen unserer Partner sehen, über die wir uns ärgern. Wenn er etwa oft zu spät kommt, kann man das als notorische Unzuverlässigkeit interpretieren oder aber, dass eben etwas dazwischengekommen ist. Solche Ursachenzuschreibungen beeinflussen die Beziehung oft sehr stark.[5]

Das sollten Sie berücksichtigen, wenn sie im Internet auf Partnersuche gehen. Das Angebot von Onlinedienstleistern, die den perfekten Partner versprechen, ist nur noch schwer zu überblicken. Aber trotz aller Vielfalt geht es fast immer um Persönlichkeits-Matching, das Zusammenbringen zweier Personen auf der Basis von Persönlichkeitseigenschaften. Dabei ist es eben nicht die Ähnlichkeit der Persönlichkeit, sondern vor allem die Ähnlichkeit oder auch Unähnlichkeit von Vorstellungen, was denn eine gute Paarbeziehung ausmacht, die die Zufriedenheit mit einer Beziehung beeinflusst. Unterscheiden sich beide Partner in ihren beziehungsbezogenen Einstellungen, sind Konflikte und Probleme sehr wahrscheinlich. Leider reden viele Menschen zu wenig über ihre Vorstellungen, wie denn eine gute Beziehung aussehen sollte, und ganz am Anfang einer Beziehung weiß man es auch noch nicht.

In meinen Studien lasse ich Paare angeben, wie wichtig ihnen Aspekte wie Vertrauen, Miteinander-Reden, Gemeinsamkeiten, Sex und vieles mehr für eine gute Beziehung erscheinen. Ich kann die Beziehungszufriedenheit meiner Testpersonen gut auf der Basis, wie ähnlich sie sich in ihren Beziehungsvorstellungen sind, vorhersagen. Oft bitte ich auch die Teilnehmer, den Fragebogen so auszufüllen, wie es ihrer Meinung nach ihr Partner tun würde. Ich kann so feststellen, wie gut sich die Partner kennen. Frauen kennen ihre Männer meist besser, als es umgekehrt der Fall ist. Die Einschätzungen der Frauen sind ge-

4 Kelly & Conley, 1987
5 Bradbury & Fincham, 1990

nauer als die der Männer, und ich kann die Beziehungsqualität besser auf der Basis der Einschätzungen der Frauen als der Männer vorhersagen. Frauen sind nach meinen Ergebnissen die besseren Barometer der Beziehungsentwicklung. Das liegt vielleicht daran, dass Frauen meist auch mehr zu verlieren haben als Männer, wenn eine Beziehung scheitert. Sie sind daher besonders wachsam und reagieren sensibel auf Veränderungen in ihrer Beziehung.

Wenn Sie wissen wollen, wie gut Sie zueinanderpassen, bearbeiten Sie doch den Test »Wer ist mein perfekter Partner«, den ich gemeinsam mit FriendScout24 (www.friendscout24.de) entwickelt habe, und der Ihnen hilft, den Richtigen zu finden. Dieser Test ist eine vereinfachte Kurzfassung eines sehr umfangreichen Verfahrens, das FriendScout24 verwendet.

Test 5.2 Der perfekte Partner

Um es vorwegzunehmen: Den perfekten Partner gibt es nicht. Es gibt viele, die Ihrem Ideal mehr oder weniger nahe kommen und mit denen Sie glücklich werden können. Je ähnlicher sich zwei Menschen in Merkmalen sind, die für Beziehungen bedeutsam sind, desto glücklicher sind sie und desto harmonischer und stabiler ist ihre Beziehung.
Wenn Sie wissen möchten, wie ähnlich Sie sich in Ihren Ansichten über eine gute Beziehung sind und wie gut Sie und Ihr Partner zusammenpassen, können Sie das durch unseren Test leicht feststellen.
Wenn Sie im Augenblick Single sind und niemanden haben, mit dem Sie sich vergleichen können, füllen Sie nur die Spalte A (Selbst) aus. Alles Weitere erfahren Sie am Ende des Tests.

Teil 1: Die ideale Beziehung

Geben Sie nun zunächst für die folgenden Merkmale an, wie wichtig sie Ihnen in einer Beziehung sind. Vergeben Sie dazu je nach Wichtigkeit jeweils bis zu 5 Punkte, wobei 1 Punkt bedeutet, dieses Merkmal »ist mir überhaupt nicht wichtig« und 5 Punkte bedeuten, dieses Merkmal »finde ich sehr wichtig«. Tragen Sie die entsprechende Punktzahl Ihrer Bewertung in die Spalte A ein.

Wichtigkeit	B	A	C
	Partner	Selbst	Differenz
1. Miteinander reden			
2. Interesse am anderen haben			
3. Rücksicht auf den anderen nehmen			

Wichtigkeit	**B**	**A**	**C**
	Partner	**Selbst**	**Differenz**
4. Über alles reden			
5. Treue			
6. Zärtlichkeit			
7. Sicherheit			
8. Ähnliche Interessen haben			
9. Gemeinsame Ziele haben			
10. Sex			
11. Freiräume haben und geben			
12. Unabhängigkeit			
13. Toleranz			
14. Gleichberechtigung			
		Summe aus Spalte C	C1

Teil 2: Der ideale Partner

Jetzt geht es um Ihre Vorstellungen von einem Partner oder einer Partnerin für eine Paarbeziehung. Geben Sie bei den folgenden Eigenschaften an, wie wichtig sie Ihnen bei einem Partner für eine dauerhafte Beziehung sind. Auch hier können Sie je nach Wichtigkeit wieder zwischen 1 und 5 Punkte vergeben.

Wichtigkeit	**B**	**A**	**C**
	Partner	**Selbst**	**Differenz**
1. Belesen			
2. Intelligent			
3. Unabhängig			
4. Gebildet			
5. Hat eine eigene Meinung			
6. Weltoffen			
7. Kritisch			
8. Zuverlässig			
9. Romantisch			
10. Verständnisvoll			
11. Einfühlsam			
12. Rücksichtsvoll			

Wichtigkeit	B	A	C
	Partner	**Selbst**	**Differenz**
13. Möchte Kinder			
14. Verantwortungsbewusst			
15. Hilfsbereit			
16. Kinderlieb			
		Summe aus Spalte C	C2

Teil 3: Ihre Beziehungsorientierung

Bei den folgenden Aussagen geht es noch einmal um Ihre Vorstellung von einer Beziehung. Diesen Aussagen können Sie mehr oder weniger zustimmen oder sie ablehnen. Sie können das Ausmaß Ihrer Zustimmung oder Ablehnung wieder auf fünf Stufen angeben. Wenn Sie einer Aussage überhaupt nicht zustimmen, tragen Sie eine 1 in das Antwortfeld ein. Wenn Sie völlig zustimmen, tragen Sie eine 5 ein. Alle dazwischen liegenden Abstufungen sind ebenfalls möglich. Auch hier gibt es keine richtigen und falschen Antworten. Nur Ihre Meinung zählt.

Wichtigkeit	B	A	C
	Partner	**Selbst**	**Differenz**
1. Wenn ich den richtigen Partner gefunden habe, möchte ich mit ihm sesshaft werden.			
2. Es ist mir bei einer/m Partner/in wichtig, dass dieser eine gute Mutter/ein guter Vater sein könnte.			
3. Wärme und Geborgenheit sind unentbehrliche Bestandteile einer Beziehung.			
4. Mein Partner sollte mir ein gewisses Gefühl der Sicherheit geben.			
5. Mein Partner muss gut mit Kindern umgehen können.			
6. Ich möchte einen Partner, mit dem ich zusammen alt werden kann.			
		Summe aus Spalte C	C3

Teil 4: Persönlichkeit			
Bei den folgenden Aussagen geht es um Sie. Geben Sie bitte wieder durch eine Zahl zwischen 1 und 5 an, in welchem Ausmaß Sie der jeweiligen Aussage zustimmen.			
Wichtigkeit	**B**	**A**	**C**
	Partner	**Selbst**	**Differenz**
1. Ich plane die meisten Dinge lange im Voraus.			
2. Ich stelle mir oft vor, reich zu sein.			
3. Ich gehe gerne ins Theater oder in die Oper.			
4. Ich bin ein sportlich aktiver Mensch			
5. Ich kann mir Besseres vorstellen, als einen Sonntag in einem Museum zu verbringen.			
6. Ich gehe gerne auf Partys.			
7. Ich lese gerne.			
8. Materielle Besitztümer bedeuten mir wenig.			
9. Ich bin auch mal gerne für mich ganz allein.			
10. Ich liebe Veränderungen.			
11. Ich habe gerne viele Leute um mich herum.			
12. Ich betrachte mich eher als einen zurückhaltenden Menschen.			
13. Ein enger regelmäßiger Kontakt zu meinen Verwandten ist für mich sehr wichtig.			
		Summe aus Spalte C	C4

Nun ist Ihr Partner oder Ihre Partnerin an der Reihe. Decken Sie dazu Ihre Antworten in den Spalten A ab und lassen Sie dann Ihren Partner beurteilen, wie wichtig ihm oder ihr die einzelnen Merkmale sind (Spalte B).

Auswertung für Paare

Wie gut Sie zusammenpassen
Ziehen Sie zunächst bei jedem Merkmal Ihre Bewertung aus Spalte A von der Bewertung Ihres Partners aus Spalte B ab und tragen Sie das Ergebnis ohne Minus-Vorzeichen in die Spalte C des Testbogens ein.
Bilden Sie die Summe der Werte aus Spalte C, getrennt für die Teile 1 bis 4 und tragen Sie die Werte in die dafür vorgesehenen Kästchen ein.

Summe C1	**Summe C2**	**Summe C3**	**Summe C4**

Jetzt wird die Auswertung ein wenig komplizierter. Um es Ihnen zu erleichtern, haben wir für Sie ein Programm geschrieben, das Ihnen die Arbeit abnimmt.
Wenn Sie eine genaue Rückmeldung möchten, wie gut Sie zusammenpassen, gehen Sie bitte auf die folgende Homepage:

www.beziehungsquotient.friendscout24.de/paare

Auswertung für Singles

Wer im Augenblick ohne Partner ist, kann den Test trotzdem auswerten. Sie erfahren dadurch, was für ein Beziehungstyp Sie sind. Tragen Sie dazu in die folgenden Felder die jeweils angegebenen Werte ein.

Tragen Sie hier die Summe der Antworten der Fragen 1 bis 8 aus Teil 1 ein	Tragen Sie hier die Summe der Antworten der Fragen 1 bis 7 aus Teil 2 ein	Tragen Sie hier die Summe der Antworten der Fragen 1 bis 6 aus Teil 3 ein

Jetzt werden Ihre Antworten mit denen von vielen Tausend anderen Menschen verglichen und Sie erfahren etwas über Ihre Vorstellungen von Intimität, Ihr Partnerideal und Ihre Beziehungsorientierung.
Gehen Sie bitte für die weitere Auswertung auf die folgende Homepage:

www.beziehungsquotient.friendscout24.de/singles

(Ehe-)Partner sind sich nicht nur ähnlich, sie sehen sich auch ähnlich

... meint zumindest der Volksmund. Stimmt das? Wissenschaftler fotografierten Ehepartner und baten dann andere Personen, die nicht wissen konnten, wer mit wem verheiratet war, Paare zusammenzustellen. Die Zusammenstellung war zwar nicht perfekt, aber die Trefferquote war höher, als man es bei einer vollkommen zufälligen Zusammenstellung erwarten würde. Wie kann es zu solchen Ähnlichkeiten im Aussehen kommen? Eine mögliche Ursache liegt darin, dass wir unbewusst solche Menschen attraktiv finden, die wir oft sehen: Das sind Menschen, mit denen wir verwandt sind und die uns daher zumindest teilweise ähnlich sehen – und das sind wir natürlich selbst. Wissenschaftler haben am Computer Fotos so manipuliert, dass manche Gesichter von Personen des jeweils anderen Geschlechts dem eigenen in Augen, Gesichtsform und so weiter ähnlich waren. Erwartungsgemäß wurden die einem selbst ähnlichen Gesichter als schöner empfunden.[6] Valerie Folkes, eine amerikanische Psychologin, hat in einer professionellen Video-Partnervermittlungsagentur nachgeforscht, wie wichtig die Ähnlichkeit des Aussehens für die Entwicklung von Beziehungen ist. In diesen Agenturen bekamen die Heiratswilligen zunächst einige demografische Hintergrundinformationen, ein Foto und ein fünfminütiges Video von potenziellen Partnern. Hatten sie sich für eine Person entschieden, die sie gerne treffen würden, wurde auch dieser ein Video des entsprechenden Interessenten gezeigt und dann – beiderseitiges Interesse vorausgesetzt – wurden Namen und Telefonnummern ausgetauscht. Nach dem ersten Telefonkontakt kam es manchmal, aber nicht immer, zu einem Treffen, vielleicht auch zu weiteren. Die Wissenschaftlerin konnte einen engen Zusammenhang zwischen der Ähnlichkeit der potenziellen Partner in ihrem Aussehen und dem Fortschritt der Beziehungsentwicklung feststellen. Je ähnlicher beide aussahen, desto größer war auch die Chance, dass sie sich später trafen.[7]

Aussehen ist – wie wir alle wissen – nicht unveränderlich. Durch unsere Frisur, die Art, wie wir uns schminken, wie wir uns kleiden, signalisieren wir auch,

---

6 Penton-Voak, Perrett & Price, 1999
7 Folkes, 1982

wie unser Lebensstil und unsere Einstellungen aussehen. Insofern sind uns vielleicht auch die, die ein wenig so aussehen wie wir selbst, in ihren Einstellungen ähnlich – und dass die Ähnlichkeit von Einstellungen wichtig für die Beziehungsentwicklung ist, ist unbestritten.

Abbildung 5.2: Ehepartner sind sich nicht nur ähnlich, sie sehen sich oft auch ähnlich.

Aber werden Ehepartner einander im Laufe ihres gemeinsam verbrachten Lebens nicht auch in ihrem Aussehen immer ähnlicher? Das fragten sich Robert Zajonc und seine Kollegen von der University of Michigan. Sie haben dazu Fotos von Ehepaaren kurz nach deren Heirat und ein zweites Mal nach 25 Jahren ausgewählt und unbeteiligte Dritte gebeten zu raten, wer wohl mit wem verheiratet ist. Interessanterweise war die Trefferquote bei den schon 25 Jahre Verheirateten deutlich höher – ein Indiz dafür, dass Ehepartner einander im Laufe des gemeinsamen Zusammenlebens tatsächlich ähnlicher werden.[8] Warum? Vielleicht, weil sie sich ähnlich ernähren? Schließlich sagt man auch: Der Mensch ist, was er isst. Diese naheliegende Erklärung konnten die Autoren ausschließen. Im Hinblick auf das Körpergewicht beispielsweise,

[8] Zajonic et al., 1987; Anderson, Keltner & John, 2003

das ja eng mit den Ernährungsgewohnheiten zusammenhängt, sind sich nämlich die frisch Verheirateten ähnlicher als die schon länger Verheirateten. Am plausibelsten kann man den Umstand, dass sich Eheleute im Laufe der Jahre in ihrem Aussehen ähnlicher werden, dadurch erklären, dass die große Menge gemeinsamer emotionaler Erfahrungen, die beide im Laufe der Ehe gemacht haben (Geburt eines Kindes, Freude über Urlaub, aber auch Krankheit oder gar Tod enger Angehöriger) sich in der Mimik dauerhaft eingraben. Es sind dies geringfügige Veränderungen der Gesichtsmimik, die dafür verantwortlich sind, dass wir im Laufe der Zeit unseren Partnern zunehmend ähnlicher sehen.

Ähnlichkeit – Ursache oder Folge der Beziehungsentwicklung?

Eine vergleichbare Frage hat auch Theodore Newcomb beschäftigt, als er Ende der 1950er-Jahre ein spannendes Experiment startete.[9] Er gab jungen männlichen Studenten die Gelegenheit, ein Semester lang kostenlos in einem Studentenwohnheim zu wohnen – einzige Bedingung: Sie mussten bereit sein, einmal pro Woche einen Fragebogen auszufüllen, mit dem ihre Einstellung zu so unterschiedlichen Bereichen wie Religion und soziale Werte, Politik und Wirtschaft, Kunst und Kultur und – ganz wichtig – auch ihren Mitbewohnern gegenüber ermittelt wurde. Die Bewohner dieses Wohnheims waren einander anfänglich völlig fremd, sie hatten sich niemals zuvor gesehen. Kein Wunder, dass bei der allerersten Befragung, wie sympathisch sie die anderen jeweils fanden, die Antwort von zahlreichen Zufälligkeiten abhing. Mit zunehmender Zeit jedoch, die die Studenten zusammen verbrachten, wurden auch ihre Einschätzungen, wie sympathisch oder auch unsympathisch sie ihre Hausbewohner fanden, stabiler und verlässlicher. Das Überraschende aber war, dass Newcomb schon auf der Basis der ersten Messung der Einstellungen vorhersagen konnte, wer wen sympathisch finden würde und wer wen nicht. Ähnlichkeiten in Überzeugungen und Einstellungen, die schon bestanden, bevor die Hausbewohner auch nur die erste Gelegenheit hatten, miteinander zu reden, waren

9 Newcomb, 1961

ein guter Hinweis auf die Sympathie viele Monate später. Ist Ähnlichkeit also eine Ursache von Sympathie und damit der Entwicklung von Beziehungen?

Donn Byrne, Psychologieprofessor aus Albany in den USA, machte die Probe aufs Exempel. Wenn – so seine Überlegungen – Ähnlichkeit die Ursache von Sympathie und Freundschaft ist, dann müsste doch die Beeinflussung von Ähnlichkeit auch zu Veränderungen der Sympathie führen.[10] Er ließ seine Studenten zu Beginn des Semesters einen umfangreichen Fragebogen bearbeiten, mit dem ihre Einstellungen zu ganz unterschiedlichen Themenbereichen gemessen wurden. Einige Zeit später wurden sie eingeladen, an einer Studie darüber teilzunehmen, wie Fremde, über die wir nur wenige Informationen haben, auf einen selbst wirken. Damit sie sich ein Bild dieser unbekannten Person machen konnten, gab ihnen Prof. Byrne einen Fragebogen, den die Fremden anscheinend ausgefüllt hatten. Es war der gleiche Fragebogen, den die Testpersonen selbst einige Zeit zuvor beantwortet hatten. Was sie aber nicht wussten, war, dass auf der Basis ihrer eigenen Angaben Fragebögen konstruiert worden waren, die den Fremden als ihnen selbst perfekt ähnlich erscheinen ließen – in diesem Fall erhielten die Versuchsteilnehmer einen Fragebogen, der genauso ausgefüllt war wie ihr eigener. Oder der Fremde war anscheinend völlig unähnlich – der Fragebogen war dann so ausgefüllt, dass er genau das Gegenteil ihrer eigenen Meinung ausdrückte. Es gab aber auch zwischen diesen Extremen liegende Abstufungen, bei denen der Fremde etwas ähnlich oder etwas unähnlich erschien. Nachdem die Versuchsteilnehmer Gelegenheit gehabt hatten, sich ein – wenn auch eingeschränktes – Bild dieses jeweiligen Fremden zu machen, sollten sie angeben, wie sympathisch er ihnen sei und wie gern sie mit ihm zusammenarbeiten würden.

Die Ergebnisse sind ziemlich verblüffend, denn es besteht eine nahezu perfekte Beziehung zwischen dem Ausmaß der Ähnlichkeit und der Sympathie für diesen Fremden. Ähnlichkeit ist also nicht nur für Liebesbeziehungen, sondern auch für Freundschaften allgemein wichtig. Schon Schulkinder finden ähnliche Klassenkameraden netter als unähnliche.

---

10 Byrne, 1971

Ähnlichkeit erleichtert das Zusammenleben

Ähnlichkeit ist also offenbar wichtig, aber wieso eigentlich? Jede Form des Zusammenlebens erfordert Zugeständnisse und Kompromisse, anderenfalls würde ein Zustand, den der englische Philosoph Thomas Hobbes schon vor 350 Jahren als »Krieg aller gegen alle« bezeichnete, eintreten. Der individuellen Bedürfnisbefriedigung stehen oft die Wünsche unserer sozialen Umwelt entgegen. Ähnlichkeit der Interessen reduziert Reibungsverluste. Wenn zwei ohnehin das Gleiche vorhaben, müssen sie sich nicht streiten. Wissenschaftler haben in Übereinstimmung mit diesen Überlegungen festgestellt, dass es auf die Art der Ähnlichkeit oder Unähnlichkeit ankommt. Abweichende politische Meinungen sind für die meisten eher zu ertragen als Unterschiede in Grundwerten des Lebens und der Lebensziele sowie Unterschiede in Freizeitinteressen und Hobbys. Letztere haben – von Leuten, die aktiv in der Politik engagiert sind, einmal abgesehen – einen viel unmittelbareren Einfluss auf das Zusammenleben und das Miteinander.

Ähnlichkeit vermittelt Sicherheit

Die meisten Menschen möchten gerne wissen, ob ihre Überzeugungen und Vorstellungen richtig sind. Wir sind nämlich dann besser zur Bewältigung der vielfältigen Aufgaben, die das Leben an uns stellt, in der Lage, wenn unsere Überzeugungen und unser Wissen auch wirklich zutreffen. Wie aber können wir prüfen, ob unsere Überzeugungen auch die richtigen sind? Laut Leon Festinger, einem berühmten amerikanischen Sozialpsychologen, haben wir dazu zwei Möglichkeiten.[11] Wir können einmal eine Überprüfung an der physikalischen Realität vornehmen. Festinger nennt das den Realitätstest erster Art. Wir können aber auch eine Überprüfung an der sozialen Realität vornehmen, indem wir unsere Überzeugungen und Meinungen mit Überzeugungen und Meinungen unserer sozialen Umwelt vergleichen. Festinger nennt das den Realitätstest zweiter Art. In diesem Fall achten wir darauf, was unsere Freunde

---

[11] Festinger, 1954

und andere Menschen, die uns wichtig sind, sagen, und nehmen ihre Aussagen als Information zur Beurteilung unserer eigenen Überzeugungen, Fähigkeiten und Meinungen. Eben frei nach dem Motto: Was alle meinen, kann nicht falsch sein.

Oft jedoch haben wir keine Wahl, ob wir die physikalische Realität oder die soziale Realität zurate ziehen. Ein unerfahrener Pilzsammler beispielsweise hat mitunter wenig Gelegenheit, aus einem Realitätstest erster Art Lehren für die Zukunft zu ziehen. Und die Richtigkeit von politischen Meinungen, von Lebenszielen oder auch kulturellen Vorlieben lässt sich überhaupt nicht an der physikalischen Realität messen. Hier sind wir immer auf unsere soziale Umwelt angewiesen.

Interessanterweise ist die Ähnlichkeit im Hinblick auf Dinge, die wir nicht mögen, viel wichtiger als Ähnlichkeit im Hinblick auf Dinge, die wir mögen. Stellen wir fest, dass jemand unsere Abneigung gegenüber Fast Food teilt, finden wir ihn sympathischer, als wenn er genau wie wir gerne italienisch essen geht. Gemeinsame Feinde schweißen stärker zusammen als gemeinsame Freunde – ein Beobachtung, die man nicht nur in der Politik macht. Der Grund dafür ist, dass negative Einstellungen meist informativer als positive sind. Sagt jemand, er gehe gerne zum Italiener, wissen wir oft nicht genau, ob er das sagt, weil es momentan modern ist, oder ob er es wirklich so meint. Äußert er dagegen seine Abneigung gegen die italienische Küche unverblümt, stellen wir das nicht weiter infrage.

Wenn wir nun feststellen, dass uns andere ähnlich sind, vermittelt das ein Gefühl von Stabilität und Sicherheit, das uns angenehm ist – und die Quelle dieses angenehmen Gefühls, also die Person, die uns ähnlich ist, mögen wir. Verantwortlich dafür ist ein einfaches Lernprinzip. Werden Personen, denen wir ursprünglich weder besonders positiv noch besonders negativ gegenüberstehen, mit einem für uns positiven Gefühl assoziiert, dann bewerten wir diese Person ebenfalls positiv und finden sie sympathisch – so das Grundprinzip des Verstärkungs-Affekt-Modells von Gerald Clore und Donn Byrne.[12] Dabei

[12] Clore & Byrne, 1974

ist es noch nicht einmal nötig, dass die Person für die entsprechenden Gefühle verantwortlich ist. Eine zufällige Koppelung reicht hier meist schon aus.

Heiß und überfüllt ist der Titel einer Publikation, in der beschrieben wird, wie leicht aber auch unangenehme Gefühle auf andere übertragen werden.[13] Personen, die mit anderen in einem völlig überfüllten und überhitzten Raum warteten, beurteilten diese wesentlich negativer als eine andere Gruppe von Personen, mit denen sie in einem geräumigen, angenehm temperierten Raum zusammen waren. Unähnlichkeit kann auch solche negativen Gefühle auslösen, und da wir in diesem Fall auch genau wissen, wem wir diese Gefühle zu verdanken haben, sollten wir uns Unähnliche erst recht nicht mögen, und eine Vielzahl von Forschungsergebnissen bestätigt das.

Ähnlichkeit bedeutet kognitive Balance

Sie haben sich ein neues Kleid gekauft. Voller Stolz zeigen Sie es Ihrer besten Freundin. Deren Begeisterung hält sich allerdings in Grenzen. Sie findet das Muster kitschig und sagt das auch. Solche und ähnliche Situationen haben wir alle schon erlebt, und was wir dann fühlen, ist meist alles andere als angenehm. Wir befinden uns nämlich in einer Art von innerem Ungleichgewicht. Die Forschung spricht von »kognitivem Ungleichgewicht«. Der aus Österreich stammende Sozialpsychologe Fritz Heider hat eine Theorie entwickelt – die Balancetheorie –, die derartige Situationen und unsere Reaktionen darauf erklärt.[14] Unterschieden werden in dieser Theorie eine konkrete Person (A), die in einer Beziehung zu einer anderen Person (B) steht, und sowohl A als auch B haben entweder eine positive oder negative Einstellung zu einem Gegenstand oder Themenbereich X.

Betrachten wir das obere Dreieck in Abbildung 5.3. Sie haben eine positive Beziehung zu Ihrem Partner, Sie haben ihn sehr gern. Und Sie beide haben eine gleichermaßen positive Beziehung zu X, zum Beispiel dem Ziel des nächsten

---

13 Griffitt & Veitsch, 1971

14 Heider, 1958

Urlaubs. Es ist intuitiv einleuchtend, dass eine solche Situation angenehm ist und keinerlei Spannungen auslöst. Im Vergleich dazu stellt das untere Dreieck in Abbildung 5.3 eine spannungsgeladene Situation dar. Sie mögen Ihre beste Freundin, aber Sie beide stimmen in Ihren Meinungen über das neue Kleid nicht überein. Ein solches Dreieck ist unbalanciert.

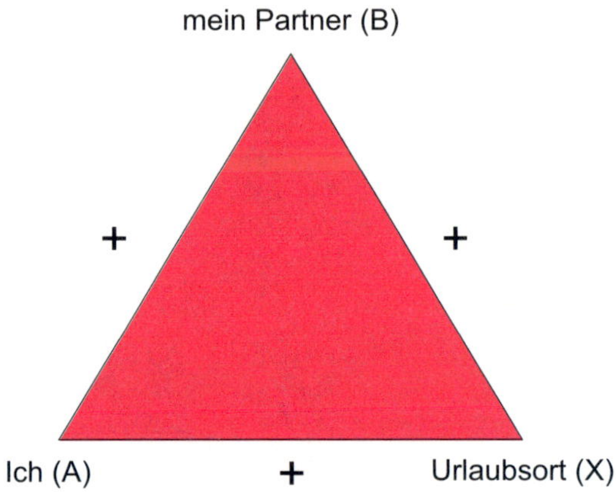

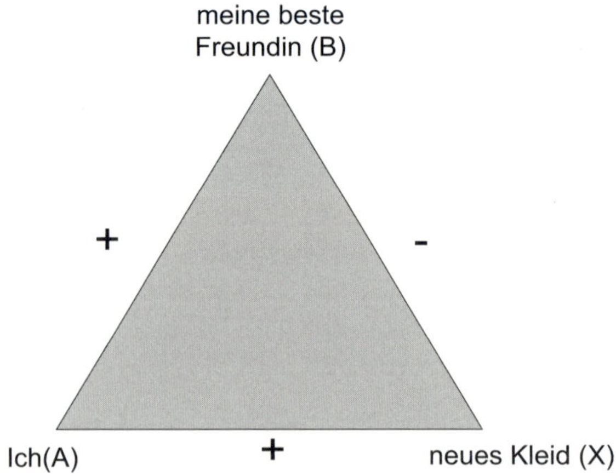

Abbildung 5.3: Das obere Dreieck ist balanciert, das untere unbalanciert.

Unbalancierte Dreiecke lösen in uns einen inneren Spannungszustand aus. Wir fühlen uns unwohl, und wir versuchen, diese Spannung abzubauen, wir bemühen uns, ein unbalanciertes Dreieck in ein balanciertes zu überführen. Betrachten wir kurz, welche Möglichkeiten sich bieten: Sie könnten Ihre positive Einstellung dem neuen Kleid (X) gegenüber ändern, es nach den Kommentaren Ihrer Freundin nicht mehr so schön finden und es schließlich umtauschen. Sie könnten aber auch Ihre Freundin weniger mögen und die positive Beziehung zu ihr in eine negative verändern. Vermutlich werden Sie das nicht tun, wenn Ihnen etwas an der Beziehung liegt. Wenn sie sich aber immer wieder über Dinge, die Ihnen gefallen, negativ äußern würde, wäre das eine naheliegende Konsequenz. Schließlich könnten Sie versuchen, die Einstellung Ihrer Freundin zu Ihrem neuen Kleid zu verändern, indem Sie ihr klarmachen, dass es ein sehr originelles Stück ist und sie vielleicht nicht so ganz mit ihren Kleidungsvorlieben auf der Höhe der Zeit ist. Generell gilt, dass solche interpersonalen Dreiecke balanciert sind, wenn sie entweder drei Pluszeichen oder aber ein Pluszeichen und zwei Minuszeichen aufweisen.

Wichtig in dieser Theorie der kognitiven Balance ist, dass solche unbalancierten kognitiven Systeme uns belasten und wir bestrebt sind, diesen Spannungszustand durch Veränderungen einer der beteiligten Beziehungen zu reduzieren. Stimmen Menschen, die wir mögen, mit unseren Einstellungen überein, dann ist ein solches System balanciert und stabil.

Lernen wir eine Person neu kennen, haben wir noch keine ausgeprägte positive oder negative Beziehung zu ihr (die Verbindung A–B ist sozusagen noch offen). Wenn wir dann feststellen, dass B in für uns wichtigen Dingen völlig anderer Meinung ist als wir selbst, ist eine naheliegende Konsequenz die Entwicklung einer negativen Beziehung zu B. Wir mögen B dann eben nicht. Stellen wir umgekehrt Übereinstimmungen mit B fest, dann entwickeln wir eine positive Beziehung zu ihm oder ihr. Der förderliche Einfluss von Ähnlichkeit kann somit letztlich auch eine Konsequenz unseres Strebens nach kognitivem Gleichgewicht im Sinne der Heider'schen Balancetheorie sein.

Wie stark wir uns intuitiv auf diese einfache Theorie stützen, demonstriert überzeugend eine Untersuchung von Andrea Chapdelaine, David Kenny und

Katrin La Fontana, die die Autoren mit dem schönen Titel »Matchmaker, matchmaker, can you make me a match ...«, einem Motto aus dem Musical Anatevka, veröffentlichten. Die Autoren fragten sich, ob wir eigentlich in der Lage sind vorherzusagen, ob sich zwei Personen, die wir kennen, mögen werden, wenn sie sich das erste Mal begegnen (ob also zum Beispiel unsere Verkuppelungsversuche wohl von Erfolg gekrönt sein werden).

Die Versuchsteilnehmer mussten zunächst in Zweiergruppen Gespräche miteinander führen, um sich gegenseitig besser kennenzulernen. Im Anschluss daran sollten sie angeben, wie sympathisch ihnen ihre Gesprächspartner oder ihre Gesprächspartnerinnen waren. Dann, und das war das Schwierige, sollten sie einschätzen, wie sympathisch sich jeweils zwei Personen aus dieser Gruppe finden würden. Bei diesen Vorhersagen verhielten sich die Versuchsteilnehmer genau so, wie man es vor dem Hintergrund der Balancetheorie erwarten würde. Wenn wir selbst zwei andere Personen sympathisch finden, denken wir, die beiden würden sich auch mögen, und wenn wir beide gleichermaßen nicht leiden können, vermuten wir ebenfalls, dass die ganz gut zueinanderpassen. Wenn wir aber eine von zweien sympathisch finden, den oder die andere hingegen nicht, dann vermuten wir, dass diese beiden auch nicht gut miteinander auskommen würden.

So sinnvoll diese Strategie auch erscheint, eine Garantie für Erfolg ist sie keinesfalls. Die Vorhersagen der Versuchsteilnehmer in dieser Studie waren eher schlecht, obwohl sie zumindest subjektiv für sich selbst versuchten, Balanceprinzipien zu berücksichtigen.

Wechselspiele: Wie Ähnlichkeit und Aussehen zusammenhängen

Ähnlichkeit, vor allem wahrgenommene Ähnlichkeit, ist eine maßgebliche Ursache für das Entstehen von Sympathie, und sie legt damit einen Grundstein für den weiteren Verlauf einer sich entwickelnden Beziehung. Der Umstand, dass es weniger objektive als vielmehr subjektive Ähnlichkeit ist, legt die Vermutung nahe, dass Faktoren existieren, die diese Subjektivität beeinflussen können. Einer der in diesem Zusammenhang wichtigsten Faktoren ist das Aussehen. Wir haben nicht nur, wie in Kapitel 3 erwähnt, eine Tendenz, schönen Menschen positivere Eigenschaften zuzuschreiben als hässlichen, wir nehmen auch an, dass sie uns ähnlich sind. Diese Tendenz kann leicht dazu führen, dass wir in Anfangsphasen der Beziehung mehr Ähnlichkeit in unseren Partnerinnen und Partnern wahrnehmen, als tatsächlich existiert – und später gibt es vielleicht ein böses Erwachen. Das Leben ist aber noch komplizierter. Wir haben nämlich auch eine Tendenz, Menschen, die uns ähnlich sind, als schöner wahrzunehmen als solche, die uns unähnlich sind.

Ich habe dieses Phänomen vor einiger Zeit entdeckt. In der Fußgängerzone einer westdeutschen Großstadt haben meine Mitarbeiter Passanten angesprochen und gebeten, einen Fragebogen auszufüllen, mit dem ihre Einstellungen zu verschiedenen Alltagsthemen gemessen wurden. Einige Wochen später haben wir diese Personen erneut kontaktiert und um Mithilfe in einer ganz anderen Angelegenheit gebeten. Wir wollten von ihnen wissen, wie andere Menschen, über die sie nur wenig wussten, auf sie wirkten. Wir haben ihnen dazu ein Foto einer ihnen unbekannten Person vorgelegt und einen anscheinend von dieser Person ausgefüllten Fragebogen, der dem Fragebogen, den diese Leute einige Wochen zuvor selbst ausgefüllt hatten, entsprach. Was sie indes nicht wissen konnten, war, dass wir (ähnlich wie in der Studie von Donn Byrne) Fragebögen fingiert hatten. Eine Gruppe von Personen sollte die auf dem Foto dargestellte Person als völlig ähnlich erleben, eine andere als etwas ähnlich, eine dritte als etwas unähnlich und eine vierte schließlich als völlig unähnlich.[15]

Ich war selbst ein wenig überrascht, wie stark sich die kleine Manipulation ausgewirkt hat. Unbekannte Fremde wurden umso schöner empfunden, je ähnlicher sie den Versuchsteilnehmern erschienen. Verantwortlich für diesen Effekt kann auch hier wieder ein Bestreben nach kognitiver Balance sein. Wenn wir davon ausgehen, dass, wer schön ist, auch gut ist, und »gut« sind aus unserer Sicht sicher die meisten unserer Einstellungen, dann ist es nur passend, wenn wir diejenigen, die uns ähnlich sind, auch als schön empfinden.

---

[15] Hassebrauck, 1986

Kapitel 6

Die ideale Beziehung

Beziehungen tun gut

Es gibt kaum einen anderen Bereich im Leben, der unsere Zufriedenheit und unser Wohlbefinden so stark beeinflusst wie eine Beziehung. Ist man mit seiner Beziehung zufrieden, ist man es in der Regel auch mit seinem Leben im Allgemeinen. Der Zusammenhang zwischen der Zufriedenheit mit der Beziehung und der Zufriedenheit mit dem Leben an sich ist ein universelles Phänomen und tritt in nahezu allen bislang untersuchten Nationen auf.[1]

Studien haben gezeigt, dass unser Wohlbefinden ganz entscheidend davon abhängt, ob wir Gesellschaft haben oder nicht. Allein zu sein, macht die meisten Menschen unglücklich, im Extremfall sogar krank. Das unangenehme Gefühl der Einsamkeit, welches das Alleinsein oft mit sich bringt, treibt uns dazu, Gesellschaft zu suchen. Ist Gesellschaft an sich schon förderlich für unser Wohlbefinden, ist es eine Liebesbeziehung erst recht: Verheiratete fühlen sich selten einsam, Singles deutlich häufiger.[2]

Probleme in der Beziehung schlagen uns nicht nur sprichwörtlich auf den Magen und verderben uns den Spaß an den ansonsten so schönen Dingen des Lebens, sie führen auch zu Depressionen. In einer meiner Studien habe ich die

1 Stack & Eshlam, 1998
2 Küpper 2002

Teilnehmer gebeten anzugeben, wie zufrieden sie mit ihrer Beziehung sind, und habe gleichzeitig ihre Depressivität ermittelt. Diejenigen, die mit ihrer Beziehung unzufrieden waren, zeigten sich auch insgesamt depressiver. Leicht kann sich das zu einem Teufelskreis aufschaukeln: Mangelnde Zufriedenheit führt zu Depressivität, umgekehrt fällt Depressivität wie ein Schatten auf die Beziehung. Man zeigt seinem Partner nicht mehr, dass man sich wohl mit ihm fühlt und glücklich mit ihm ist, hat keine Lust mehr, zusammen etwas zu unternehmen, und auf einmal sieht man alles, was der andere tut, in negativem Licht.

Allein die Tatsache, ob wir eine feste Beziehung haben oder nicht, wirkt sich auf unsere körperliche Gesundheit aus. Verheiratete sind deutlich gesünder als Unverheiratete oder gar Geschiedene. Werden sie krank, erholen sie sich schneller und werden früher aus dem Krankenhaus entlassen.[3] Der wesentliche Grund dafür ist, dass uns glückliche Liebesbeziehungen helfen, besser mit Stressoren umzugehen. Sie stellen gewissermaßen einen Stresspuffer dar und verhindern damit die negativen Konsequenzen, die mit Stress einhergehen. Stress ist die Reaktion des Körpers, gewissermaßen die Alarmbereitschaft, in Erwartung einer bedrohlichen Situation. Man spricht in diesem Zusammenhang auch von einer Kampf- oder Fluchtreaktion. Diese Notfallreaktion führt zu erhöhtem Blutdruck und schnellerem Herzschlag. Hormone wie Adrenalin und Cortisol werden vermehrt ausgeschüttet, und gleichzeitig werden vom Immunsystem Zellen in geringerer Zahl produziert, die Bakterien, Viren, Pilze und andere Schädlinge töten. All diese körperlichen Veränderungen, die wir subjektiv als Herzklopfen, einen heißen Kopf, feuchte Hände oder auch als komisches Gefühl im Bauch empfinden, dienen der Mobilisierung von Energiereserven und helfen uns, auf eine Gefahr zu reagieren. Denn der menschliche Organismus ist darauf ausgerichtet, schnell und kurzfristig auf eine überraschende, gefahrenvolle Situation reagieren zu können – ein Erbe unserer Ahnen, mussten sie doch in grauer Vorzeit in der Lage sein, in Windeseile einem angreifenden Raubtier zu entkommen.

Allerdings bleiben Stressreaktionen auf Dauer nur unschädlich, wenn man auf sie angemessen reagieren kann. Das ist in der heutigen Zeit nicht immer

[3] Kiecolt-Glaser & Newton, 2001

möglich. Hält Stress zu lange an, etwa bei Menschen unter permanentem Zeitdruck, geht das an die körperliche Substanz. Das Immunsystem wird geschwächt, und dadurch sind wir anfälliger für die unterschiedlichsten Infektionskrankheiten. Beziehungen können die negativen Effekte von Stress nicht verhindern, wirken jedoch stabilisierend nach anstrengenden Tagesereignissen. Nach neuesten Erkenntnissen wirkt sich eine gute Beziehung sogar auf die Heilungschancen nach einer Brustkrebsoperation aus.[4]

Auch unser Schmerzempfinden wird durch soziale Beziehungen beeinflusst. So zeigen Studien mit Patienten, die unter chronischen Schmerzen leiden, dass diejenigen Patienten, die eine glückliche Ehe führen, Schmerzen besser ertragen können. Eine Gruppe von Wissenschaftlern führte kürzlich ein Experiment durch, in dem sie Versuchsteilnehmer aufforderten, ihren Unterarm so lange in Eiswasser zu stecken, bis der Schmerz unerträglich wurde. Einige Personen wurden dazu angehalten, dies allein zu tun, bei anderen Teilnehmern war ein Freund oder eine Freundin anwesend. Die Ergebnisse sind so verblüffend wie einfach: Versuchspersonen hielten die Kälte besser aus und empfanden den Schmerz als weniger unangenehm, wenn ein Freund oder eine Freundin bei ihnen war.

Andere Experimente ergaben, dass allein die Vorstellung von eigener Einsamkeit dazu führen kann, dass man eher friert. Hier wurden Versuchsteilnehmer gebeten, sich an Situationen aus ihrer Vergangenheit zu erinnern. Einige von ihnen erhielten die Instruktion, an Zeiten zurückzudenken, in denen sie sich einsam und allein fühlten. Anschließend sollten sie die Temperatur des Raumes einschätzen, in dem sie sich gerade befanden. Diejenigen, die sich gedanklich mit Erinnerungen an einsame Stunden beschäftigt hatten, empfanden die Raumtemperatur um durchschnittlich drei Grad kälter.[5]

Besonders deutlich werden die Konsequenzen einer stabilen Beziehung beim sogenannten *Verwitwungseffekt*. Bei lang zusammenlebenden Paaren folgt der

4 Bolger et al., 1996; Shields et al., 2000
5 Zhong & Leonardelli, 2008

noch lebende Teil recht bald, wenn einer von beiden stirbt.[6] Ein amerikanisches Magazin veröffentlichte vor Jahren unter der Überschrift »Heirate!« eine Studie von Lebensversicherungsunternehmen, nach der die Wahrscheinlichkeit, an Lungenkrebs oder Schlaganfall zu sterben, für Geschiedene unter 65 Jahren doppelt so groß wie für Verheiratete war.

Offensichtlich gibt uns eine Partnerschaft etwas, was unserem Wohlbefinden guttut. Der Gewinn ist dabei für Männer insgesamt größer als für Frauen. Es scheint, dass sich die Ehe bei Männern eher auf die physische Gesundheit, bei Frauen eher auf das psychische Wohlbefinden positiv auswirkt. Eine zufriedenstellende enge soziale Beziehung zu haben, ist für die meisten Menschen sehr wichtig, sei es psychisch oder physisch. Kein Wunder also, dass weltweit mehr als 90 Prozent aller Menschen mindestens einmal in ihrem Leben eine Ehe oder eine eheähnliche Beziehung eingehen.

Die ideale Beziehung

Wie zufrieden wir mit unserer Beziehung sind, können wir meist schnell und spontan angeben. Wie die Wissenschaft Beziehungszufriedenheit misst und wie Sie selbst im Vergleich mit anderen abschneiden, sehen Sie, wenn Sie den in 6.1 dargestellten Zufriedenheitsfragebogen ausfüllen.

Test 6.1 Sind Sie mit Ihrer Beziehung zufrieden?									
Wenn Sie wissen wollen, wie gut Ihre Beziehung im Vergleich zu anderen ist, beantworten Sie die folgenden Fragen.									
1. Wie zufrieden sind Sie im Großen und Ganzen mit Ihrer Beziehung?	gar nicht zufrieden	1	2	3	4	5	6	7	sehr zufrieden
2. Wie gut ist Ihre Beziehung im Vergleich zu den Beziehungen der meisten anderen Paare?	gar nicht gut	1	2	3	4	5	6	7	sehr gut
3. Wie oft wünschen Sie sich, dass Sie diese Beziehung lieber nicht hätten?	sehr oft	1	2	3	4	5	6	7	gar nicht

[6] Stroebe & Stroebe, 1998

4. Wie gut erfüllt Ihre Beziehung Ihre ursprünglichen Erwartungen?	gar nicht gut	1	2	3	4	5	6	7	sehr gut
5. Wie sehr lieben Sie Ihren Partner?	gar nicht	1	2	3	4	5	6	7	sehr
6. Wie viele Probleme gibt es in Ihrer Beziehung?	sehr viele	1	2	3	4	5	6	7	gar keine
7. Wie gut erfüllt Ihr Partner Ihre Wünsche und Bedürfnisse?	gar nicht gut	1	2	3	4	5	6	7	sehr gut

Auswertung

Addieren Sie nun die Zahlen, die Sie angekreuzt haben. Liegt die Summe zwischen 37 und 39, sind Sie mit Ihrer Beziehung genauso zufrieden wie der Durchschnitt der über 1600 Personen, die wir befragt haben. Liegt Ihr Wert unter 32, dann sind Sie deutlich unzufriedener als die meisten, liegt er über 42, sind Sie zu beneiden. Sie sind mit Ihrer Beziehung zufriedener als die Mehrheit.

Worauf genau haben Sie sich gestützt, als Sie angegeben haben, wie zufrieden Sie mit ihrer Beziehung sind? Woran denken Sie, wenn Sie von einer Freundin gefragt werden, wie es denn so zu Hause läuft oder wie zufrieden Sie mit Ihrer neuen Beziehung sind? Gemeinsam mit Kollegen aus den USA und Kanada bin ich in einem mehrjährigen Forschungsprogramm dieser Frage nachgegangen. Wir haben versucht, etwas Licht in das Dunkel zu bringen und die inneren Prozesse, die bei der Bewertung einer engen Beziehung ablaufen, zu ergründen.

Typisch! Der Prototyp als mentaler Bezugspunkt

Haben Sie sich eigentlich schon einmal gefragt, woran Sie merken, dass ein Gebäude ein Haus ist und nicht etwa eine Hütte oder ein Palast? Woran machen Sie fest, ob ein Auto ein Sportwagen ist oder ob eine Person hübsch ist? Solche und ähnliche Fragen beantworten wir dadurch, dass wir – wie im ersten Fall – ein konkretes Gebäude mit unserer Vorstellung eines typischen Hauses vergleichen. Wenn das fragliche Gebäude diesem typischen Haus nahekommt, betrachten wir es eben als Haus. Ein Auto vergleichen wir mit unserer Vorstellung eines typischen Sportwagens. Passt beides nicht zusammen, betrachten wir das entsprechende Auto eben nicht als Sportwagen. Diese in unserem Gedächtnis gespeicherten Bilder nennt die Forschung *Prototypen*. Solche Prototypen sind sozusagen die besten Beispiele für den jeweiligen Sachverhalt: Das prototypische Haus ist das beste Beispiel für ein Haus, das wir uns vorstellen können, die prototypisch hübsche Person ist das beste Beispiel für Schönheit – und wenn wir diesem Beispiel nahekommen, betrachten wir uns selbst auch als hübsch.

Sie merken an diesen Beispielen, dass man oft nicht eindeutig sagen kann, ob etwa ein Gebäude ein Haus oder eine Hütte, ob ein Auto eher ein Sportwagen oder eine Limousine ist. Die Grenzen sind fließend, und es hängt davon ab, wie ähnlich die zu beurteilenden Sachverhalte dem entsprechenden Prototyp sind. Je näher sie ihm kommen, je mehr Gemeinsamkeiten beide haben, desto sicherer sind wir uns.

So gehen wir auch vor, wenn wir beurteilen, wie gut eine Beziehung ist – sei es unsere eigene oder auch die anderer Personen. Wir vergleichen unsere Beziehung mit dem Prototyp einer guten Beziehung, mit der besten Beziehung, die wir uns vorstellen können. Je näher unsere Beziehung diesem mentalen Leitbild kommt, desto positiver bewerten wir sie und desto zufriedener sind wir mit ihr. Es ist letztlich dieser Vergleich einer konkreten Beziehung mit dem in unserer Vorstellung gespeicherten Prototyp einer guten Beziehung, der dafür ausschlaggebend ist, wie zufrieden wir mit unserer Beziehung sind.

Die vier Säulen einer guten Beziehung

Aber wie sieht die prototypische gute Beziehung aus? Ich habe diese Frage in meiner Forschung in den letzten 15 Jahren systematisch beleuchtet. Mehrere Tausend Personen wurden gebeten, die Merkmale anzugeben, die für sie eine gute Beziehung charakterisieren. Ein wesentliches Ergebnis meiner Forschung ist, dass man die typische gute Beziehung anhand einer Liste von nur 40 Merkmalen beschreiben kann. Die meisten Personen finden, dass für eine gute Beziehung *Vertrauen* und *Liebe*, auch *sich aufeinander freuen*, *Ehrlichkeit und aufeinander eingehen* besonders wichtig sind. Als weniger wichtig erachten sie dagegen, dass man *zugunsten des anderen auch zurückstecken muss*, dass man den *Haushalt zusammen macht, möglichst viel Zeit miteinander verbringt,* dass man sich auch *einmal streiten* kann oder gar *unterschiedliche Interessen hat.* Mittelmäßig wichtig finden es die meisten, sexuell zufrieden zu sein, *Spaß miteinander zu haben* und *sexuell zu harmonieren.*

Ein weiteres Ergebnis meiner Forschung ist, dass sich diese 40 Einzelmerkmale letztlich zu vier Säulen einer guten Beziehung zusammenfassen lassen – Intimität, Übereinstimmung, Unabhängigkeit und Sex. Diese Komponenten bilden das tragende Gerüst einer guten Beziehung. Sie variieren aber in ihrer Wichtigkeit.

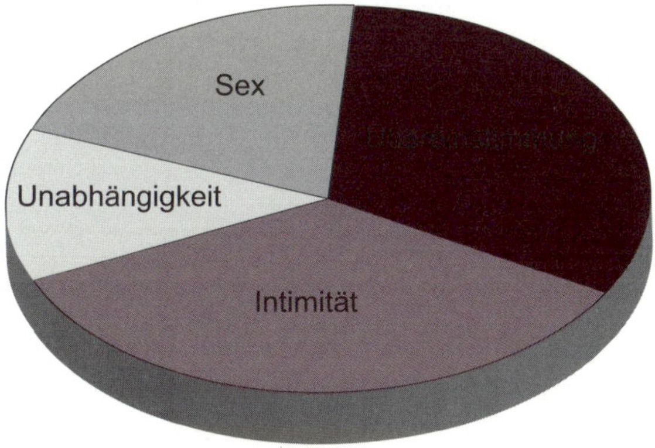

Abbildung 6.1: Intimität, Übereinstimmung, Sex und Unabhängigkeit sind die tragenden Säulen einer guten Beziehung

Intimität ist nach meinen Ergebnissen die wichtigste Komponente einer guten Beziehung, wobei es nicht um sexuelle Intimität im umgangssprachlichen Sinne geht, sondern um emotionale Nähe, Vertrautheit und Geborgenheit, die man in einer Beziehung empfindet. Intimität hilft uns, den anderen besser zu verstehen, und ermöglicht es, uns in den Partner hineinzuversetzen. Intimität ist das, was unsere Paarbeziehung zu etwas Besonderem werden lässt und sie von anderen Beziehungen unterscheidet. Vertrauensvolle enge Beziehungen geben uns Halt und helfen uns, unser Leben zu meistern.

Ähnlich wichtig ist die Komponente **Übereinstimmung**. Dazu zählen Aspekte wie *gemeinsame Ziele* und *gemeinsame Freunde* zu haben. Gleich und Gleich gesellt sich eben gern, wie wir schon in Kapitel 5 gesehen haben. Ehepartner nehmen sich nicht nur als ähnlicher wahr, sondern sind sich auch tatsächlich in vielen Aspekten ähnlicher als zufällig zusammengestellte Paare. Ähnlichkeit und Übereinstimmung helfen uns, eine sichere Meinung über unsere Umwelt zu entwickeln, besonders dann, wenn es eigentlich keine objektive Basis gibt, an der wir unsere Meinung festmachen können. Eben frei nach dem Motto: Was zwei meinen, kann nicht falsch sein. Die Wissenschaft spricht in diesem Fall von der »Validierung durch Übereinstimmung«, also der Überprüfung und Bestätigung der eigenen Meinung durch die Meinung des anderen. Übereinstimmung erleichtert aber auch ganz schlicht die Koordination des menschlichen Miteinanders. Wenn zwei Menschen gerne ihren Urlaub faul am Strand verbringen, ist das eben mit weniger Aufwand und weniger Zugeständnissen verbunden, als wenn einer von beiden lieber ausgiebig Sightseeing machen möchte. Und sind beide der Meinung, dass die Trennung des anfallenden Mülls im Haushalt wichtig für die Umwelt ist, gibt es auch dort weniger Reibungspunkte.

Unabhängigkeit – etwa *eigene Freunde zu haben* und seine *Individualität zu bewahren* – und **Sexualität** – dazu zählt die *sexuelle Zufriedenheit* und *sexuelle Harmonie* – sind nicht ganz so tragend für eine gute Beziehung wie Intimität und Übereinstimmung. Nichtsdestotrotz sind sie für eine ausgewogene Beziehung unverzichtbar. Die Bedeutung von Sex liegt auf der Hand und bedarf keiner weiteren Erläuterung. Unabhängigkeit hingegen ist eine Komponente einer guten Beziehung, die vielleicht den einen oder anderen verwundert. Ist nicht oft der Wunsch »eins mit dem Partner sein zu wollen und alles mit ihm zu teilen« ein Ausdruck höchster Liebe? Nur bedingt. Denn wir alle brauchen gewisse Freiräume, Rückzugsmöglichkeiten und möchten zumindest teilweise tun und lassen können, was wir wollen.

Ich habe mich natürlich auch gefragt, ob die Vorstellungen, was eine gute Beziehung ausmacht, von Person zu Person variieren oder ob alle dasselbe Ideal von einer guten Beziehung teilen. Ich habe deswegen Männer und Frauen, Junge und Alte, Studenten, Berufstätige und Rentner, Frischverliebte, solche, die schon lange eine Beziehung hatten, solche, die mit ihrer Beziehung sehr zufrieden waren, und solche, die sich mit Trennungsgedanken getragen haben, Deutsche, Brasilianer, Polen, Ungarn, Griechen, Italiener, Kanadier und noch viele mehr befragt – und immer wieder das Gleiche festgestellt. Die Befragten stimmen im Wesentlichen in den Merkmalen, die sie für eine gute Beziehung als wichtig erachten, überein. Natürlich gibt es auch einige Unterschiede, etwa dass Männer mehr Wert auf Sex legen als Frauen oder dass für Frauen Unabhängigkeit wichtiger als für Männer ist. Und es gibt auch einige überraschende Unterschiede zwischen den Kulturen, etwa den, dass in Griechenland als einzigem Land von den zahlreichen, die ich untersucht habe, Frauen mehr Wert auf Sex legen als Männer.[7]

Unzufrieden sind wir mit einer Beziehung aus unterschiedlichen Gründen: Dem einen fehlt es an emotionaler Nähe, dem anderen an Unabhängigkeit. Wenn Sie genau wissen wollen, wo die Stärken und Schwächen in Ihrer Beziehung liegen, bearbeiten Sie den Test »Die ideale Beziehung«.

Test 6.2 Die ideale Beziehung

Wo liegen die Stärken und Schwächen Ihrer Beziehung? Dieser Test hilft Ihnen, die Qualität Ihrer Beziehung zu ermitteln. Durch 40 Merkmale charakterisieren Sie Ihre Beziehung. Kreuzen Sie an, in welchem Ausmaß das jeweilige Merkmal auf Ihre Beziehung zutrifft.

	Ist in meiner Beziehung								
1. Gegenseitig zuhören	überhaupt nicht vorhanden	1	2	3	4	5	6	7	sehr stark vorhanden
2. Körperkontakt	überhaupt nicht vorhanden	1	2	3	4	5	6	7	sehr stark vorhanden
3. Gefühle zeigen	überhaupt nicht vorhanden	1	2	3	4	5	6	7	sehr stark vorhanden
4. Flexibilität	überhaupt nicht vorhanden	1	2	3	4	5	6	7	sehr stark vorhanden
5. Ähnliche Interessen	überhaupt nicht vorhanden	1	2	3	4	5	6	7	sehr stark vorhanden

7 Hassebrauck & Fehr, 2002; Hassebrauck et al., 2008

6. Individualität bewahren	überhaupt nicht vorhanden	1	2	3	4	5	6	7	sehr stark vorhanden
7. Eigene Freunde	überhaupt nicht vorhanden	1	2	3	4	5	6	7	sehr stark vorhanden
8. Miteinander reden	überhaupt nicht vorhanden	1	2	3	4	5	6	7	sehr stark vorhanden
9. Rücksichtnahme	überhaupt nicht vorhanden	1	2	3	4	5	6	7	sehr stark vorhanden
10. Freiräume haben und geben	überhaupt nicht vorhanden	1	2	3	4	5	6	7	sehr stark vorhanden
11. Akzeptieren des anderen	überhaupt nicht vorhanden	1	2	3	4	5	6	7	sehr stark vorhanden
12. Harmonie	überhaupt nicht vorhanden	1	2	3	4	5	6	7	sehr stark vorhanden
13. Verständnis	überhaupt nicht vorhanden	1	2	3	4	5	6	7	sehr stark vorhanden
14. Aufeinander eingehen	überhaupt nicht vorhanden	1	2	3	4	5	6	7	sehr stark vorhanden
15. Offenheit	überhaupt nicht vorhanden	1	2	3	4	5	6	7	sehr stark vorhanden
16. Unabhängigkeit	überhaupt nicht vorhanden	1	2	3	4	5	6	7	sehr stark vorhanden
17. Über alles sprechen	überhaupt nicht vorhanden	1	2	3	4	5	6	7	sehr stark vorhanden
18. Gemeinsame Freizeitgestaltung und Unternehmungen	überhaupt nicht vorhanden	1	2	3	4	5	6	7	sehr stark vorhanden
19. Vertrauen	überhaupt nicht vorhanden	1	2	3	4	5	6	7	sehr stark vorhanden
20. Füreinander da sein	überhaupt nicht vorhanden	1	2	3	4	5	6	7	sehr stark vorhanden
21. Aufmerksamkeit dem anderen gegenüber	überhaupt nicht vorhanden	1	2	3	4	5	6	7	sehr stark vorhanden
22. Geborgenheit	überhaupt nicht vorhanden	1	2	3	4	5	6	7	sehr stark vorhanden

23. Einfühlungsvermögen	überhaupt nicht vorhanden	1	2	3	4	5	6	7	sehr stark vorhanden
24. Zuneigung	überhaupt nicht vorhanden	1	2	3	4	5	6	7	sehr stark vorhanden
25. Gemeinsame Ziele	überhaupt nicht vorhanden	1	2	3	4	5	6	7	sehr stark vorhanden
26. Diskussionsbereitschaft	überhaupt nicht vorhanden	1	2	3	4	5	6	7	sehr stark vorhanden
27. Interesse am anderen	überhaupt nicht vorhanden	1	2	3	4	5	6	7	sehr stark vorhanden
28. Liebe	überhaupt nicht vorhanden	1	2	3	4	5	6	7	sehr stark vorhanden
29. Gegenseitige Achtung und Respekt	überhaupt nicht vorhanden	1	2	3	4	5	6	7	sehr stark vorhanden
30. Zärtlichkeit	überhaupt nicht vorhanden	1	2	3	4	5	6	7	sehr stark vorhanden
31. Sicherheit	überhaupt nicht vorhanden	1	2	3	4	5	6	7	sehr stark vorhanden
32. Toleranz	überhaupt nicht vorhanden	1	2	3	4	5	6	7	sehr stark vorhanden
33. Sexuelle Zufriedenheit	überhaupt nicht vorhanden	1	2	3	4	5	6	7	sehr stark vorhanden
34. Gleichberechtigung	überhaupt nicht vorhanden	1	2	3	4	5	6	7	sehr stark vorhanden
35. Wenig Streitereien	überhaupt nicht vorhanden	1	2	3	4	5	6	7	sehr stark vorhanden
36. Gemeinsame Freunde	überhaupt nicht vorhanden	1	2	3	4	5	6	7	sehr stark vorhanden
37. Ehrlichkeit	überhaupt nicht vorhanden	1	2	3	4	5	6	7	sehr stark vorhanden
38. Ähnliche Überzeugungen und Werte	überhaupt nicht vorhanden	1	2	3	4	5	6	7	sehr stark vorhanden
39. Sexuelle Harmonie	überhaupt nicht vorhanden	1	2	3	4	5	6	7	sehr stark vorhanden
40. Selbstständigkeit	überhaupt nicht vorhanden	1	2	3	4	5	6	7	sehr stark vorhanden

Auswertung	
Werten Sie Ihre Antworten für die vier Komponenten einer guten Beziehung getrennt aus: Addieren Sie die Werte, die Sie bei den Merkmalen angekreuzt haben, und tragen Sie die Summe unten ein.	
Intimität	
Addieren Sie die Werte der Fragen 1, 3, 8, 9, 11, 13, 14, 15, 17, 19, 20, 21, 22, 23, 27, 27, 28, 29, 30, 37 und tragen Sie die Summe hier ein:	
Übereinstimmung	
Addieren Sie die Werte der Fragen 5, 12, 18, 25, 31, 35, 36, 38 und tragen Sie die Summe hier ein:	
Unabhängigkeit	
Addieren Sie die Werte der Fragen 4, 6, 7, 10, 16, 26, 32, 34, 40 und tragen Sie die Summe hier ein:	
Sexualität	
Addieren Sie die Werte der Fragen 2, 33, 39 und tragen Sie die Summe hier ein:	

Wie gut ist Ihre Beziehung?

Wie gut Ihre Beziehung in Ihren Augen letztlich ist, ist ein sehr subjektives Phänomen. Mancher ist so anspruchsvoll, dass es nahezu keine Beziehung gibt, die seine Erwartungen erfüllen wird. Wir können Ihnen hier aber Informationen darüber geben, wie gut Ihre Beziehung im Vergleich zu den Beziehungen der zahlreichen Personen ist, die wir mittlerweile untersucht haben.

Die vier Beziehungsthermometer zeigen Ihnen, wie Ihre Beziehung relativ zu anderen abschneidet. Vergleichen Sie dabei jeweils den Punktwert, den Sie für Intimität, Übereinstimmung, Unabhängigkeit und Sexualität ermittelt haben, mit den entsprechenden Werten auf den Thermometern. Liegen Sie im mittleren Bereich, etwa bei Wert 17 der Sex-Komponente, heißt das, dass Ihre Beziehung im Hinblick auf die jeweilige Komponente durchschnittlich ausgeprägt ist. Durchschnittlich bedeutet in diesem Fall nicht mittelmäßig, sondern nur, dass sehr viele Menschen ihre Beziehung in diesem Aspekt so bewertet haben, wie Sie es getan haben – und die meisten Menschen sind mit ihrer Beziehung

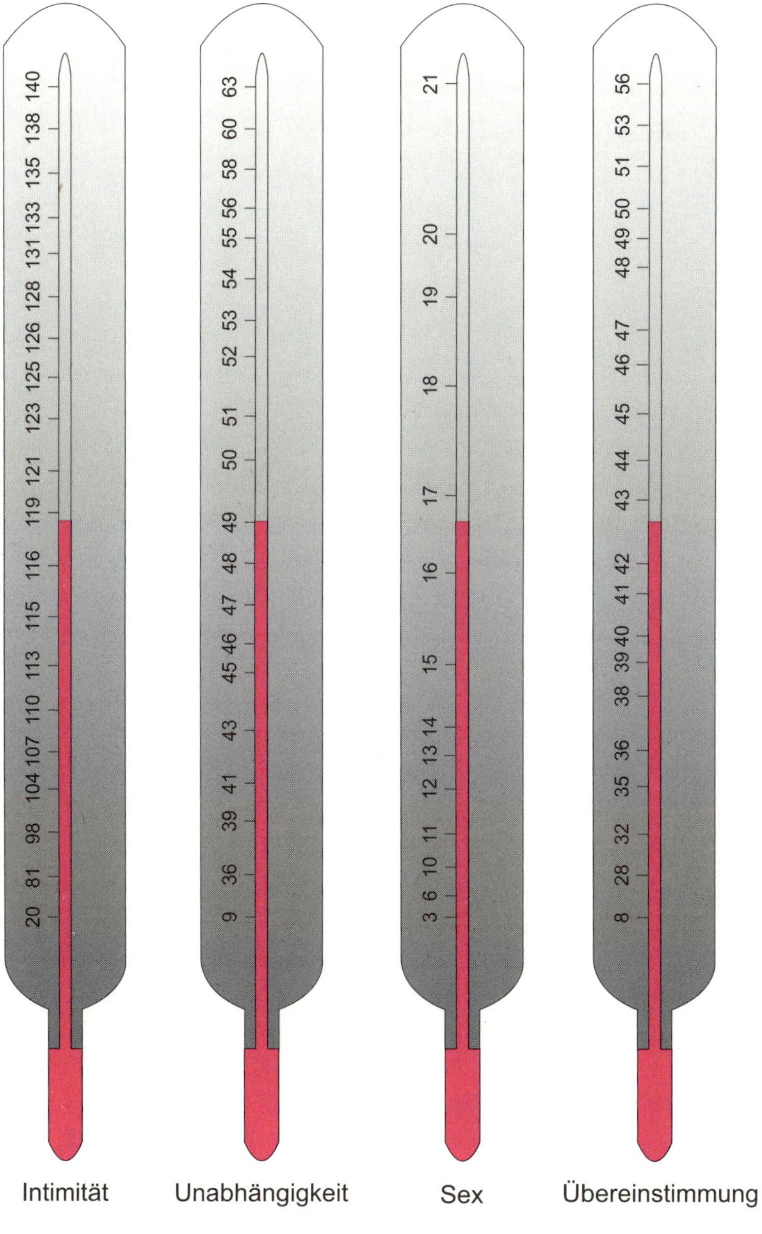

Abbildung 6.2: Diese Beziehungsthermometer helfen Ihnen, die Qualität Ihrer Beziehung zu messen

eher zufrieden als unzufrieden. Je weiter sich Ihr Punktwert nach unten bewegt, desto weniger stark ist diese Komponente in Ihrer Beziehung im Vergleich zu den Beurteilungen anderer Menschen ausgeprägt. Je weiter Sie im oberen Bereich liegen, desto stärker und damit positiver ist der entsprechende Punkt in Ihrer Beziehung vorhanden. Vergleichen Sie nach Möglichkeit Ihre Einschätzung auch mit der Ihres Partners. Wenn Sie große Diskrepanzen feststellen, sei es, dass Sie eine Komponente der Beziehungsqualität positiver oder auch negativer als Ihr Partner oder Ihre Partnerin einschätzen, versuchen Sie gemeinsam mit ihm oder ihr, die Ursachen für diese Unterschiede in der Einschätzung zu finden.

Wovon das Glück in der Beziehung abhängt: Determinanten der Beziehungszufriedenheit

Seit mehr als 80 Jahren erforschen Wissenschaftler unterschiedlichster Disziplinen, wovon es abhängt, dass manche Menschen mit ihrer Beziehung zufriedener sind als andere, dass manche Beziehungen beendet werden und andere über einen langen Zeitraum stabil sind. Die Ergebnisse von Tausenden von Studien zeigen, dass sich drei große Gruppen von Einflussfaktoren auf die Qualität einer Paarbeziehung auswirken (vgl. Abb. 6.3).

Auf den ersten Blick überraschend ist, dass sich auch soziale und demografische Aspekte auf eine Beziehung auswirken. Paare, die auf dem Land leben, sind beispielsweise mit ihren Beziehungen zufriedener als solche, die in Städten leben. Und auch Geld trägt zur Beziehungszufriedenheit bei. »Geld macht zwar nicht glücklich«, meint der Volksmund, aber finanzielle Probleme sind eine häufige Ursache von Streit und Konflikten, und so ist es erklärbar, dass ärmere Menschen oft auch mit ihren Beziehungen weniger zufrieden sind. Viele Menschen freuen sich am Ende ihrer Berufstätigkeit auf die Zeit als Rentner und träumen davon, dann endlich genügend Gelegenheit zu haben, all das zu machen, was sie sonst wegen mangelnder Zeit nie machen konnten. Der Übergang ins Rentenalter hat aber zahlreiche Schattenseiten. Über lange

Jahre aufgebaute Gleichgewichtszustände können ins Wanken geraten und sowohl die Frauen als auch die Männer sind plötzlich mit ihrer Beziehung unzufrieden.

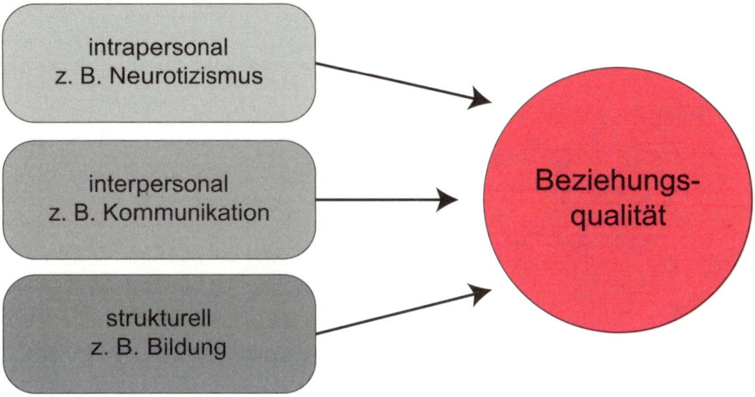

Abbildung 6.3: Von diesen drei Aspekten hängt die Qualität einer Paarbeziehung ab

Die wohl stärkste Veränderung der Struktur einer Beziehung ist die Geburt des ersten Kindes, der Übergang vom Paar zur Familie. Viele Paare sind danach aber entgegen ihren Erwartungen weniger zufrieden als vorher. Vor allem die Frauen sind nach der Geburt weniger zufrieden als vorher.[8] Während sie in der Zeit der Schwangerschaft ein besonders intensives Gemeinsamkeitsgefühl mit ihrem Partner erleben und beide zusammen Pläne im Hinblick auf ihre künftige Familie schmieden, die auch die beabsichtigte Form der Aufteilung der dann anfallenden Hausarbeit und Kinderbetreuung betreffen, sehen sich die meisten Frauen nach der Geburt des ersten Kindes mit einer Realität konfrontiert, die ihren Erwartungen widerspricht. Vor allem diese nicht erfüllten Erwartungen auf die nicht stattfindende Aufteilung der anfallenden Aufgaben sind für den deutlichen Rückgang der Beziehungszufriedenheit der Frauen verantwortlich.

[8] Hackel & Ruble, 1992

Viel wichtiger für eine glückliche Beziehung als diese sozialen Faktoren sind allerdings *interpersonale* Einflussgrößen, also all die Aspekte, die nur im spezifischen Zusammenwirken mit entsprechenden Merkmalen des Partners Konsequenzen für die Beziehung haben. So ist es für eine Beziehung völlig irrelevant, ob jemand gerne Golf spielt oder lieber ins Theater geht. Wenn aber zwei nicht darin übereinstimmen, was sie in ihrer Freizeit machen möchten, dann wirkt sich das negativ auf die Beziehung aus. In Kapitel 5 habe ich das teils schon erwähnt. Neben der Ähnlichkeit von Einstellungen und Interessen ist die Kommunikation ein wichtiger Pfeiler einer guten Beziehung.[9] Glückliche Paare reden nicht nur häufiger miteinander, sie kommunizieren auch anders. Unzufriedene widersprechen sich häufiger, fallen sich ins Wort oder machen sarkastische Bemerkungen. Glückliche Paare sprechen häufiger über persönliche Dinge, geben auch mehr von sich preis und erwidern das Gesprächsverhalten ihrer Partner mehr. Gute Kommunikation ist das, was eine Beziehung am Leben hält.

Und die Persönlichkeit ...

... zählt die nicht? Natürlich ist auch die Persönlichkeit für den Erfolg einer Beziehung wichtig. Das fängt schon damit an, wie wir das Verhalten unserer Liebsten erklären. Attributionsstil nennt das die Wissenschaft.

Ihr Partner bringt ganz unerwartet einen großen Strauß roter Rosen mit. Warum?, fragen Sie sich vielleicht. Er ist eben nett und möchte Ihnen eine Freude machen, denken Sie. Heute sind es Rosen, beim nächsten Mal vielleicht die Einladung zu einem Candle-Light-Dinner. Ist doch wunderbar! Menschen, die so denken, haben einen positiven, beziehungsstabilisierenden Attributionsstil. Positive Verhaltensweisen erklären sie damit, dass er oder auch sie eben so ist, bei negativem Verhalten, das wir alle ja ab und an auch mal an den Tag legen, sehen Menschen, die so denken, eher die Umstände als verantwortlich an. Er hat eben einen schlechten Tag, vielleicht zu viel Stress an der Arbeit.

Vollkommen anders sehen die Erklärungsmuster von Menschen mit einem negativen, beziehungsschädigenden Attributionsstil aus. Macht der Mann et-

[9] Noller & Fitzpatrick, 1990

was Positives, fragt die Frau sich vielleicht, was er denn verbergen will. Hat er ein schlechtes Gewissen? Hat er dagegen schlechte Laune, liegt die Erklärung auch schnell auf der Hand. So ein Miesepeter, muss er immer nur rumnörgeln, denkt sie. Man kann den Erfolg einer Beziehung ziemlich gut auf der Grundlage dieser Attributionsstile vorhersagen. Leider wenden manche Menschen überwiegend beziehungsschädigende Erklärungen an.

Sind Sie oft gereizt, ängstlich, schwankt Ihre Stimmung schnell, fühlen Sie sich leicht angegriffen und verletzt? Wenn das auf Sie zutrifft, haben Sie vielleicht eine erhöhte Ausprägung des Persönlichkeitsmerkmals, das die Psychologen *Neurotizismus* nennen, eine der grundlegenden Persönlichkeitseigenschaften überhaupt. Die Forschungsergebnisse zeigen, dass sich Neurotizismus negativ auf eine Beziehung auswirkt. Je neurotischer einer der beiden, desto größer das Trennungsrisiko.[10]

Aber erfreulicherweise gibt es auch Eigenschaften, die für Beziehungen sehr gut sind. Sind Sie vielleicht eine Person, der es gefällt, anderen emotional nahe zu sein? Fühlen Sie sich wohl, wenn Sie andere brauchen und auch selbst gebraucht werden? Und machen Sie sich wenig Sorgen darüber, alleine zu sein oder nicht akzeptiert zu werden? Wenn das auf Sie zutrifft, haben Sie einen sicheren Bindungsstil. Wir alle entwickeln schon in unserer frühen Kindheit – meist durch die Interaktion mit unseren Müttern – eine stabile Vorstellung davon, ob und unter welchen Umständen wir uns auf andere verlassen können. Der Entwicklungspsychologe John Bowlby nennt das ein inneres Arbeitsmodell von Beziehungen.[11] Die in der Kindheit entstandenen Vorstellungen beeinflussen auch die Beziehungen, die wir als Erwachsene haben. Sicher gebundene Menschen fühlen sich in Paarbeziehungen wohler als Menschen mit unsicheren Bindungsstilen.[12] Sie genießen emotionale Nähe und haben wenig Angst vor Trennung.

---

[10] Kelly & Conley, 1987
[11] Bowlby, 1969
[12] Hazan & Shaver, 1987

Romantische Männer und realistische Frauen

Frauen können nicht einparken – und Männer nicht zuhören, Männer sind vom Mars und Frauen von der Venus. Die Buchhandlungen sind voll mit Büchern, die Plattitüden über den kleinen Unterschied, den sie zu einem großen aufbauschen, verbreiten. Wenn man sich wissenschaftlich mit Beziehungen befasst, stellt sich zwangsläufig die Frage, ob und inwiefern sich Frauen und Männer in ihren Vorstellungen von einer guten Beziehung unterscheiden. Obwohl es insgesamt viele Gemeinsamkeiten zwischen den Geschlechtern gibt, konnte ich auch einige systematische Unterschiede beobachten.

Männer (wen wundert's?) machen eine gute Beziehung mehr an Sex und Körperkontakt fest, als Frauen dies tun. Dabei haben sie auch ein viel engeres Verständnis von Sex. Während für Frauen Sex auch mit Bindung, Liebe, Treue und Vertrauen zusammenhängt, reduzieren Männer Sex auf die körperlichen und physiologischen Aspekte.[13]

Frauen achten umgekehrt mehr auf Kommunikation und Gegenseitigkeit, aber auch darauf, dass man etwas gemeinsam tut (auch die Hausarbeit). Insgesamt verfügen sie über eine größere Sensibilität für Zwischenmenschliches. Sie können zwischenmenschliche Signale besser entschlüsseln und das Ausdrucksverhalten anderer zutreffend interpretieren.[14] Kein Wunder, dass sie auch früher als ihre Männer merken, wenn in der Beziehung etwas nicht stimmt, und zudem besser Täuschung und Betrug in der Beziehung erkennen.[15] Sie sprechen die Probleme auch eher an.

Was ich in meiner Forschung immer wieder feststellen kann, ist, dass Frauen beziehungsrelevante Informationen schneller und genauer verarbeiten – so als ob sie ganz spezifische, auf die Verarbeitung von Beziehungsinformationen spezialisierte kognitive Fähigkeiten besäßen. So kann ich beispielsweise

---

13 Schwarz, Hassebrauck & Dörfler, in Druck
14 Hall & Bernieri, 2001
15 McCornack & Parks, 1990

auf der Grundlage der Einschätzungen von Frauen viel besser vorhersagen, ob eine Beziehung Bestand haben wird, als auf der Grundlage der Einschätzungen von Männern. Der Fall, dass ein Mann nach Hause kommt und überrascht seine Wohnung leer vorfindet, weil seine Frau inzwischen ausgezogen ist, scheint nicht so unplausibel zu sein. In der Forschung spricht man daher manchmal auch etwas salopp von Frauen als den besseren Barometern der Beziehungsentwicklung. Männer sind – entgegen der landläufigen Meinung – eher romantisch verklärt und im Hinblick auf ihre Beziehung unrealistischer. Das ist ein Ergebnis, das sich in den letzten 40 Jahren immer wieder in der Beziehungsforschung gezeigt hat. Woran mag es aber liegen, dass Frauen realistischer und Männer romantischer sind?

Eine mögliche Ursache dafür lässt sich in den unterschiedlichen gesellschaftlichen und ökonomischen Bedingungen finden, denen Männer und Frauen ausgesetzt sind. Immer noch sind Frauen in ökonomischer Hinsicht meist stärker von Männern abhängig als umgekehrt. Diese stärkere Abhängigkeit bringt es mit sich, dass Frauen auch mehr zu verlieren haben, wenn eine Beziehung beendet wird. Bei Gericht stapeln sich die Verfahren, in denen es darum geht, dass Männer ihren finanziellen Verpflichtungen nach einer Trennung nicht nachkommen. Eine realistische und mitunter auch pragmatische Sicht auf die eigene Beziehung, die sich den »Luxus, romantisch zu sein« nicht leisten kann, ist somit verständlich. Für diese Erklärung spricht, dass, im Vergleich zu den 1960er-Jahren, Frauen heute dem Verliebtsein eine weit größere Bedeutung beimessen, wenn es ums Heiraten geht – offenbar können sich die Frauen heute mehr Romantik leisten. Hinweise finden sich auch in den Gründen, die Männer und Frauen angeben, wenn sie eine Beziehung beendet haben. Die amerikanische Kommunikationswissenschaftlerin Leslie Baxter analysierte die Gründe für das Beenden von Paarbeziehungen. Männer nannten erheblich häufiger als Frauen »fehlende Romantik« als Trennungsgrund.[16]

Ich habe einen Fragebogen entwickelt (Test 6.3), um zu messen, wie oft Männer und Frauen über ihre Beziehung nachdenken, und unsere Ergeb-

16 Baxter, 1986

nisse spiegeln genau das vertraute Muster wider. Frauen reden insgesamt häufiger über ihre Beziehung und fragen sich auch öfter, wohin sich diese entwickelt.

Test 6.3 Wie oft man über die eigene Beziehung nachdenkt									
1. Wie oft denken Sie über Ihre Beziehung nach?	sehr selten	1	2	3	4	5	6	7	sehr oft
2. Wie oft machen Sie sich Sorgen über Ihre Beziehung?	sehr selten	1	2	3	4	5	6	7	sehr oft
3. Wie oft reden Sie mit Freunden oder Bekannten über Ihre Beziehung?	sehr selten	1	2	3	4	5	6	7	sehr oft
4. Wie oft reden Sie mit Ihrem/r Partner/in über Ihre Beziehung?	sehr selten	1	2	3	4	5	6	7	sehr oft
5. Wie viel Zeit verbringen Sie damit, über Ihre Beziehung nachzudenken?	sehr wenig	1	2	3	4	5	6	7	sehr viel

Auswertung
Mit diesem Fragebogen haben wir ermittelt, wie sehr Frauen und Männer über ihre Beziehung nachdenken. Vergleichen Sie Ihre Antworten mit denen Ihres/r Partners/in oder denen eines Freundes oder einer Freundin.

Das evolutionäre Erbe

Der Grund für die Unterschiede von Männern und Frauen in der Verarbeitung von Informationen, die etwas mit Beziehungen zu tun haben, könnte in unserer evolutionären Vergangenheit liegen. Menschen investieren – wie die meisten Säugetiere – viel in ihre Nachkommen. Sie investieren Zeit, Kraft, Energie und ihre Gesundheit. Doch sind die Lasten nicht gleich auf Männer und Frauen verteilt. Für Männer ist – zumindest theoretisch – den Investitionen mit Vollzug eines Sexualaktes Genüge getan, während Frauen, die die Kinder austragen, gebären und traditionellerweise stillen, einen deutlich höheren Teil der *elterlichen Investitionen* tragen, wie es der Biologe Robert Trivers ausdrückt.[17] Entstehen hohe Kosten, wächst allerdings auch die Gefahr von Fehlinvestitionen. Das Risiko, eine »Niete zu ziehen« und schwanger sitzen gelassen zu werden, ist recht groß. Strategien zur Vermeidung von Fehlinvestitionen und Risiken sind fest im »psychologischen Programm« von Frauen verankert, wenn es darum geht, einen Partner zu wählen. Und dieses Programm beeinflusst auch die Art und Weise, wie wir unsere Beziehung sehen.

Da Frauen im Falle einer Schwangerschaft erheblich mehr in den Nachwuchs investieren müssen als Männer, sind sie, wie ich schon in Kapitel 2 gezeigt habe, insgesamt wählerischer und kritischer als Männer, was ihre Partnerwahl und ihre Beziehungen betrifft. Dies trifft umso mehr auf die Tage im Monat zu, an denen die Wahrscheinlichkeit einer Schwangerschaft hoch ist. Ich habe daher genauer erforscht, wie sich der weibliche Menstruationszyklus auf die Bewertung der Beziehung auswirkt. Frauen im Alter zwischen 19 und 38 Jahren, die in festen Partnerschaften leben, haben angegeben, in welchem Ausmaß Merkmale, die typisch für eine gute Paarbeziehung sind, in ihrer Beziehung vorhanden sind und wie zufrieden sie insgesamt mit dieser sind. Zum Schluss sollten die Frauen mitteilen, wann sie ihre letzte Menstruation hatten und wie lange ihr Zyklus üblicherweise dauert. Bei einem regelmäßigen 28-Tage-Zyklus liegen die fruchtbaren Tage einer Frau ungefähr zwischen dem 8. und 14. Tag. Bedingung war, dass keine der Frauen die Pille nimmt, da diese in den normalen Zyklusverlauf eingreift und den Eisprung – und damit die fruchtbare Phase – unterdrückt.[18]

Während ihrer fruchtbaren Tage waren die Frauen nicht nur kritischer, was die Beurteilung ihrer Beziehung angeht, sie bewerteten auch in dieser Zyklusphase bestimmte Merkmale anders als sonst. Das wohl Auffälligste ist die Verschiebung der Wichtigkeit von Sex und Unabhängigkeit. Während der fruchtbaren Tage ist für Frauen Sex erheblich wichtiger als während der unfruchtbaren Zeit. Sie sind dann umso zufriedener mit ihrer Beziehung, je besser der Sex ist. Umgekehrt verhält es sich mit dem Wunsch nach Unabhängig-

[17] Trivers, 1972
[18] Hassebrauck, 2003

keit. Er verliert gegenüber den unfruchtbaren Tagen in der fruchtbaren Phase des weiblichen Zyklus drastisch an Bedeutung. Dazu passt, dass sich auch die Bedeutung von Übereinstimmung ändert. Sie ist während der fruchtbaren Tage für Frauen höher als während der übrigen Zeit.

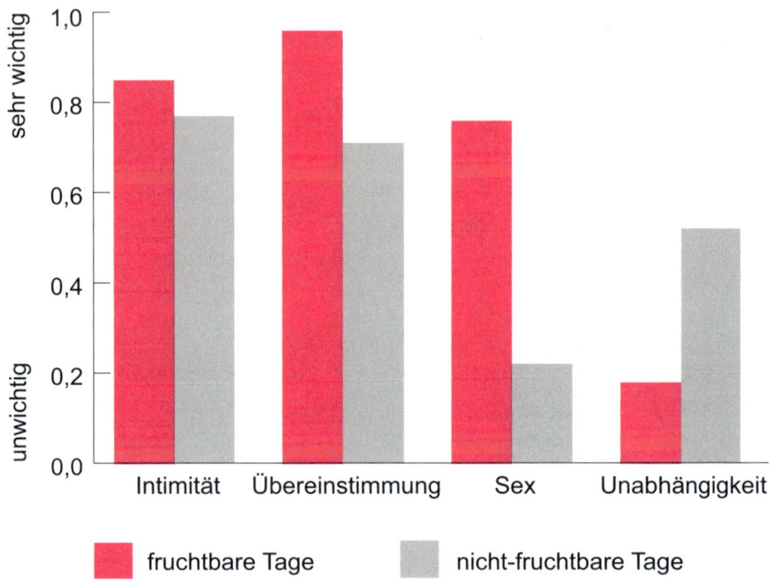

Abbildung 6.4: Während der kritischen Tage ist alles anders: Während der fruchtbaren Tage achten Frauen mehr auf Übereinstimmung und Sex als sonst, während der nicht-fruchtbaren Tage ist ihnen Unabhängigkeit wichtiger

In den fruchtbaren Tagen kritischer zu sein, heißt aber nicht, mehr Kritik zu üben oder gar schlechtere Laune zu haben. Es bedeutet, die eigene Beziehung und den Partner sorgfältiger und gründlicher zu betrachten. Das kann durchaus dazu führen, dass Frauen die positiven Seiten des Partners klarer erkennen, die sie vielleicht ansonsten im Alltagsstress übersehen.

Evolutionär betrachtet ist dieses Muster durchaus sinnvoll. Unsere weiblichen Vorfahren, die während der »gefährlichen« Tage ihres Zyklus nicht besonders wählerisch waren und den erstbesten Mann mit in die heimische Höhle nahmen, trugen eben auch das Risiko, auf Männer zu treffen, die krank, schwach oder weniger intelligent als andere waren. Oder solche, die sich am nächsten Morgen auf und davon machten und die möglicherweise geschwängerte Frau sitzen ließen. Viele der unter diesen Bedingungen gezeugten Kinder hatten vermutlich geringere Überlebenschancen. Mehr Glück hatten hingegen wohl die Frauen, die während der fruchtbaren Tage besonders kritisch waren. Sie ergatterten mit größerer Wahrscheinlichkeit Männer, die nicht nur verlässlich und willens, sondern auch in der Lage waren, sich um Frau und potenzielle Nachkommen zu kümmern.

Heute verschafft das geschärfte Beurteilungsvermögen während der kritischen Tage den Frauen keinen unmittelbaren evolutionären Vorteil mehr, gibt es doch genügend Möglichkeiten, den Zeitpunkt einer Schwangerschaft selbst zu bestimmen. Man muss sich allerdings vor Augen halten, dass sich solche psychologischen Programme im Laufe von vielen Tausend Jahren entwickelt haben. Auch wenn sie früher einmal nützlich waren, heißt das nicht, dass sie es auch heute noch sind. Wie dysfunktional unser evolutionäres Erbe mitunter sein kann, zeigt sich an nutzlosen oder gar gesundheitsschädlichen Vorlieben für bestimmte Nahrungsmittel. Wie in Zeiten, als der Mensch als bewegungsaktiver Jäger und Sammler auf der Suche nach fetter Beute durch die Savanne streifte und immer mit Nahrungsmittelmangel konfrontiert war, bevorzugt auch der heutige Mensch fette, süße, eiweißhaltige Nahrung, die in Zeiten von Nahrungsüberangebot und mangelnder Bewegung alles andere als gesund ist. Für unsere Vorfahren hatte diese Nahrungspräferenz aber durchaus ihren Sinn, und dieses Erbe steckt (leider) noch immer in uns.

Kapitel 7

Männer, Frauen und Hormone

Zu einer Beziehung gehört selbstverständlich auch Sex. Das ist es letzten Endes, was eine Freundschaft von einer Liebesbeziehung unterscheidet, und Sex ist, wie ich in Kapitel 6 beschrieben habe, eine der vier tragenden Säulen einer glücklichen Beziehung – wenngleich auch nicht die wichtigste.

116 Mal tun es die Deutschen angeblich pro Jahr.[1] Spitzenreiter nach Zahlen sind die Griechen (164 Mal). In Japan geht es dagegen ruhig zu (48 Mal). Vielleicht sind Japaner aber einfach nur ehrlicher und übertreiben nicht. Ehrliche Angaben im Hinblick auf das eigene Sexualleben sind nämlich keine Selbstverständlichkeit. Wie – wenn nicht mit geschönten Angaben – will man sonst erklären, dass Männer in Umfragen fast viermal so viele Sexualpartnerinnen angeben wie Frauen, wo doch die Anzahl von Männern und Frauen in der Bevölkerung nahezu identisch ist? Zum Sex gehören immer zwei, und jede neue Sexualpartnerin eines Mannes bedeutet auch einen neuen Sexualpartner für die Frau. Selbst wenn man Kontakte mit Prostituierten berücksichtigt und von der Zahl der unterschiedlichen Sexpartnerinnen der Männer abzieht, verringert das den vermeintlichen Unterschied zwischen Männern und Frauen nur geringfügig.[2]

---

1 Durex Report, 2007 (http://www.durex.com/de-DE/presse/Pages/DurexStudien.aspx)

2 Einon, 1994

Männer übertreiben, Frauen untertreiben. Das scheint zumindest einer der Gründe für diese statistische Merkwürdigkeit zu sein. Die Psychologen Michele Alexander und Terry Fisher stellten Frauen die Frage nach der Anzahl ihrer Sexualpartner gleich zweimal.[3] Im ersten Durchgang gaben die Frauen im Durchschnitt 2,6 Männer an. Beim zweiten Durchgang mussten die Probandinnen annehmen, sie seien an einen Lügendetektor angeschlossen (tatsächlich war es ein beeindruckend aussehender Apparat, der aber nicht funktionierte), und gleich stieg der Durchschnittswert auf 4,9 Sexpartner an. Es ist eben peinlich, beim Lügen erwischt zu werden. Da sagt man lieber gleich die Wahrheit, so die Erklärung der Psychologen. Durch gesellschaftliche Normen fühlen sich Frauen immer noch gezwungen, sich in sexueller Hinsicht zurückhaltender darzustellen, als sie es wirklich sind.

Unabhängig davon wenden Männer aber auch ganz andere Strategien als Frauen an, wenn sie die Frage nach der Anzahl ihrer Sexpartnerinnen beantworten. Frauen versuchen, sich an einzelne Männer zu erinnern, mit denen sie Sex hatten, und zählen sie. Eine verlässliche Strategie. Männer geben ungefähre Schätzungen ab. Und da Menschen beim Schätzen eine Tendenz zum Runden haben, werden aus 7 schnell 10 und aus 15 mal eben 20. Gut für das Ego des Mannes ist dieser Schätzfehler auch noch.

Warum haben wir Sex?

Sie finden die Frage vermutlich trivial. Weil Sex Spaß macht, ist die naheliegende Antwort, und letzten Endes aus biologischen Gründen, weil eben Sex der Fortpflanzung dient. Da die Frage so trivial erscheint, haben Wissenschaftler auch erst kürzlich begonnen, die Gründe für Sex zu erforschen.[4] 237 unterschiedliche Gründe nennen Männer und Frauen, warum sie Sex hatten, angefangen von »ich fühlte mich zu der Person hingezogen« (Platz 1 für Männer und Frauen), über »er war intelligent« (Platz 39 der Frauen), »sie konnte gut küssen« (Platz 39 der Männer) bis hin zu »ich wollte einen Job«,

3 Alexander & Fisher, 2003

4 Meston & Buss, 2007

»ich wollte jemandem einen Gefallen tun« oder »ich wollte jemanden verletzen«.

Die Forscher ermittelten nicht nur die Gründe für Sex, sondern auch, worin sich die Geschlechter unterscheiden. Der größte Unterschied liegt darin, dass Männer durch die Kleidung einer Frau viel stärker zu Sex animiert werden, als es umgekehrt der Fall ist. Frauen wissen das nur allzu gut und kleiden sich entsprechend sexy, wenn sie jemanden verführen wollen. Männer haben auch ein anderes Verständnis von Sex als Frauen. Erinnern Sie sich noch? »Ich hatte keine sexuelle Beziehung mit dieser Frau, Miss Lewinsky.« Das sagte der ehemalige Präsident der USA, Bill Clinton, am 26. Januar 1998 anlässlich einer Pressekonferenz des Weißen Hauses. War es nun Sex oder nicht? Nach Meinung der meisten Männer, die an unseren Studien teilgenommen haben, war es kein Sex.[5] Für Männer ist Sex nämlich körperliche Vereinigung, vaginale Penetration, wie es medizinisch heißt. Für Frauen gehört zum Sex sehr viel mehr. Vertrauen, Nähe, Zärtlichkeit, Leidenschaft und der Partner werden von Frauen in einem Atemzug mit Sex genannt. Bei Männern ist es mehr der Sextrieb, an den sie in diesem Kontext denken.

Die Männer …

scheinen permanent an Sex zu denken. 52 Prozent aller Befragten einer Studie gaben an, innerhalb der letzten fünf Minuten an Sex gedacht zu haben.[6] Und wenn sie an Sex denken, stellen sie sich vor, Sex in der Öffentlichkeit oder nackte Menschen um sich herum zu haben. Frauen denken manchmal an Sex mit Vorgesetzten oder daran, beim Sex beobachtet zu werden. Ihnen kommen beim Thema Sex aber auch unangenehme Gedanken in den Sinn, etwa Opfer sexueller Gewalt zu werden.

Kein Wunder also, wenn bei der allgegenwärtigen Verfügbarkeit sexueller Gedanken Männer dazu tendieren, mehrdeutiges Verhalten von Frauen in sexueller Hinsicht fehlzudeuten. Das kann schnell zu bösen Missverständnissen führen. »Date rape«, also Vergewaltigung während einer Verabredung,

---

5 Schwarz, Hassebrauck & Dörfler, in Druck

6 Okami & Shackelford, 2002

ist ein gar nicht so seltenes Ereignis. Die US-Forscherin Antonia Abbey bat junge Männer und junge Frauen, sich jeweils fünf Minuten lang zu unterhalten. Anschließend sollten sie einschätzen, wie sie das Gespräch und ihr Gegenüber empfanden. Deutlich wurde vor allem eins: Für die Männer war die Atmosphäre mit Sex beladen, die Frauen fanden lediglich, es sei einfach eine nette Unterhaltung gewesen. So schätzten beispielsweise die Männer ihre Gesprächspartnerin als wesentlich erotischer und verführerischer ein als umgekehrt die Frauen ihre männlichen Gesprächspartner. Die Männer fühlten sich wesentlich stärker von den Frauen sexuell angezogen als die Frauen von den Männern. Im Zweifel meint sie doch Ja, scheint die simple Devise der Männer zu sein. Meinungsverschiedenheiten über Sex gehören daher zu den häufigsten Ursachen von Konflikten zwischen Männern und Frauen. Frauen beklagen sich, dass Männer das Ausmaß der gewünschten Intimität überschätzen, während Männer genau das Gegenteil monieren.[7] So verwundert es auch nicht, dass Männer oft bedauern, eine Gelegenheit zum Sex nicht genutzt zu haben. Bei Frauen ist es umgekehrt. Wenn sie im Zusammenhang mit Sex etwas bedauern, dann, Sex mit dem Falschen gehabt zu haben.[8]

Die Beziehungsorientierung

Nicht nur die Geschlechter an sich unterscheiden sich in ihren sexuellen Gedanken und der gewünschten Häufigkeit von Sex; es gibt natürlich auch innerhalb der Geschlechter erhebliche Unterschiede. Manche lassen keine Gelegenheit ungenutzt, und andere sind sprichwörtlich treue Seelen. Menschen haben verschiedene Beziehungsorientierungen, wie meine Arbeitsgruppe festgestellt hat.[9] Dabei unterscheiden wir zwei Dimensionen: auf der einen Seite die Familienorientierung, auf der anderen Seite die Affärenorientierung. Familienorientierte Menschen möchten einen Partner, mit dem sie zusammen alt werden können, einen Menschen, der ihnen ein Gefühl von Sicherheit und Geborgenheit gibt und der mit Kindern umgehen kann. Affärenorientierte flirten gerne,

---

7 Patton & Mannison, 1995
8 Roese et al., 2006
9 Schwarz & Hassebrauck, 2007

hätten gerne viele Beziehungen, sind zu Sex mit unbekannten Personen bereit, sofern sie ihnen gefallen, und genießen einmalige sexuelle Affären. Wir haben in unserer Forschung festgestellt, dass diese beiden Aspekte einander nicht ausschließen, sondern voneinander unabhängig sind (vgl. Abb. 7.1.).

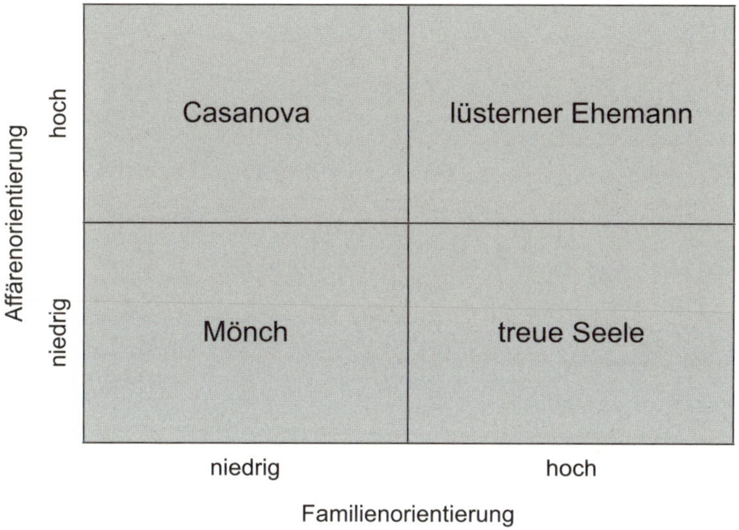

Abbildung 7.1: Die Beziehungsorientierung besteht aus zwei voneinander unabhängigen Dimensionen, der Familienorientierung und der Affärenorientierung. Durch die Kombination beider Aspekte ergeben sich die hier dargestellten vier Grundtypen.

Es kann also jemand gleichzeitig familienorientiert und affärenorientiert sein. Das ist der »lüsterne Ehemann«. Das krasse Gegenteil davon ist der »Mönch«, der weder dauerhafte Liebesbeziehungen noch Affären anstrebt. Der »Casanova«-Typ ist der typische Schürzenjäger, der kein Interessen an einer dauerhaften Beziehung hat, sondern möglichst viele Frauen erobern möchte. Und schließlich gibt es noch die familienorientierte »treue Seele«, die Affären völlig kalt lassen. (Die weiblichen Leserinnen mögen es mir verzeihen, wenn ich hier zur Verdeutlichung nur Männer als Beispiele gewählt habe. Natürlich unterscheiden sich Frauen ebenso in ihrer Familien- und Affärenorientierung wie die Männer.) Wenn Sie wissen möchten, was für ein Beziehungstyp Sie sind, gibt Ihnen unser Beziehungsorientierungstest die Antwort.

Test 7.1 Welcher Beziehungstyp sind Sie?

Bei den folgenden Aussagen geht es um Ihre Vorstellung von einer Beziehung. Diesen Aussagen können Sie mehr oder weniger zustimmen, oder Sie lehnen sie ab. Sie können das Ausmaß Ihrer Zustimmung oder Ablehnung dabei auf sieben Stufen durch Ankreuzen einer Zahl ausdrücken. Wenn Sie einer Aussage überhaupt nicht zustimmen, markieren Sie die 1, wenn Sie völlig zustimmen, markieren Sie die 7. Alle dazwischen liegenden Abstufungen sind ebenfalls möglich. Es gibt keine richtigen und falschen Antworten. Nur Ihre Meinung zählt.

Aussage									
1. Wenn ich den richtigen Partner gefunden habe, möchte ich mit ihm sesshaft werden.	stimme überhaupt nicht zu	1	2	3	4	5	6	7	stimme völlig zu
2. Es spricht für mich nichts dagegen, Sex mit einer fremden Person zu haben.	stimme überhaupt nicht zu	1	2	3	4	5	6	7	stimme völlig zu
3. Es ist mir bei einem Partner wichtig, dass dieser später einmal eine gute Mutter/ein guter Vater sein könnte.	stimme überhaupt nicht zu	1	2	3	4	5	6	7	stimme völlig zu
4. Ich möchte möglichst viele Beziehungen führen.	stimme überhaupt nicht zu	1	2	3	4	5	6	7	stimme völlig zu
5. Wärme und Geborgenheit sind unentbehrliche Bestandteile einer Beziehung.	stimme überhaupt nicht zu	1	2	3	4	5	6	7	stimme völlig zu
6. Ich würde gerne auf jeden Flirt eingehen.	stimme überhaupt nicht zu	1	2	3	4	5	6	7	stimme völlig zu
7. Mein Partner sollte mir ein gewisses Gefühl der Sicherheit geben.	stimme überhaupt nicht zu	1	2	3	4	5	6	7	stimme völlig zu

8. Ich möchte möglichst viele Partner erobern.	stimme überhaupt nicht zu	1	2	3	4	5	6	7	stimme völlig zu
9. Mein Partner muss gut mit Kindern umgehen können.	stimme überhaupt nicht zu	1	2	3	4	5	6	7	stimme völlig zu
10. Ich kann mir gut vorstellen, mit einer fremden Person Sex zu haben, wenn diese gut aussieht.	stimme überhaupt nicht zu	1	2	3	4	5	6	7	stimme völlig zu
11. Wenn ich könnte, würde ich mit so vielen Personen wie möglich Sex haben.	stimme überhaupt nicht zu	1	2	3	4	5	6	7	stimme völlig zu
12. Ich möchte einen Partner, mit dem ich zusammen alt werden kann.	stimme überhaupt nicht zu	1	2	3	4	5	6	7	stimme völlig zu
13. Mein Partner muss Kinder haben wollen.	stimme überhaupt nicht zu	1	2	3	4	5	6	7	stimme völlig zu
14. Ich kann mir gut vorstellen, Sex mit jemandem zu haben, den ich danach nicht mehr wiedersehe.	stimme überhaupt nicht zu	1	2	3	4	5	6	7	stimme völlig zu

Auswertung	
Familienorientierung	
Addieren Sie die Werte der Fragen 1, 3, 5, 7, 9, 12, 13 und tragen Sie den entsprechenden Wert hier ein: Liegt Ihr Wert unter 24, sind Sie eher wenig familienorientiert, ist er größer als 24, sind Sie eher familienorientiert. Je höher der Wert ist, desto familienorientierter sind Sie.	
Affärenorientierung	
Addieren Sie die Werte der Fragen 2, 4, 6, 8, 10, 11, 14 und tragen Sie den entsprechenden Wert hier ein: Liegt Ihr Wert unter 24, sind Sie eher wenig affärenorientiert, ist er größer als 24, sind Sie eher affärenorientiert. Je höher der Wert ist, desto affärenorientierter sind Sie.	

In Abbildung 7.1 können Sie sehen, welcher Typ am besten Ihrer Beziehungsorientierung entspricht.

Inzwischen haben mehr als 20 000 Menschen aus verschiedenen Ländern diesen Test gemacht. Übereinstimmend stellen wir in allen Ländern fest, dass Männer affärenorientierter als Frauen sind. David Schmitt, Psychologe an der University of Illinois, hat Ähnliches festgestellt. Er ließ in der größten Studie, die jemals zum Thema Sex durchgeführt wurde, Personen in 48 verschiedenen Ländern, die über alle Kontinente und zahlreiche unterschiedliche Kulturen verteilt waren, einen Fragebogen ausfüllen, der unserem in Teilen ähnlich ist, und stellte fest, dass überall auf der Welt Frauen in sexueller Hinsicht zurückhaltender als Männer sind, während diese eher auch zu unverbindlichem Sex bereit sind.[10] Wenn man Männer und Frauen direkt befragt, mit wie vielen unterschiedlichen Personen sie in den nächsten Monaten Sex haben möchten, glaubt man den Zahlen nicht. 64,3 Partnerinnen hätten die Männer gerne, 2,8 die Frauen.[11]

Verantwortlich für dieses übereinstimmende Muster ist, was ich schon in Kapitel 2 beschrieben habe: das minimale elterliche Investment, das für Frauen und Männer sehr unterschiedlich ist. In unserer evolutionären Vergangenheit haben Männer mehr Kinder gezeugt, die viele Partnerinnen hatten, und sofern ein Teil dieser Freizügigkeit erblich ist, tragen auch heute Männer noch dieses evolutionäre Erbe in sich. Man könnte erwidern, der Grund für die Unterschiede finde sich in den sozialen Normen. Natürlich gibt es überall auf der Welt unterschiedliche Moralvorstellungen und Verhaltensvorschriften für Frauen und Männer, gerade in sexueller Hinsicht. Man spricht nicht umsonst von einer Doppelmoral. Männer gelten als tolle Hechte, wenn sie mit vielen Frauen Sex hatten, vor allem im frühen Erwachsenenalter, bevor sie sich dauerhaft binden. Sie müssen sich die Hörner abstoßen, heißt es. Frauen müssen und dürfen das nicht. Tun sie es trotzdem, gelten sie schnell als Flittchen. Man darf, wenn man mit den unterschiedlichen Normen für Männer und Frauen argumentiert, allerdings nicht die Frage vergessen,

[10] Schmitt, 2005
[11] Miller & Fishkin, 1997

woher denn diese Normen stammen. Wieso sind sich Normen, die das sexuelle Verhalten von Frauen betreffen, in den unterschiedlichen Kulturen und Religionen so ähnlich? Vermutlich deswegen, weil sie eben nicht nur gesellschaftliche Erfindungen sind, sondern auch einen wahren beispielsweise evolutionären Kern beinhalten. Für Frauen war es die überwiegende Zeit der menschlichen Existenz über problematisch, wenn nicht gar lebensgefährlich, schwanger zu sein ohne einen Mann, der sie unterstützte. Frauen, die zögerlicher waren, bevor sie zum Sex mit einem Mann bereit waren, und so seine Ernsthaftigkeit prüfen konnten, hatten einen Vorteil. Sofern auch dieses Verhaltensmuster eine teilweise erbliche Komponente beinhaltet, sind die Frauen in der heutigen Zeit noch mit diesen Verhaltensweisen ausgestattet, trotz aller modernen Möglichkeiten der Empfängnisverhütung und Geburtenkontrolle.

Dass es nicht allein Normen sein können, die Frauen reglementieren, sieht man, wenn man die sexuellen Fantasien von Frauen und Männern vergleicht. Die große Gier nach immer neuen Sexualpartnerinnen, die die Fantasiewelt der Männer kennzeichnet, stellen wir bei Frauen nicht fest. Das Bedürfnis nach sexueller Abwechslung findet seinen Niederschlag in einer Anekdote, die Calvin Coolidge, einem ehemaligen Präsidenten der USA, nachgesagt wird und in der Literatur oft als der Coolidge-Effekt bezeichnet wird.

Als Calvin Coolidge Präsident der Vereinigten Staat war, besuchten er und seine Frau eine Farm. Beide wurden getrennt über den Hof geführt. Als sie am Hühnerstall vorüberkam, bemerkt Mrs. Coolidge einen stolzen Hahn, worauf sie ihren Begleiter fragte, ob dieser Hahn denn häufiger als einmal am Tag Sex hätte. »Oh, ja, Dutzende von Malen«, antwortete der Führer. »Bitte erzählen Sie das dem Präsidenten«, verlangte die Präsidentengattin herausfordernd. Ein wenig später kam auch der Präsident persönlich am Hühnerstall vorbei, wo man ihm von dem aktiven Hahn berichtete. »Die gleiche Henne jedes Mal?«, fragte er erstaunt. »Oh, nein, Herr Präsident, jedes Mal eine andere.« Worauf der Präsident verständnisvoll nickte und sagte: »Bitte erzählen Sie das Mrs. Coolidge.«

Die Evolution der Untreue

Sexuelle Untreue ist so alt wie die Menschheit. Obwohl im Allgemeinen Erklärungen auf der Grundlage der Verhaltensweisen unserer Vorfahren nicht unproblematisch sind – so kann beispielsweise niemand genau sagen, wie Menschen als Jäger und Sammler gelebt haben, wir können nur versuchen, das damalige Leben auf der Basis von Funden zu rekonstruieren –, lässt sich die jahrtausendealte Existenz von Untreue vergleichsweise einfach belegen.

Der evolutionäre Prozess ist auf Sparsamkeit ausgerichtet. Alle Lebewesen verfügen über die notwendigen Organe, die sie zum Leben und Fortpflanzen in ihrer jeweiligen ökologischen Nische brauchen. Auch wir Menschen sind in diesem Sinne funktional und sparsam ausgestattet. So haben wir nur ein Herz, obwohl sicher ein zweites als Reserve oder Entlastung nicht schlecht wäre. Der Nutzen durch ein Zusatzherz steht aber in keinem evolutionär sinnvollen Verhältnis zu dessen Kosten. In den meisten Fällen reicht ein Herz für ein Menschenleben völlig aus. Von den Nieren haben wir aber gleich zwei. Da kann schon einmal eine durch Vergiftungen oder Ähnliches geschädigt werden. Deshalb sind Lebewesen mit zwei dieser Filterorgane besser an ihr Leben angepasst als solche, die nur eine hatten (falls es diesen Weg in der Entwicklung einmal gab). Ohne Augen ist der Mensch schlecht dran, zwei sind auch hier besser als eines, das leicht durch Verletzungen zerstört werden kann. Durch zwei Augen können wir auch besser Entfernungen und räumliche Tiefe wahrnehmen. Und für die Ernährung des menschlichen Nachwuchses reichen zwei Brüste völlig aus. So groß ist die Anzahl von Mehrlingsgeburten bei Menschen nicht, dass sich die Entwicklung von mehr als zwei Saugstellen für die Kleinen gelohnt hätte. Die Ferkel einer Sau hätten es dagegen schon sehr schwer zu überleben, hätte ihre Mutter nur zwei Zitzen. Der wichtige Punkt ist, dass unsere biologische Ausstattung an Notwendigkeiten orientiert ist und die Evolution nichts Überflüssiges »produziert« hat.

Die Biologen Robin Baker und Mark Bellis haben gegen Ende des letzten Jahrhunderts eine bemerkenswerte Entdeckung gemacht.[12] Die männlichen

[12] Baker & Bellis, 1995

Spermien, von denen man bis dahin annahm, dass ihre einzige Aufgabe darin bestünde, weibliche Eizellen zu befruchten, bestehen genau besehen aus zwei unterschiedlichen Typen. Es gibt einmal Spermien, die nichts anderes »wollen«, als zu einer gereiften Eizelle zu gelangen und diese zu befruchten. Im Samen von Männern haben Baker und Bellis aber noch einen ganz anderen Typus von Spermien gefunden – Kamikaze- oder Killerspermien, die nichts anderes zu tun haben, als Fremdsperma im Vaginaltrakt einer Frau zu töten. Diese Killerspermien sehen schon unter dem Elektronenmikroskop ganz anders aus als die »egg getter« genannten Befruchter. Die Killer haben Haken an den schwanzähnlichen Verlängerungen, mit denen sie sich zu undurchdringlichen Verteidigungsringen zusammenschließen können. Diesen Ring können nur die eigenen Befruchter durchdringen. Fremdsperma wird abgehalten – und getötet. »Krieg der Spermien« nennen das Baker und Bellis.

Warum sollte die Natur die Entwicklung einer so aufwendigen Konstruktion begünstigen, wenn doch für die Fortpflanzung eine Art von Spermien ausreicht? Weil Mehrfachkopulationen so alt wie die Gattung Mensch sind. Ich verwende hier absichtlich den technischen Begriff »Mehrfachkopulation«, weil der Begriff Untreue beinhaltet, dass jemand weiß, dass er einen anderen betrügt. Vermutlich war das Großhirn des Menschen zum Zeitpunkt der Entwicklung der Spermienarten noch nicht in der Lage, Treue und Untreue zu unterscheiden. Gehen wir einfach davon aus, dass diejenigen Männer, in deren Ejakulat sich durch eine genetische Mutation auch Killerspermien befanden, eine größere Chance hatten, eine Frau zu schwängern.

Untreue ist also ein uraltes menschliches Phänomen, und die Entwicklung der verschiedenen Spermien ist eine Konsequenz der sogenannten Spermienkonkurrenz. Aber warum gibt es überhaupt Untreue? Worin liegt der evolutionäre Vorteil? Für die Untreue der Männer liegt die Antwort auf der Hand. Indem sie andere Frauen schwängerten und sich dann aus dem Staub machten, erhöhten sie die Anzahl ihrer leiblichen Kinder, die ja immerhin 50 Prozent der Gene mit ihnen teilen. Massenvergewaltigungen in Kriegen sind auch in der heutigen Zeit traurige Beispiele für diese Strategie.

Aber worin liegt der Vorteil für die Frauen? Nicht jeder untreue Mann ist ein Vergewaltiger, der Frauen mit Gewalt zum Sex zwingt. Die Vorteile von Seitensprüngen für die Frauen werden deutlich, wenn man genauer analysiert, mit wem und wann sie untreu sind. Frauen können für ihre Kinder einen genetischen Vorteil erreichen, indem sie Sex mit körperlich besonders attraktiven Männern haben. Die Kinder werden dadurch im Durchschnitt (nicht zwangsläufig im Einzelfall) hübscher. Deswegen sind die Affärenpartner der Frauen meist attraktiver als der eigene Mann. Als Partner für eine dauerhafte Beziehung kommen diese sehr attraktiven Männer vielleicht nicht infrage. Das mag daran liegen, dass die Frau für diese tollen Typen als dauerhafte Partnerin selbst nicht attraktiv genug ist. In Kapitel 2 habe ich schon erwähnt, dass Männer bei Affären ihre Ansprüche senken. Vielleicht will sie ihn aber auch gar nicht dauerhaft, etwa weil er nicht verlässlich genug ist oder ein zu risikoreiches Leben führt und daher womöglich vorzeitig stirbt.

Einen netten, verlässlichen Partner für eine dauerhafte Beziehung und dann zusätzlich noch Sex mit Männern zu haben, die attraktiver sind als der eigene, ist eine ganz und gar funktionale Strategie – »genetischer Einkaufsbummel« genannt. Das klappt allerdings nur so lange, bis der Hauptpartner es merkt. Und damit haben Frauen ein Problem. Das Risiko, dass der Seitensprung entdeckt wird, ist nicht unerheblich. Wenn schon, dann soll es sich wenigstens »lohnen«, scheint die Strategie der Frauen zu sein. Und dementsprechend stellen wir in der Forschung immer wieder fest, wenn wir das Timing der Seitensprünge untersuchen, dass Frauen vor allem während der fruchtbaren Tage ihres Zyklus fremdgehen, wenn also die Wahrscheinlichkeit, schwanger zu werden, maximal ist. Und sie haben kurz danach meist auch Sex mit dem eigenen Partner! Das klingt wie ein gemeiner, gut durchdachter Plan, ist es aber nicht. Auch in der heutigen aufgeklärten Zeit wissen viele Frauen nicht, wann genau die fertile Phase ihres Zyklus ist. Es ist eine unbewusste Strategie, die Erfolg hat(te). Subjektiv verspüren die Frauen in dieser Zeit einfach mehr Lust auf Sex.

Kuckuckskinder sind daher gar nicht so selten. Die Zahlen schwanken stark. Zwischen 0,7 Prozent und 15 Prozent liegt der Anteil von untergeschobenen

Kindern.[13] Meist kommt das auch nur per Zufall ans Tageslicht, etwa wenn ein Kind operiert werden muss und die Eltern Blut spenden sollen. Haben beispielsweise die Eltern Blutgruppe A, eine sehr häufige Blutgruppe, kann das Kind nur A oder 0 haben. AB oder B deuten auf einen anderen Vater hin. Die Blutgruppeninkompatibilität von Kindern und ihren Vätern ist allerdings kein guter Indikator für den Gesamtanteil von Kuckuckskindern, weil gerade bei sehr häufigen Blutgruppen wie A oder 0 der Eltern die Wahrscheinlichkeit, dass der wahre Vater auch A oder 0 hat, sehr groß ist. Die Blutgruppe des Kindes wäre damit nicht auffällig abweichend. Umgekehrt können von Vätern in Auftrag gegebene DNA-Analysen die Frage der Vaterschaft eindeutig klären. Da liegt die Quote der entdeckten unterschobenen Kinder etwa bei 25 Prozent. Das Problem bei dieser Zahl ist jedoch, dass Väter, die eine DNA-Analyse in Auftrag geben, es meist nicht ohne Verdacht tun. Das führt daher zu deutlich erhöhten fehlerhaften Schätzungen. Irgendwo bei 10 Prozent liegt vermutlich der wahre Anteil von Kuckuckskindern.

Verwandte scheinen sich des Problems der Vaterschaftsunsicherheit intuitiv bewusst zu sein, denn die Verwandten mütterlicherseits kümmern sich meistens intensiver um die Kinder als die Verwandten väterlicherseits. Sie wissen genau, dass das Kind ein Kind der Mutter und damit mit ihnen verwandt ist. Ganz besonders intensiv ist die Zuwendung der Großmütter mütterlicherseits. Die Eltern des Vaters haben vergleichsweise weniger Interesse an den Enkeln.[14] Nur Erstere können sicher sein, dass sie wirklich das eigene Fleisch und Blut betreuen. »Mama's baby – Papa's maybe« ist denn auch ein beliebter Spruch in der englischen Sprache. Um Ablehnung durch misstrauische Väter zu verhindern, versuchen die Verwandten (vor allem die mütterlicherseits) schon nach der Geburt die Ähnlichkeit zwischen dem Neugeborenen und dem Vater zu betonen. »Ganz der Vater« ist am Kindbett erheblich häufiger zu hören als »der Mutter aus dem Gesicht geschnitten«.

Nun muss man angesichts der Allgegenwärtigkeit von Untreue nicht gleich in Panik verfallen und denken, dass Männer jede sich bietende Gelegenheit zum

13 Schmitt, 2004

14 Euler & Weizel, 1996

Fremdgehen nutzen, und kein Mann muss versuchen, mit dem Thermometer den Zeitpunkt des Eisprungs seiner Partnerin möglichst genau zu bestimmen, um sie dann rund um die Uhr zu bewachen. Der Beziehungsorientierungstest weiter vorn zeigt große Unterschiede zwischen Menschen. Nicht jeder ist ein Fremdgeher. Evolutionär entstandene Mechanismen werden kulturell geformt und sind kontrollierbar. Die Evolution als Entschuldigung für Untreue heranzuziehen und zu sagen: »Es liegt in den Genen, ich kann nichts dafür«, ist nicht zulässig. Wenn jemand 10 Kilogramm zu viel wiegt, weil Hamburger und Mousse au chocolat seine Lieblingsgerichte sind, liegt die Verantwortung dafür auch nicht an der Evolution. Man könnte auch etwas anderes essen. Die evolutionären Mechanismen sind bestenfalls dafür verantwortlich, dass uns bestimmte Speisen besonders gut schmecken.

Evolution und Koevolution

Genauso subtil und unbemerkt, wie sich die weibliche Fertilität auf die Lust und das Timing einer Affäre auswirkt, gibt es auf der Seite der Männer ebenso unbewusst wirkende Gegenreaktionen. Das fängt schon damit an, dass Männer während der fertilen Tage ihrer Partnerinnen einen höheren Testosteronspiegel und auch mehr Lust auf Sex haben, und sie achten in dieser Phase auch mehr auf andere Männer, vor allem auf solche, die besonders dominant sind.[15] Männer sind in dieser Zeit auch eifersüchtiger und besitzergreifender, als wollten sie jede Möglichkeit zum Seitensprung unterbinden.[16] Auch das ist keine rationale, geplante Strategie, sondern es handelt sich hierbei um unbewusst wirkende Mechanismen, die schon durch sehr schwache Signale ausgelöst werden können. Die Stimme von Frauen klingt zum Zeitpunkt der Ovulation angenehmer, teilweise ist die Haut glatter und besser durchblutet. Dass Männer im Hinblick auf die »versteckte« Ovulation, wie es in der Fachwelt heißt, nicht blind sind, zeigt eine Studie des Psychologen Geoffrey Miller, der auch in Deutschland durch sein Buch *Die sexuelle Evolution* bekannt geworden ist, die in einem für Forscher sehr unüblichen Milieu – einem Nachtclub – durchgeführt wurde.[17] Über einen Zeitraum von zwei Monaten führten die

---

15 Burriss & Little, 2006; Shackelford et al., 2006
16 Haselton & Gangestad, 2006
17 Miller et al., 2007

Tänzerinnen in dem Club Buch über die Höhe der Trinkgelder, die ihnen in den Ausschnitt und an andere Stellen gesteckt wurden, und sie protokollierten ihre Periode. Während der fruchtbaren Tage war das Trinkgeld mit 335 US-Dollar pro Abend um fast 50 Prozent höher als während der anderen Tage.

Die Entwicklung von Killerspermien in grauer Vorzeit ist eine Reaktion der Männer auf Sex von Frauen mit verschiedenen Männern. Neben dieser Spezialarmee variiert auch die Menge der Spermien im männlichen Ejakulat abhängig davon, ob der Mann meint, seine Partnerin könnte untreu gewesen sein. War er während der letzten Tage überwiegend mit ihr zusammen, beispielsweise im gemeinsamen Urlaub, wird sein Ejakulat etwa 100 Millionen Spermien beinhalten. War sie auf einer Dienstreise – und damit außerhalb seines Kontrollbereichs –, erhöht sich die Zahl der Spermien beim nächsten Sex auf ungefähr 500 Millionen.[18] Ich habe diese Überlegungen vor einiger Zeit aufgegriffen und das sexuelle Verlangen von Männern nach ihren Frauen untersucht, nachdem sie eine Zeit von ihrer Partnerin getrennt waren. Dabei habe ich berücksichtigt, ob während der Trennung Gelegenheit zum Fremdgehen bestanden hat, etwa bei beruflich bedingtem getrennten Urlaub, oder ob keine oder wenig Gelegenheit zum Sex bestand, etwa bei einem längeren Krankenhausaufenthalt. Entgegen allen landläufigen Erwartungen beeinflusste die Dauer der Enthaltsamkeit das Verlangen des Mannes nicht, sondern es waren die spezifischen Umstände der Trennung. Eine kurze Trennung von der Partnerin, während der sie theoretisch Sex gehabt haben könnte, beeinflusste sein Verlangen nach ihr erheblich stärker als eine längere Trennung, während der aber aller Wahrscheinlichkeit nach nichts passieren hätte können.

Jede evolutionäre Veränderung löst einen Anpassungsdruck bei den durch die Veränderung betroffenen Lebewesen aus. Werden die Wirte von Parasiten gegenüber den Parasiten resistent, verändern sich auch die Parasiten, um die Resistenz zu umgehen. Pflanzen produzieren Bitterstoffe, um nicht gefressen zu werden, die Fressfeinde entwickeln unter Umständen eine Unempfindlichkeit gegenüber diesen Stoffen. So ist es auch bei uns Menschen. Sex mit mehr als einer Person bringt evolutionär durchaus Vorteile. Das davon betroffene

18 Baker & Bellis, 1989

andere Geschlecht entwickelt Gegenstrategien: Spezielle Spermien, mehr Testosteron und Lust sind die Mechanismen der Männer, eine bessere Fähigkeit, Betrug und Täuschung zu erkennen, eine Lösung für die Frauen.

Und nach dem ersten Mal? Sex ist das Intimste, was Menschen gemeinsam tun können. Der Übergang vom Küssen zum ersten Sex ist für die meisten Paare etwas ganz Besonderes. Einen drastischeren Anstieg von Nähe innerhalb einer so kurzen Zeit gibt es nicht noch einmal und entsprechend ist bei den meisten Menschen das Verliebtsein nach dem ersten Mal noch intensiver als vorher. Aber wir alle kennen auch Sex ohne Liebe, Sex, weil wir gerade Lust darauf haben, Sex, weil er uns entspannt, Sex, der uns bestätigt. Dieser Sex, der sich aus Gelegenheiten ergibt und nicht der vorläufige Höhepunkt nach einer vorangegangen Phase des Kennenlernens und Verliebtseins ist, beeinflusst das Gefühlsleben von Männern und Frauen völlig unterschiedlich. Martie Haselton von der University of Los Angeles hat die Gefühle nach dem ersten Mal bei mehreren Hundert jungen Männern und Frauen erforscht.[19] Frauen finden die Männer nach dem ersten Mal attraktiver und mögen sie insgesamt mehr als vorher. Dadurch fühlen sie sich stärker emotional an diese Männer gebunden. Es findet eine Bindungsintensivierung durch Aufwertung des anderen statt. Ganz anders die Männer: Sie finden ihre Sexpartnerin nachher weniger attraktiv als vorher und mögen sie weniger als noch kurz vorher. Bindungsvermeidung durch Abwertung ist ihre Strategie. Wenn also aus einem sexuellen Abenteuer eine langfristige Beziehung wird, geht das meist auf die Motivation der Frauen zurück, die die Bindung an ihn aufrechterhalten und intensivieren wollen. Ginge es nur nach den Männern, würde es oft bei einer einmaligen sexuellen Episode bleiben.

Männer und ihre Hormone

Testosteron ist das männliche Sexualhormon schlechthin. Es beeinflusst die männliche Dominanz, das Imponiergehabe, die Aggressionen und vor allem auch das Sexualverhalten. Testosteron macht letztlich den Mann zum Mann.

[19] Haselton & Buss, 2001

Dabei beginnt die Bedeutung des Testosterons für die männliche Existenz schon sehr früh, lange vor der Geburt. Zu Beginn der Schwangerschaft sind nämlich alle Embryonen zunächst weiblich. Ohne den Einfluss der männlichen Sexualhormone, der Androgene, zu denen auch Testosteron gehört, würden sie es auch bleiben, unabhängig von dem das Geschlecht bestimmenden Y-Chromosom. Das Y-Chromosom bestimmt, ob der Fötus selbst Testosteron produziert (ein gewisses Maß an Testosteron produziert auch die Mutter). Ein weiblicher Fötus produziert ein schützendes Protein, das ihn davor bewahrt, durch die Hormone der Mutter maskulinisiert zu werden.

Männliche wie weibliche Föten sind also schon in der Gebärmutter dem Testosteron ausgesetzt, allerdings in erheblich unterschiedlicher Konzentration. Der pränatale Testosteronspiegel beeinflusst viele Aspekte des Wachstums des Fötus und später des heranreifenden Menschen. Die Körperbehaarung und den Bartwuchs, die Stimme, bei Männern die Produktion der Spermien und viele Verhaltensmuster, die wir nur allzu gern »typisch männlich« nennen.

Es erscheint zunächst als ein Ding der Unmöglichkeit, bei einem erwachsenen Mann rückblickend den Hormonspiegel zu bestimmen, dem der Fötus im Mutterleib ausgesetzt war. John Manning hat eine Möglichkeit gefunden. Er hat als erster Wissenschaftler festgestellt, dass man den pränatalen Hormonspiegel an den Fingern ablesen kann. Genauer gesagt aus dem Verhältnis des zweiten Fingers (des Zeigefingers) zum vierten Finger (dem Ringfinger).[20] Dieses Fingerlängenverhältnis – 2D:4D-Verhältnis genannt – gilt als Indikator für den vorgeburtlichen Testosteronspiegel. Sie können es leicht bei sich selbst feststellen. Messen Sie möglichst genau die Länge des Zeigefingers Ihrer linken Hand und ebenso die Länge des linken Ringfingers. Abbildung 7.2 zeigt Ihnen, wo genau Sie messen müssen. Dividieren Sie die Länge des Zeigefingers durch die Länge des Ringfingers. Das Ergebnis ist das 2D:4D-Verhältnis. War der Fötus viel Testosteron ausgesetzt, entwickelt sich ein Kind mit einem niedrigen Fingerlängenverhältnis. Der Zeigefinger ist dann kürzer als der Ringfinger, wie bei den meisten Männern. Das Verhältnis liegt unter

[20] Manning, 2002

1,0. Weibliche Föten sind im Allgemeinen wenig Testosteron ausgesetzt und entwickeln ungefähr gleich lange Zeige- und Ringfinger. Frauen haben daher ein größeres Fingerlängenverhältnis als Männer. Es liegt ungefähr bei 1,0. Das Fingerlängenverhältnis ist wie ein Blick durch ein Fenster in unsere individuelle hormonelle Vergangenheit.

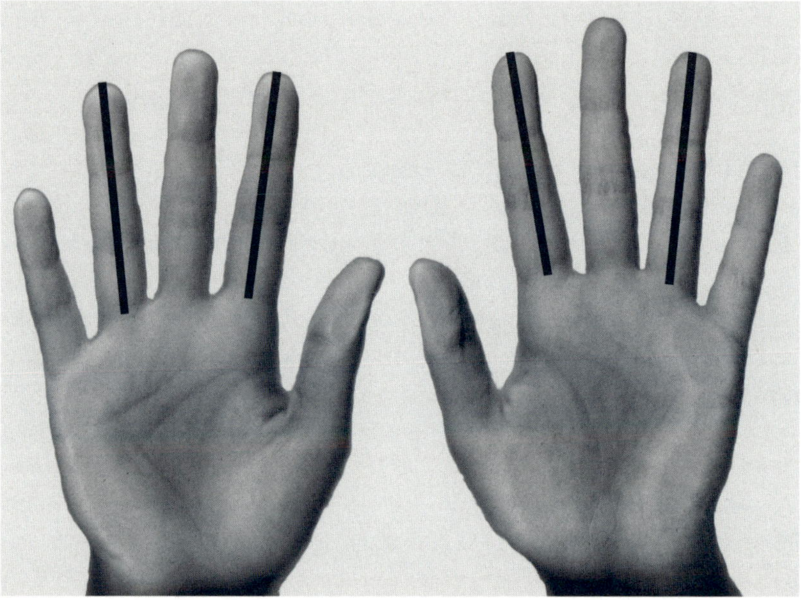

Abbildung 7.2: Die Verhältnis der Fingerlänge des Zeigefingers zum Ringfinger gilt als ein Indikator der pränatalen Testosteronkonzentration, der der Fötus ausgesetzt war. Je kürzer der Zeigefinger im Vergleich zum Ringfinger ist, desto größer war die pränatale Testosteronkonzentration. Das 2D:4D-Fingerlängenverhältnis ist dann kleiner als 1,0

Maskuline Männer sind aber nicht nur dominanter und kompetitiver als weniger maskuline, sie haben auch ein niedrigeres Fingerlängenverhältnis. Mein Mitarbeiter Sascha Schwarz hat sich gefragt, ob solche Männer auch affärenorientierter sind. Haben sie mehr Spaß an unverbindlichem Sex, stellen sie sich in ihrer Fantasie mehr Sexualpartnerinnen vor? In einer seiner Studien hat er neben der Fingerlänge auch die Beziehungsorientierung gemessen. Diejenigen Männer, die schon als Fötus mehr Testosteron abbekommen haben, hatten auch als Erwachsene eine lockerere Einstellung gegenüber Sex und waren mehr an unverbindlichen Affären interessiert.[21] Es bleibt aber nicht bei den Wünschen. Die Zahl der Sexualpartnerinnen dieser Männer ist auch höher als die von Männern, die ein größeres Fingerlängenverhältnis haben. Frauen tun daher gut daran, ihren Männern im wahrsten Sinn des Wortes auf die Finger zu schauen.

Es geht natürlich nicht nur um Hormone, die *vor* der Geburt wirksam waren. Das hormonelle vorgeburtliche »Klima« ist wichtig, noch wichtiger ist aber die aktuelle hormonelle Lage. Sie beeinflusst viel direkter das, was wir gerade denken und tun. Sie ist jedoch, was das Testosteron angeht, alles andere als stabil, sondern ändert sich in Abhängigkeit von der jeweiligen Situation relativ schnell. Schon wenn sich Mann und Frau nur kurz unterhalten, geht der männliche Testosteronspiegel nach oben. Wissenschaftler aus Chicago haben kurze Gespräche zwischen Männern und Frauen beobachtet und dabei vor dem Gespräch und danach das Testosteron durch Speichelproben bei den Männern gemessen. Nach einem kurzen Gespräch von nur ein paar Minuten Dauer war im Speichel der Männer deutlich mehr Testosteron nachweisbar als vorher. Besonders groß war die Veränderung bei solchen Männern, die versuchten, im Gespräch einen besonders guten Eindruck auf die Frau zu machen. Diese kurzfristige Erhöhung des Testosteronspiegels ist durchaus sinnvoll. Sie lässt den Mann aktiver und dominanter wirken. Ähnlich, wie der männliche Pfau die Henne durch sein imponierendes Federkleid zu beeindrucken versucht, zeigt der Mann durch erhöhte Aktivität, Tatkraft und anderes durch Testosteron beeinflusstes Verhalten, dass er der Richtige ist.[22]

Allerdings ist Testosteron ein für den Organismus »kostspieliges« Hormon. Es hat nämlich neben den zahlreichen positiven auch negative Wirkungen, vor allem auf das Immunsystem. Testosteron ist ein Immunsuppressor. Es schwächt die Immunabwehr des Menschen. Nur Männer mit einem gut funktionierenden Immunsystem können sich dauerhaft hohe Testosteronspiegel

[21] Schwarz, 2008
[22] Roney et al., 2003

»leisten«. Wie so oft hat auch hier die Evolution eine gute Lösung gefunden. Der Testosteronspiegel der Männer sinkt, wenn sie eine dauerhafte Beziehung eingegangen sind, und er sinkt nochmals, wenn sie Kinder haben. Wenn eine hohe Testosteronkonzentration nicht mehr nötig ist, kann der Organismus auf das Sparprogramm umschalten.

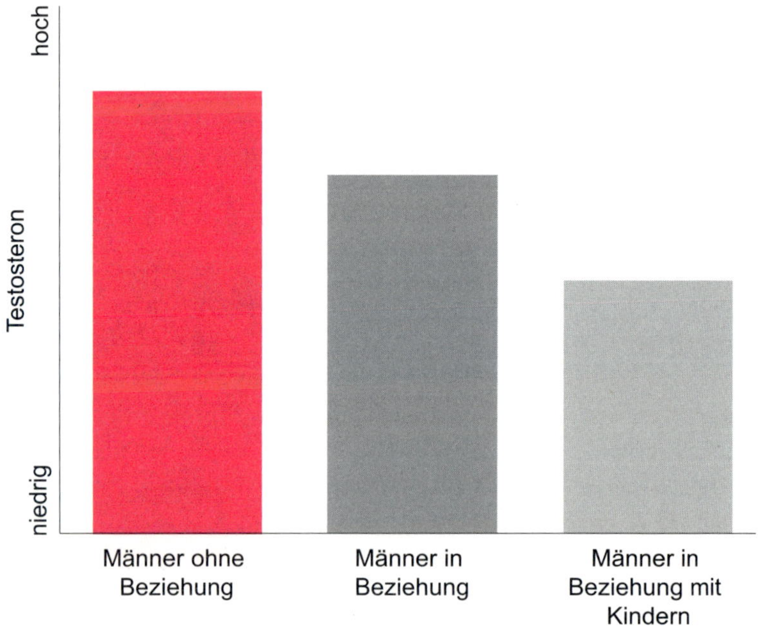

Abbildung 7.3: Der Testosteronspiegel eines Mannes ändert sich, wenn er eine Beziehung oder Kinder hat

Imponierverhalten und Aggressionen unter Männern sind besonders in Phasen der Partnersuche zu beobachten. Nicht zufällig beobachtet man Schlägereien besonders häufig bei Heranwachsenden, und oft dienen sie dem Ziel, die eigene Position in einer Clique zu festigen oder zu verbessern. Dieses Alter ist eine gefährliche Zeit. Weltweit werden mehr als 95 Prozent aller Tötungen von Männern an Männern vorgenommen, und sowohl Täter als auch Opfer sind meist Anfang 20. Die Kanadier Martin Daly und Margo Wilson nennen dies »das Junge-Männer-Syndrom«. Ihrer Meinung nach leben junge Männer deswegen so gefährlich, weil auf dieser Altersgruppe zur Zeit unserer Vorfahren der größte Selektionsdruck im Hinblick auf die Entwicklung von Durchsetzungsvermögen und Wettbewerb lastete. Nur die in diesem Wettkampf Erfolgreichsten haben die Partnerinnen bekommen, die sie wollten. Später, wenn sie erst einmal eine Beziehung haben, ist Wettkampf weniger wichtig und andere Eigenschaften gewinnen an Bedeutung, etwa sich auf die Partnerin einstellen zu können, Vertrauen zu entwickeln und emotionale Nähe zu geben und zu genießen. Aus dem jugendlichen Raufbold wird der liebevolle Vater. Der Rückgang des Testosteronspiegels leistet dabei einen wichtigen Beitrag. [23]

Frauen und ihre Hormone

Die Verbindung von Frauen und Hormonen ist den meisten Lesern sehr vertraut, weil das Leben der Frauen sehr stark durch einen wahrnehmbaren hormonellen Zyklus beeinflusst ist. Die Veränderungen des Testosteronspiegels der Männer sind im Vergleich dazu subtiler. Wenn man an weibliche Hormone denkt, dann vor allem an Östrogen, das typisch weibliche Hormon. Aber ganz ohne Testosteron kommt auch der weibliche Körper nicht aus. Immerhin produziert er so viel von diesem männlichen Hormon, dass sich ein weiblicher Fötus schon im Mutterleib durch eine spezielle Schutzschicht vor diesem für die anfängliche Entwicklung des weiblichen Körpers gefährlichen Hormon schützen muss. Im Körper der erwachsenen Frau fördert Testosteron – ganz wie beim Mann – die Lust auf Sex. Je höher der Testosteronspiegel ist, desto mehr Lust hat sie. Die Schattenseiten von zu viel Testosteron sind gut bekannt, Haarausfall, Damenbart und Pickel sind an der Tagesordnung.

Das Fingerlängenverhältnis, dessen Bedeutung für männliches Verhalten ich schon erwähnt habe, ist natürlich auch ein Hinweis auf den pränatalen Testosteronspiegel des weiblichen Fötus und hängt daher auch mit den Vorlie-

---

[23] Wilson & Daly, 1985

ben und dem Verhalten von Frauen zusammen. Frauen mit einem niedrigen 2D:4D-Verhältnis, also einem Verhältnis, das dem der Männer ähnlich ist, beschreiben sich selbst als durchsetzungsfähiger und wettbewerbsorientierter. Ihnen gefallen auch erotische Fotos von Männern besser als anderen Frauen und sie haben sexuell freizügigere Einstellungen.[24] In ihrem Sexual*verhalten* spiegelt sich diese freizügigere Einstellung allerdings nicht. Vermutlich sind die vorherrschenden sozialen Normen so stark, dass sie Frauen an der Umsetzung ihrer Wünsche hindern. Wie Normen die sexuellen Vorlieben von Frauen einschränken können, zeigt eine Studie, die ich vor einigen Jahren gemeinsam mit Studenten durchgeführt habe.[25] Beobachtungen im Alltagsleben weisen darauf hin, dass Männer mehr Spaß an erotischen Darstellungen wie Fotos und Filmen haben als Frauen. Nicht zufällig sieht man auf den Titelseiten von Magazinen mehr halb nackte Frauen als Männer. Ich habe in meinem Labor Männern und Frauen die Gelegenheit gegeben, sich erotische Fotos anzusehen. Sie waren dabei völlig unbeobachtet und konnten sich die Bilder beliebig lange und ausführlich ansehen. Nicht verwunderlich war, dass sich Männer die Fotos von halb nackten und nackten Models länger ansahen als Frauen männliche Aktfotos. Warum? Weil sie den Frauen nicht gefallen oder weil es sich für Frauen nicht schickt? Um das festzustellen, sagten wir den Versuchsteilnehmern einer anderen Gruppe, wir würden in dieser Studie die Wirkung eines menschlichen Pheromons, eines Sexualduftstoffs, auf die Wahrnehmung untersuchen. Dazu wurden ein paar Tropfen einer glasklaren Flüssigkeit – das angebliche Pheromon, das aber in Wirklichkeit nichts als reines Wasser war – auf eine Mundschutzmaske geträufelt, und die Versuchsteilnehmer und Teilnehmerinnen wurden gebeten, die Masken mit dem »Pheromon« zu tragen, während sie sich die Bilder ansehen. Mit der Legitimation, sich für die Wissenschaft erotische Fotos anzusehen, sahen sich die Frauen in unserem Experiment die Bilder plötzlich viel länger an. Der vorher festgestellte Unterschied zwischen Männern und Frauen war nicht mehr vorhanden.

Das pränatale Hormonniveau hat zeitlich stabile Wirkungen auf das Verhalten und die sexuellen Einstellungen der Frauen. Die Wirkungen des weiblichen

24 Clark, 2004; Roney & Maestripieri, 2004
25 Hassebrauck, 1990

Sexualhormons Östrogen sind dagegen sehr viel variabler. Ungefähr am 8. Tag des weiblichen Zyklus steigt die Östrogenkonzentration plötzlich an und erreicht ihren Höhepunkt am 12. Tag des Zyklus, um kurz darauf stark abzufallen. In diesem Zeitfenster des erhöhten Östrogenspiegels liegt die fertile Phase der Frauen. Die Wahrscheinlichkeit, schwanger zu werden, ist dann größer als zu jedem anderen Zeitpunkt des Zyklus. So, als ob der Körper der Frau den Fortpflanzungserfolg maximieren möchte, haben Frauen genau zu dieser Zeit auch mehr Lust auf Sex und auch mehr Lust auf Seitensprünge.[26] Und sie kleiden sich dann erotischer. Gleichzeitig verringern Frauen unbewusst in dieser Zeit das Risiko, Opfer von Vergewaltigungen zu werden, indem sie Tätigkeiten, die mit einem erhöhten »Vergewaltigungsrisiko« verbunden sind, intuitiv vermeiden, etwa allein im Wald zu joggen oder abends durch dunkle Straßen zu gehen. Frauen, die die Pille nehmen, zeigen dieses Schutzverhalten nicht.[27] Doch damit nicht genug. In ihrer fertilen Phase scheinen Frauen auch mehr auf weibliche Konkurrenz zu achten. Das Aussehen anderer Frauen werten sie in dieser Zeit ab, sie betrachten die Konkurrenz also als weniger hübsch. Gleichzeitig hängt ihr eigenes Selbstbewusstsein (das ohnehin stärker als das der Männer mit dem Aussehen verknüpft ist) in dieser Zeit besonders stark von der Selbsteinschätzung des Aussehens ab.[28] Die Abwertung potenzieller Konkurrentinnen und die gleichzeitig stärkere Wichtigkeit des Aussehens für das eigene Selbstkonzept führt dazu, dass sich Frauen in einem Zeitraum, in dem sie besonders leicht schwanger werden können, im Hinblick auf Männer mehr zutrauen und damit letzten Endes mehr Mut haben, die ersten Schritte in Richtung Sex zu unternehmen. Sie können dann sogar dem Geruch von Männerschweiß etwas Positives abgewinnen, einem Geruch, der von Frauen, die die Pille nehmen, als unangenehm empfunden wird.

Martie Haselton und Geoffrey Miller zeigen, dass sich auch die Partnerpräferenzen von Frauen in Abhängigkeit von ihrem Zyklus ändern. Sie haben Frauen zu verschiedenen Zeitpunkten ihres Zyklus die Beschreibungen von Männern vorgelegt, die dahingehend bewertet werden sollten, ob der Mann

[26] Pillsworth & Haselton, 2006; Regan, 1996
[27] Broder & Hohmann, 2003
[28] Hill & Durante, 2009

für eine Affäre oder eine dauerhafte Beziehung infrage käme. Einer der Charaktere wurde als gut situiert und vermögend beschrieben, ein finanziell erfolgreicher, aber insgesamt wenig kreativer Künstler. Ein anderer war zwar sehr kreativ; seine Bilder fanden allerdings nur wenig Käufer, ein typischer Vertreter der Kategorie »armer Künstler«. Wen wählen die Frauen nun für eine dauerhafte Beziehung, wen für eine Affäre? Der gut situierte, aber nicht kreative ist für die meisten Frauen der attraktivere Mann, aber nicht für alle. Frauen, die sich zum Zeitpunkt der Befragung in der fertilen Phase ihres Zyklus befanden, hatten andere Präferenzen. Für sie war der Kreative, aber Arme der Begehrenswertere, vor allem für eine Affäre. Die Autoren erklären dieses Muster damit, dass Frauen immer dann, wenn Entscheidungen besonders gravierende Konsequenzen haben, etwa in einer Zeit, in der sie leicht schwanger werden könnten, Informationen über Beziehungen und Partner besonders sorgfältig verarbeiten. Kreativität ist für potenziellen Nachwuchs wichtiger als Geld. Schließlich kann Kreativität durch die Gene vererbt werden, Geld nicht.

Kapitel 8

Schattenseiten

In jeder Beziehung gibt es Konflikte. Sie gehören zu einer Beziehung wie Sex, gemeinsame Aktivitäten und die vielen anderen positiven Dinge. Die zahlreichen Menschen, die ich weltweit gefragt habe, was eine gute Beziehung ausmacht, meinen denn auch, dass Konflikte ein normaler Bestandteil einer Beziehung seien und dass sich gerade schlechte Beziehungen dadurch auszeichneten, dass es nie Streit gebe. Dann habe man sich auch nichts mehr zu sagen. Wenn ich Ihnen also einen Rat für eine gute Beziehung geben darf, dann den, dass Sie auf keinen Fall Konflikten aus dem Weg gehen sollten.

Konflikte lösen sich nicht von allein. Ähnlich, wie Krankheiten sich im Anfangsstadium meist besser behandeln lassen, können auch Konflikte frühzeitig besser gelöst werden. Versäumt man das, können sie sich leicht verselbstständigen und auf Bereiche übergehen, die mit dem eigentlichen Konflikt nichts zu tun haben.

Konfliktursachen

Nicht alle Konflikte lassen sich auflösen. Es gibt Konflikte, deren Ursachen in der Persönlichkeit der Beziehungspartner liegen und die sich schwer bereinigen lassen. Mit Neurotikern ist das Zusammenleben nicht einfach. Sie reagieren schnell emotional gereizt, sind leicht verletzbar und ihre Stimmungen schwanken. Genauso schwierig ist es, mit dominanten und herrschsüchtigen Menschen umzugehen. Auf diese *intrapersonal* verursachten Konflikte möchte ich nicht weiter eingehen. Oft hilft hier nur der Gang zum Psychotherapeuten. Der Beziehungsalltag wird viel stärker durch *interpersonale* Konflikte geprägt. Das sind Konflikte, die aus unterschiedlichen Wünschen, Interessen und Zielen der Personen resultieren. Solche Konflikte sind »normal«, denn immer wenn zwei Menschen voneinander abhängig sind – wie in einer Paarbeziehung – hat das, was der eine tut, nicht nur Konsequenzen für ihn selbst, sondern beeinflusst auch den anderen. Und es gibt nirgendwo auf der Welt zwei Menschen (auch keine eineiigen Zwillinge), die sich in allen Interessen und Vorlieben völlig gleichen.

Meist merken wir schon recht früh, wie gut jemand mit seinen Interessen und Zielen zu uns passt. Ist die Diskrepanz zu groß, kommt er als Partner nicht in Betracht. Andere Konfliktfelder bemerkt man erst, wenn man mit jemandem zusammenlebt. Unterschiedliche Vorstellungen von Ordnung oder Differenzen in der Frage, wofür das Geld ausgegeben werden soll, erschweren das Miteinander. Noch problematischer sind unterschiedliche Beziehungsziele. Wie viel Nähe, wie viel Unabhängigkeit wünschen sich beide?

Genauso verhält es sich mit Unstimmigkeiten über die gerechte Verteilung von Pflichten und Aufgaben im Haushalt. Das bemerkt man meistens erst dann, wenn man zusammenwohnt. Dabei sind Gefühle von Ungerechtigkeit ein häufiger Anlass für Streit und ein Grund für Unzufriedenheit mit der Beziehung.[1] Wir alle wissen intuitiv, dass man in eine Beziehung etwas investieren muss: Zeit, Verständnis für den anderen, aber auch Arbeit im engeren Sinn des Wortes, etwa Bügeln, Kochen, Wäschewaschen. Im Gegenzug geben uns Beziehungen auch etwas: Liebe, Geborgenheit, Sex, Spaß bei gemeinsamen Aktivitäten und vieles mehr. Beziehungen sind dann ausgewogen, wenn das, was man bekommt, relativiert an dem, was man investiert, für die Beziehungspartner gleich ist, wenn also folgende Gleichung gilt:

$$\frac{\text{Ergebnisse (Mann)}}{\text{Beiträge (Mann)}} = \frac{\text{Ergebnisse (Frau)}}{\text{Beiträge (Frau)}}$$

[1] Grote & Clark, 2001

In Beziehungen, die in diesem Sinne ausgewogen sind, sind die Partner am zufriedensten.[2] Ist das Gleichgewicht in einer Beziehung gestört, ist derjenige, der im Vergleich zum anderen zu schlecht wegkommt, dessen Quotient aus den Ergebnissen und Beiträgen also kleiner als der des Partners ist, verärgert. Aber auch der, der zu gut wegkommt, leidet. Er hat Schuldgefühle oder ein schlechtes Gewissen. So weit, so gut. In diesem Fall könnte der Partner mit den Schulgefühlen etwas mehr beitragen und die Beziehung wäre wieder im Lot. Die Wahrnehmung der Ergebnisse und Beiträge ist allerdings eine höchst subjektive Angelegenheit. Das, was einer als einen großen Beitrag ansieht, ist nicht unbedingt das, was auch der andere als einen großen Beitrag ansehen würde. Den Müll wegbringen und sich um das Auto kümmern, ist eben doch weniger als regelmäßig die Wäsche einer vierköpfigen Familie zu waschen. So kommt es schnell dazu, dass eine Frau in einer Beziehung meint, im Vergleich zu ihrem Partner zu viel zu investieren, während er meint, mit dem Müllwegbringen und der Autopflege sei sein Job getan. Ein Konflikt über die gerechte Verteilung der Hausarbeit liegt nahe. Bei all diesen Beispielen für Konflikte in Beziehungen gilt, dass es vor allem darauf ankommt, wie man mit dem Problem umgeht und wo man die Ursachen des Problems sieht.

Solange die Beziehung gut läuft, fragt man sich nicht, warum es so ist. Gute Beziehungen bedürfen keiner besonderen Erklärung. So soll es ja schließlich sein. Es sind die unangenehmen und unerwarteten Dinge, die uns dazu bringen, über die Ursachen nachzudenken. Warum hat er schlechte Laune, warum hat er unseren Jahrestag vergessen? Die Versuche, Ursachen für Verhalten zu finden, sind aber alles andere als objektiv. Die Ursachenzuschreibung ist oft, gerade wenn man sich gestritten hat, verzerrt, und so haben die Partner neben dem ursprünglichen Konflikt gleich noch einen zweiten, nämlich Unstimmigkeiten über die Ursachen des Konflikts. »Attributionskonflikt« nennt das die Forschung.

Wir unterliegen dabei dem, was die Psychologen die »Akteur-Beobachter-Diskrepanz« nennen. Stellen Sie sich vor, Sie hätten in diesem Jahr den Va-

[2] Sprecher, 2001

lentinstag vergessen. Sie machen das normalerweise nie. Auch in diesem Jahr haben Sie noch kurz vorher daran gedacht, wollten etwas Nettes schenken und sich gemeinsam einen schönen Abend machen. Doch dann gab es ganz unerwartet Stress in der Firma. Alles ging drunter und drüber, und Sie waren in Gedanken einfach woanders. Sie wissen, es lag an den Umständen und nicht etwa daran, dass Ihnen an Ihrem Partner weniger liegt. Ganz anders sehen aber die Erklärungen aus, wenn sie nicht das eigene Verhalten betreffen, sondern das des Partners. »Kann er nicht einmal an den Valentinstag denken? So groß kann doch der Stress in der Arbeit nicht sein, dass man so einen Tag vergisst. Mir würde das nie passieren. Ob ihm wohl unsere Beziehung nicht mehr so wichtig ist wie früher? Hat er vielleicht gar eine andere?« Sie merken es: Für das eigene Verhalten gibt es genügend Rechtfertigungen und Erklärungen. Die Ursachen für das Verhalten des Partners sehen wir meist in seiner Person.

Verantwortlich für dieses Phänomen ist, dass die andere Person für uns im Fokus der Aufmerksamkeit steht, wenn wir der Beobachter sind. Wir achten dann mehr auf die Person und übersehen die Situation. Wenn wir dagegen als Akteure Erklärungen für unser eigenes Handeln liefern, dann steht keine Person sichtbar im Mittelpunkt – wir achten mehr auf die Situation, die uns beeinflusst hat. Das führt dann schnell dazu, dass wir den anderen als egoistisch, streitsüchtig oder ignorant wahrnehmen. »Der ist eben so«, denken wir und übersehen dabei, dass es für das Verhalten des anderen auch äußere Ursachen geben kann. Dieser Akteur-Beobachter-Differenz unterliegen natürlich beide Partner in gleicher Weise.

Dass die Ursachen für diese Differenz in den unterschiedlichen Perspektiven von Akteur und Beobachter liegen, haben Wissenschaftler mit einem ebenso einfachen wie trickreichen Experiment geprüft. Sie haben ein Gespräch zwischen zwei Personen von Unbeteiligten beobachten lassen und gleichzeitig aus zwei verschiedenen Kameraperspektiven aufgezeichnet – aus der Sicht des Akteurs und aus der Beobachterperspektive. Hinterher haben sie die Gesprächspartner gebeten anzugeben, wie aufgeregt, freundlich, gesprächig oder auch dominant sie waren und warum das so war. Wie zu erwarten, erklärten die Akteure ihr Verhalten eher situationsbedingt, während die

Beobachter meinten, es sei eher von Persönlichkeitseigenschaften des Handelnden bestimmt gewesen. Das ist nicht überraschend und entspricht der besagten Akteur-Beobachter-Differenz. Dann bauten die Experimentatoren aber eine Variation ein. Einige Beobachter sahen eine Videoaufzeichnung des Gesprächs aus der Perspektive des Akteurs, und einige Akteure sahen ein Video aus der Beobachterperspektive. Jetzt kehrte sich das Muster völlig um. Akteure, die ihr eigenes Verhalten aus der Beobachterperspektive sahen, erklärten plötzlich ihr eigenes Verhalten als Ausdruck stabiler Persönlichkeitsmerkmale. Umgekehrt erklärten Beobachter, denen ein Video aus der Akteur-Perspektive vorgespielt wurde, jetzt dessen Verhalten situationsbedingt.[3]

Ob wir unserem Partner, wenn er in unseren Augen etwas Falsches tut, grundsätzlich einen schlechten Charakter unterstellen oder nicht, hängt auch davon ab, ob wir insgesamt mit unserer Beziehung glücklich sind. Sind Paare zufrieden, erklären sie sich positives Verhalten des anderen als Zeichen seiner guten Eigenschaften, die auch sonst zu beobachten sind, negatives Verhalten als zufällig, versehentlich oder überhaupt nicht von ihm verschuldet. Unglückliche Paare wählen genau die entgegengesetzten Erklärungen. Sie unterstellen dem anderen schnell egoistische Motive und negative Absichten für sein Verhalten. Sie maximieren also das Negative und minimieren das Positive. So entwickelt sich ein Teufelskreis, in dem die Unglücklichen immer unglücklicher werden.[4]

Es kommt dann schon oft bei den kleinsten Anlässen zum großen Streit. Anstatt sich über den konkreten Anlass zu streiten, verallgemeinert man schnell und formuliert globale und ganz unspezifische Vorwürfe. »Du hörst mir nie zu, wenn ich was sage!« – »Das war bei dir schon immer so.« Der andere wird heruntergesetzt, er reagiert verständlicherweise beleidigt. Gerne werden dem anderen auch stereotype Eigenschaften einer besonders unangenehmen Art von Leuten unterstellt: »Du benimmst dich wie ein Psychopath« oder »wie eine Schlampe«. Niemand wird gerne zusammen mit solchen Menschen in

3 Storms, 1973
4 Fincham & Bradbury, 1987

eine Ecke gestellt und so reagieren die meisten mit entsprechender Selbstverteidigung. Schuldzuschreibungen, die den anderen für alles, sich selbst aber für nichts verantwortlich machen, tragen ebenfalls nicht zum Frieden bei. Alles, was jemals in der Beziehung an Negativem passiert ist, egal, ob es etwas mit dem aktuellen Thema zu tun hat oder nicht, wird wahllos zusammengeworfen, und Probleme aus der Vergangenheit, die man schon lange abgehakt hatte, werden plötzlich wieder hervorgezerrt. Wir sind in solchen Situationen auch in der Wortwahl nicht besonders vorsichtig und sagen Dinge, die wir hinterher bereuen. Es gibt wohl niemanden auf der Welt, dem wir so viele Gemeinheiten an den Kopf werfen wie dem Menschen, dem wir emotional am nächsten stehen. Nicht nur, dass einmal Gesagtes nicht ungeschehen gemacht werden kann, Negatives beeinflusst die Beziehung viel stärker als Positives. Man benötigt ungefähr die fünffache Menge von positivem Verhalten, um ein negatives Ereignis zu kompensieren!

Um aus dieser Sackgasse herauszukommen, ist es oft hilfreich, sich einfach einmal selbst danach zu befragen, wie man da überhaupt hineingeraten ist, was man von den ständigen Diskussionen erwartet und ob sich das, was man wirklich will, nicht besser kommunizieren lässt. Im Kasten 8.1 finden sich ein paar Vorschläge, wie sie Paartherapeuten empfehlen, damit ein Streit eine Chance hat, besser zu verlaufen.

Selbstverständlich reagieren nicht alle Menschen in Konfliktsituationen gleich. Zunächst einmal unterscheiden sich die Muster der Frauen vom typischen Verhalten der Männer beim Streit. Man kann oft einen Forderungs-Vermeidungs-Kreislauf feststellen. Einer (meist die Frau) will etwas verändern, fordert eine Lösung, der andere (meist der Mann) zieht sich zurück und versucht den Konflikt weiträumig zu umgehen. Die typische Reaktion der Männer besteht darin, dass sie »nicht reagieren«. Bei ungefähr 60 Prozent aller Paare sind die Frauen die Forderer, die Männer die Vermeider, bei 30 Prozent ist es umgekehrt, bei 10 Prozent gibt es das Muster nicht.[5]

[5] Christensen & Heavey, 1990

Die 15 »goldenen Regeln« eines guten Streits
1. Sei so präzise und konkret wie möglich!
2. Bleib beim Thema!
3. Bleib im Hier und Jetzt!
4. Stelle keine Gegenforderungen bevor nicht die ursprüngliche Forderung geklärt ist!
5. Äußere Deine Gefühle und melde sie zurück!
6. Äußere Deine Gefühle wirklich auf Dich bezogen!
7. Äußere auch positive Gefühle gegenüber dem Partner!
8. Melde Deinem Partner zurück, wie Du ihn verstanden hast!
9. Unterstelle ihm keine Vermutungen, sage ihm nicht, wie er denkt und fühlt!
10. Drück' Deinem Partner keinen Stempel auf!
11. Sei nicht sarkastisch oder ironisch!
12. Überlade Deinen Partner nicht mit Groll und Verdruss!
13. Schließe immer die Möglichkeit eines Kompromisses mit ein!
14. Entwerft zusammen mehrere Lösungen, entscheidet Euch gemeinsam für einen Weg!
15. Denk dran: Es kann nicht nur einen Gewinner geben - beide gewinnen oder verlieren letztlich!

Der amerikanische Psychologe John Gottman, der auch in Deutschland durch seine Bücher über Ehestabilität bekannt geworden ist, unterscheidet vier Konflikttypen: Sprunghafte, Prüfende, Vermeidende und Feindselige. Die *Sprunghaften* kommen gleich zur Sache, wenn sie etwas stört, und versuchen, den anderen von ihrem Standpunkt zu überzeugen. Sie drücken im Konflikt sowohl positive als auch negative Gefühle dem anderen gegenüber aus. Trotz des Streits und des mitunter auch vehement geäußerten Ärgers zeigen sie immer auch Zuneigung und Humor.

Im Gegensatz dazu stehen die *Prüfenden*. Sie versuchen, Konflikte ruhig zu analysieren und zu diskutieren. Dabei versichern sie sich immer wieder, dass sie den anderen auch richtig verstanden haben. »Du meinst also, dass ...« Auch wenn der Prüfende den Standpunkt des Partners nicht für sich akzeptiert, kommuniziert er doch, dass er den anderen versteht. Sachliche Konfliktlösung steht im Mittelpunkt. Hier fliegen keine Teller, die Atmosphäre ist alles andere als überhitzt.

Die *Vermeidenden* haben keine spezifische Strategie, mit Konflikten umzugehen. Sie sehen zwar, dass etwas nicht okay ist, lassen es aber dabei bewenden und unternehmen nichts weiter, so als würden sie es hinnehmen, dass man mit Konflikten und Problemen leben muss. »Es ist eben so und ich kann es nicht ändern«, scheint ihre Devise zu sein.

Die *Feindseligen* kritisieren ihren Partner unbarmherzig und äußern ganz unverblümt ihre Geringschätzung des anderen. Sarkasmus ist an der Tagesordnung. Von den vier Typen haben sie die niedrigste Beziehungszufriedenheit. Wenn Sie genauer wissen wollen, in welche Kategorie sie fallen, hilft Ihnen Test 8.1.

Test 8.1 Was für ein Konfliktlöser sind Sie?

Sie finden hier Beschreibungen, wie Leute in unterschiedlichen Beziehungen mit Konflikten umgehen. Welche dieser Beschreibungen passt am besten zu Ihnen?

A. In unserer Beziehung werden Konflikte manchmal heftig ausgetragen und das ist auch in Ordnung, solange die Versöhnung dann noch größer ausfällt. Wir haben hitzige Diskussionen, aber sie machen dennoch nur einen kleinen Teil unserer herzlichen und gefühlvollen Beziehung aus. Obwohl wir manchmal streiten, sind wir immer noch in der Lage, unsere Differenzen zu klären. Tatsächlich führt unsere Lust und Leidenschaft am Streiten eigentlich zu einer besseren Beziehung mit viel Versöhnung, Zuneigung und Lachen.

B. In unserer Beziehung werden Konflikte klein gehalten. Wir sind der Meinung, dass es besser ist zu akzeptieren, dass Widersprüche auftreten, als sich in Diskussionen zu verstricken, aus denen man nicht mehr herauskommt. Wir glauben nicht, dass man viel gewinnt, wenn man dem anderen seinen Ärger mitteilt. Eigentlich ist es eher so, dass Meinungsverschiedenheiten schlimmer werden, je mehr man über sie redet. Wenn man mit Problemen ganz relaxt umgeht, dann lösen sie sich irgendwann ganz von selbst.

C. Wenn wir in unserer Beziehung einen Konflikt haben, lassen wir einander wissen, dass wir die Meinung des anderen wertschätzen und seine Gefühle gerechtfertigt sind, auch wenn unsere Meinungen nicht übereinstimmen. Selbst wenn wir über ein kritisches Thema diskutieren, zeigen wir ein hohes Maß an Selbstkontrolle und sind ruhig. Wenn wir streiten, verbringen wir viel Zeit damit, sowohl die Position des anderen anzuerkennen, als auch mit dem Versuch, den jeweils anderen zu überzeugen oder einen Kompromiss zu finden.

D. Wir streiten oft und hitzig. Es kommt zu vielen gegenseitigen Beleidigungen, Schimpfwörtern, Herabsetzungen und Sarkasmus. Wir hören uns weder gegenseitig richtig zu noch schauen wir uns dabei an. Einer von uns kann dabei sehr abgeklärt und emotional unbeteiligt sein, obwohl es immer wieder zu kurzen Angriffen und Verteidigungen kommt. Es gibt eindeutig mehr Negatives als Positives in unserer Beziehung.

Wenn Sie meinen, dass (A) am besten auf Sie zutrifft, gehören Sie zu den Sprunghaften. Ihre Gefühle wechseln schnell zwischen den Extremen.

(B) ist typisch für die Vermeidenden. Konflikten dauerhaft aus dem Weg zu gehen, schadet der Beziehung. Versuchen Sie, die Art, wie Sie mit Konflikten umgehen, zu ändern.

Ist (C) die Beschreibung, die zu Ihnen passt? Dann gehören Sie in die Gruppe der Prüfenden und bevorzugen damit eine Konfliktlösungsstrategie, die langfristig gut für die Entwicklung Ihrer Beziehung ist.

(D) kennzeichnet die Feindseligen. Berücksichtigen Sie auch im Streit, dass jede Verletzung des Partners Wunden hinterlässt, die nur langsam heilen, und denken Sie daran, dass eine negative Verhaltensweise von Ihnen zum Ausgleich die fünffache Menge an positivem Verhalten benötigt. Am besten ist es, gleich die Menge an Negativem zu verringern.

Einige Konflikte in Paarbeziehungen haben ihren Ursprung in den unterschiedlichen Zielen von Männern und Frauen. »Strategische Interferenzen« nennt das der Evolutionspsychologe Davis Buss. Das fängt schon beim ersten Date an. Zum Beispiel wollen die Männer schneller Sex als Frauen. Der Mann wählt eine bestimmte Strategie, um ein Ziel zu erreichen, beispielsweise Sex zu haben, und die Frau versucht, den erfolgreichen Einsatz dieser Strategie zu verhindern, etwa indem sie ihn zappeln lässt, um zu prüfen, ob er nur eine Affäre will oder an einer ernsthaften Beziehung interessiert ist. Männer im Gegenzug reagieren auf die »Störung« ihrer Strategie und täuschen mehr Bindungsbereitschaft vor, als sie wirklich haben. Frauen haben Strategien entwickelt, um sich vor Täuschungen zu schützen. Sie sind besser als Männer in der

Lage, Lügen zu erkennen, sie verarbeiten Informationen, die mit Beziehungen zusammenhängen, gründlicher als Männer und diskutieren über ihren neuen Bekannten mit ihren Freundinnen. Frust und Ärger, den Männer und Frauen zu Beginn einer Beziehung empfinden, passen gut in dieses Schema. Frauen ärgern sich über Männer, die sie sexuell bedrängen, zu früh oder zu viel Sex wollen; Männer sind frustriert, weil sie länger auf Sex warten müssen, als ihnen lieb ist.[6] Den Höhepunkt strategischer Interferenzen liefert zweifelsfrei Untreue, die nach wie vor als Hauptgrund für Trennungen genannt wird und auf die die Betroffenen zunächst mit Eifersucht reagieren.[7]

Eifersucht

»Eifersucht ist eine Leidenschaft, die mit Eifer sucht, was Leiden schafft«, sagte schon der Philosoph Friedrich Schleiermacher zu Beginn des 19. Jahrhunderts. Wer kennt es nicht, dieses beißende, stechende, alles vereinnahmende Gefühl brennender Eifersucht? Es beginnt oft als leise Ahnung, von der wir vielleicht zunächst noch glauben, sie unterdrücken und kontrollieren zu können. Doch dann fangen wir an, »Beweise« und »Gegenbeweise« zu sammeln, die unseren Anfangsverdacht erhärten (»Schon wieder war er nicht da, als ich im Büro angerufen habe«) oder widerlegen (»Wir hatten doch so ein schönes Wochenende miteinander«) sollen. Auf den ersten Blick erscheint dies ein recht vernünftiges Vorgehen zu sein. Leider geraten wir dann aber allzu leicht in einen Strudel von Katastrophengedanken. Dann ist Schluss mit sorgfältigem Abwägen von »echten Beweisen« und »puren Hirngespinsten«: »Er war nicht da, ich bin mir sicher, er war mit der neuen Sekretärin unterwegs, er findet sie toll, er wird mich verlassen.« Solche Gedanken gleichen nun keineswegs mehr rationalen, kühlen Überlegungen. Irgendwann, wenn wir dann mehr und mehr glauben, unser Verdacht sei tatsächlich berechtigt und unsere katastrophalen Gedanken entsprächen der Realität, geben wir offen unsere innersten Gefühle preis. Je nach Veranlagung beschimpfen wir unseren Partner oder ziehen uns tief verletzt und todtraurig von ihm zurück.

6 Buss, 2000
7 Amato & Previti, 2003

In dieser Situation sind die meisten zwar sehr unglücklich, trotzdem ist Eifersucht ein nützlicher Gefühlszustand. Eifersucht zeigt, dass die Beziehung von außen bedroht wird. Das ist der wesentliche Unterschied zum Gefühl des Neids, das umgangssprachlich oft mit Eifersucht gleichgesetzt wird. Neidisch sind wir, wenn eine andere Person etwas hat, das wir gerne hätten, eifersüchtig, wenn die Gefahr besteht, den Partner an jemand anderen zu verlieren. Man kann also nicht eifersüchtig auf den Job eines anderen sein, obwohl das manchmal so ausgedrückt wird.

In den 1970er- und 1980er-Jahren wurde – wohl auch vor dem Hintergrund der aufstrebenden Frauenbewegung – das Gefühl der Eifersucht als etwas Ungesundes betrachtet, das nur unsichere Menschen empfinden. Die gereifte Persönlichkeit stehe über solchen Empfindungen, die überdies als ein Zeichen von Besitzansprüchen betrachtet wurden. Die Sichtweise hat sich geändert – zumindest in der Forschung. Heute wird Eifersucht als eine adaptive emotionale Schutzreaktion betrachtet, die Gefahr im Hinblick auf die Beziehung signalisiert. Damit kann sie durchaus auch positive Konsequenzen haben, wenn man aus dem Alltagstrott herausgerissen wird und sich plötzlich fragt, was denn in der Beziehung falsch läuft und warum die Gefahr besteht, den Partner an jemand anderes zu verlieren. Das gilt vor allem für die sogenannte *reaktive Eifersucht,* die die Reaktion auf die tatsächliche Bedrohung einer Beziehung ist, beispielsweise wenn man weiß, dass der Partner eine Affäre hat. Im Kontrast dazu steht die *verdächtigende Eifersucht*, die auftritt, ohne dass es konkrete Anhaltspunkte gibt. Schnüffeln, Spionieren und Verdächtigungen treten dabei sehr häufig auf und können sich manchmal auch selbst bewahrheiten. Wenn der Verdächtigte die ungerechtfertigten Verdächtigungen leid ist, macht er sie vielleicht irgendwann wahr. Verdächtigende Eifersucht kommt insbesondere bei unsicheren Personen mit einem niedrigen Selbstwertgefühl vor. Reaktive Eifersucht ist ein universelles Phänomen, verdächtigende Eifersucht variiert stärker zwischen den Personen. Es scheint Menschen zu geben, die einfach immer eifersüchtig sind und für die der leiseste Verdacht oder der geringste Entzug von Aufmerksamkeit ausreicht. Bei ihnen gleicht Eifersucht einer chronischen Krankheit.

Generell sind diejenigen eifersüchtiger, die sehr von ihrer Beziehung abhängig sind. Hat man das Gefühl, nicht ohne den Partner existieren zu können, sieht man die Beziehung bei der kleinsten Kleinigkeit sofort bedroht – schließlich hat man alles zu verlieren. Ganz anders verhalten sich diejenigen, die in Bezug auf ihre Beziehung recht sicher sind oder die weniger Interesse an ihr haben. Derjenige von beiden, dem an der Beziehung mehr liegt, ist letztlich in der Beziehung der Schwache. Der mit dem geringeren Interesse ist stärker und unabhängiger und meist auch weniger eifersüchtig. Test 8.2 zeigt Ihnen, wie eifersüchtig Sie sind.

Test 8.2 Wie eifersüchtig sind Sie?

Dieser Test verrät Ihnen, wie eifersüchtig Sie im Vergleich zu anderen sind und wie sich die Eifersucht bei Ihnen ausdrückt. Wählen Sie jeweils die Antwortmöglichkeit aus, die Ihren Gefühlen am ehesten entspricht oder, wenn Sie zurzeit keinen festen Partner haben, welche Antwort Ihren Gefühlen vermutlich entsprechen würde. Bitte beantworten Sie alle Fragen so ehrlich wie möglich.

16. Wie würden Sie sich fühlen, wenn Ihr Partner mit einer anderen Person sexuellen Kontakt hätte?	wenig bekümmert	1	2	3	4	5	6	7	sehr bekümmert
17. Wie würden Sie sich fühlen, wenn Ihr Partner persönliche Dinge mit jemand anderem besprechen würde?	wenig bekümmert	1	2	3	4	5	6	7	sehr bekümmert
18. Wie würden Sie sich fühlen, wenn Ihr Partner mit einer anderen Person flirten würde?	wenig bekümmert	1	2	3	4	5	6	7	sehr bekümmert
19. Wie würden Sie sich fühlen, wenn Ihr Partner mit einer anderen Person eng tanzen würde?	wenig bekümmert	1	2	3	4	5	6	7	sehr bekümmert
20. Wie würden Sie sich fühlen, wenn Ihr Partner eine andere Person küssen würde?	wenig bekümmert	1	2	3	4	5	6	7	sehr bekümmert

21. Ich bin besorgt, dass mein Partner eine andere Person attraktiver findet als mich.	nie	1	2	3	4	5	6	7	sehr oft
22. Die Vorstellung, dass mein Partner eine sexuelle Beziehung zu jemand anderem haben könnte, beunruhigt mich.	nie	1	2	3	4	5	6	7	sehr oft
23. Ich habe Angst, dass mein Partner sexuell an jemand anderem interessiert sein könnte.	nie	1	2	3	4	5	6	7	sehr oft
24. Ich habe Angst, mein Partner könnte mich für jemand anderen verlassen.	nie	1	2	3	4	5	6	7	sehr oft
25. Ich sorge mich über all die Dinge, die passieren könnten, wenn mein Partner Personen des anderen Geschlechts trifft.	nie	1	2	3	4	5	6	7	sehr oft
26. Ich möchte nicht, dass sich mein Partner mit zu vielen Personen des anderen Geschlechts trifft.	trifft nicht zu	1	2	3	4	5	6	7	trifft voll zu
27. Für mich ist es nicht akzeptabel, wenn mein Partner Personen des anderen Geschlechts auf freundschaftlicher Basis sieht.	trifft nicht zu	1	2	3	4	5	6	7	trifft voll zu
28. Ich verlange von meinem Partner, dass er/sie keine andere Frau/keinen anderen Mann anschaut.	trifft nicht zu	1	2	3	4	5	6	7	trifft voll zu
29. Ich bin sehr besitzergreifend in Bezug auf meinen Partner.	trifft nicht zu	1	2	3	4	5	6	7	trifft voll zu
30. Es ist für mich schwierig, meinen Partner seinen eigenen Weg gehen zu lassen.	trifft nicht zu	1	2	3	4	5	6	7	trifft voll zu

Auswertung	
Eifersüchtige Gefühle	
Addieren Sie die Werte der Fragen 1 bis 5 und tragen Sie den entsprechenden Wert hier ein:	
Zwischenergebnis A	
Für Frauen:	
Nun ziehen Sie von dem eben erhaltenen *Zwischenergebnis A* den Wert 26,98 ab und teilen Sie dies anschließend durch 4,83. Ihr so entstandenes Endergebnis im Bereich *Eifersüchtige Gefühle* können Sie hier eintragen:	
Eifersüchtige Gefühle (Frauen)	
Für Männer:	
Nun ziehen Sie von dem eben erhaltenen *Zwischenergebnis A* den Wert 23,04 ab und teilen Sie dies anschließend durch 4,78. Ihr so entstandenes Endergebnis im Bereich *Eifersüchtige Gefühle* können Sie hier eintragen:	
Eifersüchtige Gefühle (Männer)	
Eifersüchtige Gedanken	
Addieren Sie die Werte der Fragen 6 bis 10 und tragen Sie den entsprechenden Wert hier ein:	
Zwischenergebnis B	
Für Frauen:	
Nun ziehen Sie von dem eben erhaltenen *Zwischenergebnis B* den Wert 15,02 ab und teilen Sie dies anschließend durch 6,21. Ihr so entstandenes Endergebnis im Bereich *Eifersüchtige Gedanken* können Sie hier eintragen:	
Eifersüchtige Gedanken (Frauen)	
Für Männer:	
Nun ziehen Sie von dem eben erhaltenen *Zwischenergebnis B* den Wert 12,39 ab und teilen Sie dies anschließend durch 5,17. Ihr so entstandenes Endergebnis im Bereich *Eifersüchtige Gedanken* können Sie hier eintragen:	
Eifersüchtige Gedanken (Männer)	

Eifersüchtiges Verhalten	
Addieren Sie die Werte der Fragen 11 bis 15 und tragen Sie den entsprechenden Wert hier ein:	
Zwischenergebnis C	
Für Frauen:	
Nun ziehen Sie von dem eben erhaltenen *Zwischenergebnis C* den Wert 14,45 ab und teilen Sie dies anschließend durch 5,28. Ihr so entstandenes Endergebnis im Bereich *Eifersüchtiges Verhalten* können Sie hier eintragen:	
Eifersüchtiges Verhalten (Frauen)	
Für Männer:	
Nun ziehen Sie von dem eben erhaltenen *Zwischenergebnis C* den Wert 11,51 ab und teilen Sie dies anschließend durch 4,79. Ihr so entstandenes Endergebnis im Bereich *Eifersüchtiges Verhalten* können Sie hier eintragen:	
Eifersüchtiges Verhalten (Männer)	

Vergleichen Sie die Werte mit Abbildung 8.1.

Eifersüchtige Männer, eifersüchtige Frauen

Wenn sich Eifersucht evolutionär als emotionale Reaktion entwickelt hat, die uns motiviert, unsere Beziehung vor anderen zu schützen, dann sollte sie besonders stark sein, wenn evolutionär relevante Aspekte der Beziehung betroffen sind. Bevor Sie weiterlesen, überlegen Sie kurz, welche der beiden folgenden Alternativen Sie persönlich verletzender finden.

»Bitte denken Sie an eine ernsthafte oder feste romantische Beziehung, die Sie in der Vergangenheit gehabt haben, die Sie gegenwärtig haben oder die Sie gerne hätten. Stellen Sie sich weiter vor, Sie würden entdecken, dass Ihr Partner/Ihre Partnerin, mit dem/der Sie eine solch ernsthafte Beziehung führen, beginnt, sich für jemand anderen zu interessieren. Was würde Sie mehr verletzen oder aufregen?«

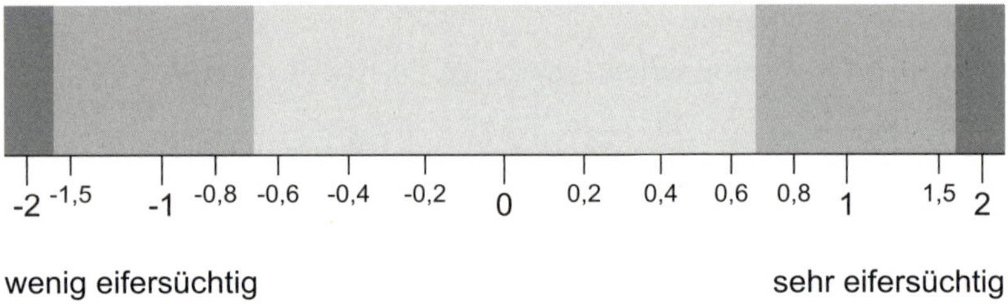

Abbildung 8.1: Dieses Diagramm hilft Ihnen bei der Interpretation Ihrer Eifersuchtswerte. Liegt Ihr Wert im hellen Bereich, sind Sie im Hinblick auf den jeweiligen Eifersuchtsbereich genauso eifersüchtig, wie die Mehrheit der Personen, die an meinen Studien teilgenommen haben. Liegen Sie im mittleren Bereich links von 0, sind Sie im entsprechenden Bereich weniger eifersüchtig, liegen Sie im mittleren Bereich rechts von 0, sind Sie eifersüchtiger als die meisten anderen. Wenn einer Ihrer Werte allerdings im dunklen Bereich liegt, sind Sie entweder extrem eifersüchtig oder aber überhaupt nicht eifersüchtig. In beiden Fällen sollten Sie über die Gründe nachdenken, denn nicht nur extreme Eifersucht kann für eine Beziehung schädlich sein. Auch das Gegenteil gibt Anlass zum Nachdenken, denn wenn man sich seiner Beziehung zu sicher ist, ignoriert man leicht nützliche Warnsignale.

A Die Vorstellung, dass mein Partner eine tiefe gefühlsmäßige Zuneigung zu dieser Person entwickeln würde.

B Die Vorstellung, dass mein Partner leidenschaftlichen Geschlechtsverkehr mit dieser anderen Person ausübt.

Männer wie Frauen stehen sich in der Heftigkeit ihrer Eifersucht in nichts nach. Sie unterscheiden sich allerdings darin, was bei ihnen die stärkste Eifersucht auslöst. Bei Szenarien wie dem obigen stellt man immer wieder fest, dass Männer sexuelle Untreue (B) schlimmer finden als Frauen. Für sie ist emotionale Untreue (A) die schrecklichere Variante.[8] Dieses Ergebnismuster wurde nicht nur in Deutschland, sondern in vielen anderen Ländern beobachtet. Überall gilt: Auf sexuelle Untreue reagieren Männer eifersüchtiger, auf emotionale Untreue die Frauen. In die gleiche Richtung weisen die Gesprä-

[8] Buss & Haselton, 2005

che von Paaren, bei denen einer von beiden etwas beichtet. »Neulich auf der Dienstreise, da war was ...« Die erste Frage, die Männer stellen, ist: »Warst du mit ihm im Bett?«, und die Frauen fragen: »Liebst du sie?«[9]

Um noch einmal aufzugreifen, was ich bereits in den Kapiteln zuvor beschrieben habe: Der Evolutionspsychologie zufolge haben Männer und Frauen mit ganz unterschiedlichen Problemen bei der Partnerwahl und Fortpflanzung zu kämpfen. Frauen sind durch lange, anstrengende Schwangerschaft und die zehrende Stillzeit in ihrer Schaffenskraft gebremst und wollen daher einen Mann, der sie und ihre Kinder beschützt und unterstützt. Statushohe und ressourcenstarke (sprich reiche) Männer erscheinen da am geeignetsten. Für Frauen ist daher der Verlust der Beziehung ein Desaster, müssen sie doch von nun an ihren Nachwuchs allein durchbringen. Für sie ist es schlimmer, wenn er sich in eine andere verliebt und sie für diese andere verlässt. Männer hingegen sind mit dem Problem konfrontiert, eine fruchtbare Frau zu finden – Jugend und Attraktivität gelten hierfür als äußere Signale. Aber sie können nie ganz sicher sein, ob das Kind, in das sie viel Zeit und Kosten investieren, auch tatsächlich ihr eigenes ist. Sie sind daher sehr daran interessiert, dass ihre Frau sie sexuell nicht hintergeht und ihnen ein fremdes Kind unterschiebt. Für sie ist daher sexuelles Fremdgehen die größere Katastrophe.

Gleicht der Befund, dass Männer sexuelle Untreue, Frauen emotionale Untreue besonders bedrohlich finden und mit entsprechender Eifersucht reagieren, mittlerweile fast einer »wissenschaftlichen Binsenweisheit«, ist die Erklärung dafür umstritten. Verschiedene Forscher meinen nämlich, Männer und Frauen unterscheiden sich weniger darin, was sie schlimmer finden – emotionale oder sexuelle Untreue –, sondern darin, wie wahrscheinlich sie es finden, dass das eine nicht ohne das andere geht. Frauen gehen davon aus, dass Männer zwar Sex ohne Liebe genießen können, nehmen aber an, dass, wenn der Partner sich in eine andere verliebt, er dann wohl auch mit ihr schläft. Männer vermuten umgekehrt, dass Frauen vor allem dann Sex haben, wenn sie auch verliebt sind. Wenn also Frauen emotionale Untreue schlimmer finden, dann setzen sie insgeheim voraus, dass er sowieso mit der anderen auch

9 Schützwohl & Koch, 2004

ins Bett geht. Wenn Männer sexuelle Untreue schlimmer finden, dann gehen sie davon aus, dass ihre Partnerin auch verliebt ist. Es ist also jeweils die doppelte Untreue, die Männer wie Frauen gleichermaßen entsetzt und die für die Geschlechtsunterschiede in den Eifersuchtsreaktionen verantwortlich ist.

Ich habe daher die weiter oben dargestellten Eifersuchtsszenarien geringfügig verändert und meine Studenten und Studentinnen gefragt, was sie denn schlimmer fänden:

- Die Vorstellung, dass mein Partner eine tiefe gefühlsmäßige Zuneigung zu dieser Person entwickeln würde *(jedoch ohne mit ihr zu schlafen).*
- Die Vorstellung, dass mein Partner leidenschaftlichen Geschlechtsverkehr mit dieser anderen Person ausübt *(jedoch ohne in sie verliebt zu sein).*

Durch die Einschränkung »jedoch ohne mit ihr zu schlafen« beziehungsweise »jedoch ohne in sie verliebt zu sein« habe ich die implizite doppelte Untreue ausgeschaltet. Dennoch verletzt auch nach Ergebnissen dieser modifizierten Studie emotionale Untreue Frauen mehr als Männer, und umgekehrt finden Männer sexuelle Untreue schlimmer als Frauen.

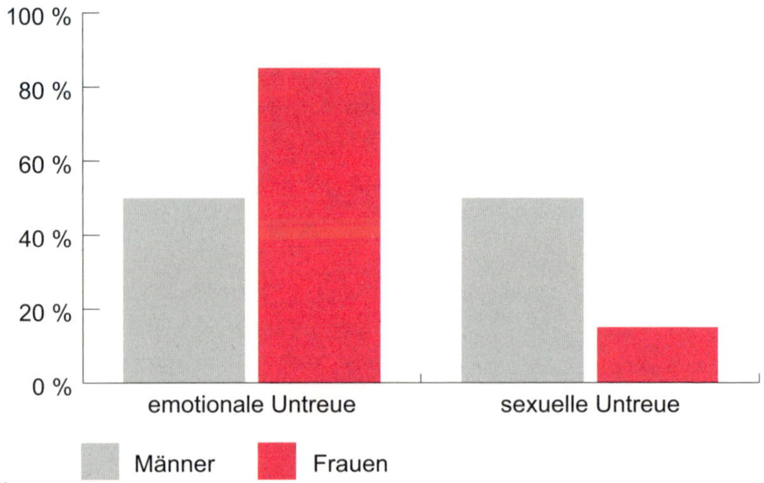

Abbildung 8.2: Emotionale Untreue finden Frauen verletzender als Männer. Umgekehrt finden Männer sexuelle Untreue verletzender als Frauen

Die andere Seite der Untreue

Zum Fremdgehen gehören immer zwei. Was sind das für Menschen, die Affären mit jemandem haben, der in einer Beziehung ist? Haben sie selbst eine Beziehung oder sind sie notorische Singles? Sind sie besonders skrupellos und reizt es sie, jemandem den Freund oder die Freundin auszuspannen? Seit ein paar Jahren wissen es die Wissenschaftler genauer. »Poaching« (auf Deutsch Wildern) nennen sie das Umwerben einer Person, die bereits in einer Beziehung ist. Wer sind nun die »Wilderer« und wer lässt sich »wildern«? Zunächst einmal ist das Phänomen an sich nicht ungewöhnlich und lässt sich weltweit beobachten, wobei es aber insgesamt mehr Männer als Frauen sind, die versuchen, jemanden aus einer Beziehung heraus für sich zu gewinnen. Mittlerweile liegen Zahlen aus 53 verschiedenen Nationen vor.[10] 57 Prozent aller Männer haben es schon einmal versucht, bei den Frauen sind es mit 35 Prozent deutlich weniger. Allerdings sind die Erfolgsquoten von Männern und Frauen unterschiedlich. Wenn Frauen versuchen, jemanden abzuwerben, dann haben sie auch mehr Erfolg damit als die Männer. Das passt gut in das Muster, das ich am Anfang dieses Buchs beschrieben habe. Männer sind weniger wählerisch als Frauen und senken vor allem bei Affären ihre Ansprüche.

Unterscheiden sich die Wilderer von denen, die keine sind? Ja, die »Poacher« sind insgesamt extravertierter, haben mehr Lust auf Sex und vermeiden es gleichzeitig, sich an jemanden zu binden. Sie haben einen vermeidenden Bindungsstil; ihnen liegt weniger als den meisten Menschen an einer engen Beziehung. Sie fühlen sich wohl ohne enge Beziehungen und wollen von niemandem abhängig sein. In all diesen Persönlichkeitsmerkmalen unterscheiden sich die Wilderer nicht von denen, die sich auf die Wilderei einlassen. Aus dem Gejagten wird leicht ein Jäger und umgekehrt – die Rollen sind austauschbar.

Allerdings unterscheiden sich die Taktiken, die Männer und Frauen beim Wildern anwenden. Wenn Frauen versuchen, Männer abzuwerben, betonen sie ihre körperliche Attraktivität und signalisieren sexuelle Verfügbarkeit, wohingegen Männer eher Macht und Einfluss und ihre Großzügigkeit zur Schau stellen. Auch hier schließt sich wieder der Kreis. Jedes Geschlecht betont die

10 Schmitt, 2004

Merkmale bei den Abwerbungsversuchen, die dem anderen Geschlecht bei der Partnerwahl besonders wichtig sind. Oft führen diese Abwerbungsversuche zum Erfolg. Das Ergebnis: Untreue – und damit schwebt die Beziehung in unmittelbarer Gefahr, denn der häufigste Grund für Trennungen ist nach wie vor Untreue.

Das Ende

Die Vorhersage der Stabilität einer Beziehung interessiert nicht nur Wissenschaftler, sondern vor allem die Menschen, die eine Beziehung haben. Kaum jemand heiratet mit dem Gedanken, dass es sich um eine Angelegenheit mit beschränkter Haltbarkeit handelt, bei der noch nicht einmal die Mindesthaltbarkeit klar ist. Auch wenn die meisten Paare wissen, dass statistisch gesehen jede zweite Ehe nicht durch den Tod, sondern durch den Scheidungsrichter endet, hoffen doch alle, dass gerade ihre Ehe nicht zu dieser Risikogruppe gehört.

Man hört und liest immer mal wieder von der Gefahr des verflixten siebten Jahres. Ich habe mir die aktuellen Scheidungszahlen unter diesem Gesichtspunkt angesehen (Abb. 8.3), und für die im Jahr 2008 geschieden Ehen gibt es tatsächlich eine Häufung der Scheidungen nach fünf bis sieben Jahren.

Die Gründe für die Häufung der Scheidungen nach circa sieben Jahren sind allerdings alles andere als klar. Ich will deswegen darauf nicht weiter eingehen und möchte eher etwas Prinzipielles zur Frage der Stabilität von Beziehungen sagen. Was die meisten Leser vermutlich verwundern wird, ist der Umstand, dass die Zufriedenheit mit einer Beziehung und die Stabilität einer Beziehung verhältnismäßig wenig miteinander zu tun haben. Das bedeutet: Menschen können unzufrieden sein und beenden die Beziehung trotzdem nicht, und umgekehrt – manchmal werden Beziehungen beendet, obwohl doch eigentlich alles ganz gut lief und man bis dahin auch zufrieden war. Verantwortlich dafür sind zwei unterschiedliche Bewertungsprozesse, die wir im Hinblick auf unsere Beziehungen vornehmen. Die Zufriedenheit mit unserer Beziehung hängt davon ab, ob das, was uns die Beziehung gibt, unseren Erwartungen

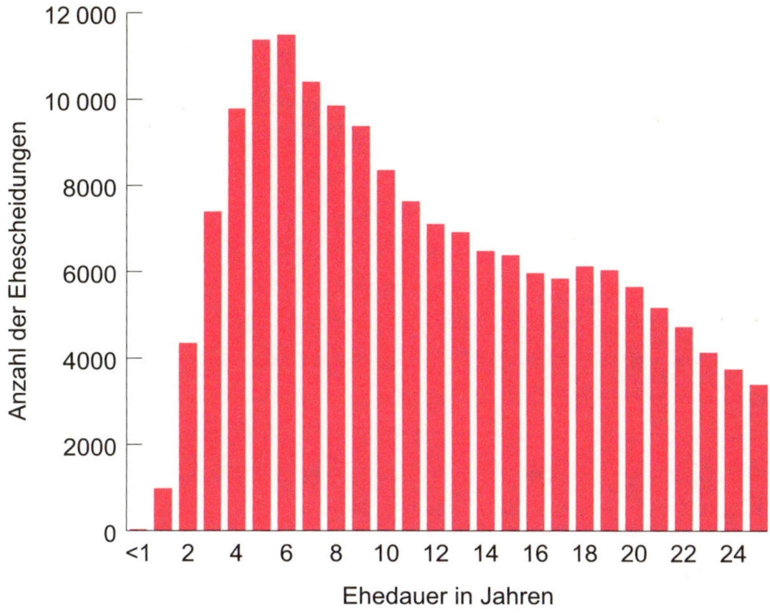

Abbildung 8.3: Die amtlichen Statistiken (https://www-genesis.destatis.de/genesis/online) zeigen eine Häufung der Scheidungen bei 5 bis 7 Jahren Ehedauer

entspricht. Diese Erwartungen bilden das sogenannte Vergleichsniveau. Liegt die Beziehung unter dem Vergleichsniveau, sind wir unzufrieden, liegt sie darüber, sind wir zufrieden. Nun ist dieses Vergleichsniveau keine feste und unveränderliche Größe, sondern ändert sich aufgrund von vergangenen Erfahrungen. Läuft alles bestens, steigt es. Läuft es schlecht, sinkt es. In diesen Veränderungen des Vergleichsniveaus liegt einer der Gründe dafür, dass die meisten Menschen mit ihren Beziehungen über die Jahre hinweg unzufriedener werden. Man gewöhnt sich leicht an viele schöne Dinge und wird anspruchsvoller – das Vergleichsniveau steigt. Gleichzeitig verlieren positive Dinge durch die Gewöhnung an Wert. Man findet sie nicht mehr so schön wie am Anfang der Beziehung. Man gewöhnt sich an die Unterstützung und Zuwendung des Partners und betrachtet sie als selbstverständlich. Auch der Sex ist nicht mehr so prickelnd wie am Anfang. Die Konsequenz: Es entsteht eine Diskrepanz zwischen dem hohen Vergleichsniveau und den Ergebnissen der Beziehung. Man wird unzufrieden. Ob man dann allerdings die Beziehung beendet oder nicht, hängt von einem zweiten Bewertungsprozess ab. Man vergleicht nämlich seine Beziehung auch mit den Alternativen. »Wie könnte es mir im günstigsten Fall ergehen, wenn ich die momentane Beziehung nicht hätte und stattdessen eine andere oder auch gar keine Beziehung hätte?«, fragt man sich. Letzten Endes hängt es von der Einschätzung dieser Alternativen ab, ob wir in einer Beziehung bleiben. Liegt die bestmögliche der Alternativen unter dem, was uns die momentane Beziehung bietet, bleiben wir bei unserem Partner, auch wenn wir alles andere als zufrieden sind. Das erklärt übrigens auch, warum, für die meisten Menschen unverständlich, misshandelte Frauen oft in ihrer Beziehung bleiben. Sie sehen keine attraktivere Alternative. Sind die Alternativen allerdings in unserer Wahrnehmung besser als unsere Beziehung, steigt die Bereitschaft, die Beziehung zu beenden, vor allem dann, wenn wir ohnehin nicht besonders zufrieden sind.

Die Wahrnehmung von Alternativen zur eigenen Beziehung kann also durchaus deren Stabilität beeinflussen. Das führt zu einem interessanten Beziehungsschutzmechanismus: Man wertet die Attraktivität von Alternativen ab. Männer und Frauen, die mit ihrer Beziehung zufrieden sind, werten in ihrer Wahrnehmung die Attraktivität von anderen Frauen und Männern, die als Partner infrage kämen, ab und stabilisieren dadurch ihre eigene Beziehung. In einer Studie haben die Forscher beispielsweise Männer gebeten, die Attraktivität von Frauen zu bewerten, die angeblich Interesse an ihnen bekundet hatte. Single-Männer fanden sie ganz toll, während verheiratete Männer sie als deutlich weniger attraktiv einstuften, ganz nach der Devise: Was mir nicht gefällt, führt mich nicht in Versuchung.[11]

[11] Lydon et al., 1999

Literatur

Alexander, M. G. & Fisher, T. D. (2003). Truth and consequences: Using the bogus pipeline to examine sex differences in self-reported sexuality. *Journal of Sex Research, 40*, 27–35.

Amato, P. R. & Previti, D. (2003). People's reasons for divorcing: Gender, social class, the life course, and adjustment. *Journal of Family Issues, 24*, 602–626.

Anderson, C., Keltner, D. & John, O. P. (2003). Emotional convergence between people over time. *Journal of Personality and Social Psychology, 84*, 1054–1068.

Apostolou, M. (2007). Sexual selection under parental choice: the role of parents in the evolution of human mating. *Evolution and Human Behavior, 28*, 403–409.

Aron, A., Dutton, D. G., Aron, E. N. & Iverson, A. (1989). Experiences of falling in love. *Journal of Social and Personal Relationships, 6*, 243–257.

Aron, A., Norman, C. C., Aron, E. N. & McKenna, C. (2000). Couples' shared participation in novel and arousing activities and experienced relationship quality. *Journal of Personality and Social Psychology, 78*, 273–284.

Baker, R. R. & Bellis, M. A. (1989). Number of sperm in human ejaculates varies in accordance with sperm competition theory. *Animal Behavior, 37*, 867–869.

Baker, R. R. & Bellis, M. A. (1995). *Human sperm competition: Copulation, masturbation, and infidelity*. London: Chapman & Hall.

Barelds-Dijkstra, P. & Barelds, D. P. H. (2008). Positive illusions about one's partner's physical attractiveness. *Body Image, 5*, 99–108.

Baron, R. A. (1987). Effects of negative ions on cognitive performance. *Journal of Applied Psychology, 72*, 131–137.

Baron, R. A. (1987). Effects of negative ions on interpersonal attraction: Evidence for intensification. *Journal of Personality and Social Psychology, 52*, 547–553.

Bartels, A. & Zeki, S. (2000). The neural basis of romantic love. *Neuroreport, 17*, 3829–3834.

Baumeister, R. F. & Bratslavsky, E. (1999). Passion, intimacy, and time: Passionate love as a function of change in intimacy. *Personality and Social Psychology Review, 3*, 49–67.

Baxter, L. A. (1986). Gender differences in the heterosexual relationships rules embedded in break-up accounts. *Journal of Social and Personal Relationships, 3*, 289–306.

Berscheid, E. & Walster [Hatfield], E. (1974). Physical attractiveness. In L. Berkowitz (Hrsg.), *Advances in experimental social psychology* (Bd. 7, S. 157–215). New York: Academic Press.

Bolger, N., Foster, M., Vinokur, A. D. & Ng, R. (1996). Close relationships and adjustment to a life crisis: The case of breast cancer. *Journal of Personality and Social Psychology, 70*, 283–294.

Bower, G. H. (1981). Mood and memory. *American Psychologist, 36*, 129–148.

Bowlby, J. (1969). *Bindung*. Frankfurt: Fischer.

Bradbury, T. N. & Fincham, F. D. (1990). Attributions in marriage: Review and critique. *Psychological Bulletin, 107*, 3–33.

Brase, G. L. (2006). Cues of parental investment as a factor in attractiveness. *Evolution and Human Behavior, 27*, 145–157.

Broder, A. & Hohmann, N. (2003). Variations in risk, taking behavior over the menstrual cycle – An improved replication. *Evolution and Human Behavior, 24*, 391–398.

Brownell, K. D. (1991). Dieting and the search for the perfect body: Where physiology and culture collide. *Behavior Therapy, 22*, 1–12.

Burriss, R. P., Little, A. C. (2006). Effect of partner conception risk phase on male perception of dominant faces. *Evolution and Human Behavior, 27*, 297–305.

Buss, D. M. (1989). Sex differences in human mate preferences: Evolutionary hypotheses tested in 37 cultures. *Behavioral and Brain Sciences, 12*, 1–49.

Buss, D. M. (2000). *The dangerous passion*. New York: Free Press.

Buss, D. M. (2007). *Evolutionary Psychology: The new science of the mind* (3. Auflage). Boston: Allyn and Bacon.

Buss, D. M. & Haselton, M. (2005). The evolution of jealousy. *Trends in Cognitive Sciences, 9*, 506–507.

Buss, D. M., Shackelford, T. K., Kirkpatrick, L. A. & Larsen, R. J. (2001). A half century of mate preferences: The cultural evolution of values. *Journal of Marriage and the Family*, *63*, 491–503.

Byrne, D. (1971). *The attraction paradigm*. New York: Academic Press.

Christensen, A. & Heavey, C. L. (1990). Gender and social structure in the demand/withdraw pattern of marital conflict. *Journal of Personality and Social Psychology*, *59*, 73–81.

Clark, A. P. (2004). Self-perceived attractiveness and masculinization predict women's sociosexuality. *Evolution and Human Behavior*, *25*, 113–124.

Clark, R. D. & Hatfield, E. (1989). Gender differences in receptivity to sexual offers. *Journal of Psychology and Human Sexuality*, *2*, 39–55.

Clark, R. D. & Hatfield, E. (2003). Love in the afternoon. *Psychological Inquiry*, *14*, 227–231.

Clore, G. L. & Byrne, D. (1974). A reinforcement-affect model of attraction. In T. L. Huston (Hrsg.), *Foundations of interpersonal attraction* (S. 143–170). New York: Academic Press.

Clore, G. L. & Byrne, D. (1974). A reinforcement-affect model of attraction. In T. L. Huston (Hrsg.), *Foundations of interpersonal attraction* (S. 143–170). New York: Academic Press.

Clore, G. L., Schwarz, N. & Conway, M. (1994). Affective causes and consequences of social information processing. In: R. S. Wyer & T. K. Srull (Hrsg.), *Handbook of social cognition* (S. 323–417) (2. Auflage). Hillsdale, NJ: Erlbaum.

Cunningham, M. R. (1989). Reactions to heterosexual opening gambits: Female selectivity and male responsiveness. *Personality and Social Psychology Bulletin*, *15*, 27–41.

Cyrus, K., Schwarz, S. & Hassebrauck, M. (in Druck). Systematic cognitive biases in courtship context: Women's commitment skepticism as a life-history strategy? *Evolution and Human Behavior*.

Downs, A. C. & Lyons, P. M. (1991). Natural observations of the links between attractiveness and initial legal judgments. *Personality and Social Psychology Bulletin*, *17*, 541–547.

Drefahl, S. (in Druck). How does the age gap between partners affect their survival. *Demographic Research*.

Driscoll, R., Davis, K. & Lipetz, M. (1972). Parental interference and romantic love: The Romeo and Juliet effect. *Journal of Personality and Social Psychology, 24*, 1–10.

Dutton, D. G. & Aron, A. P. (1974). Some evidence for heightened sexual attraction under conditions of high anxiety. *Journal of Personality and Social Psychology, 30*, 510–517.

Einon, D. (1994). Are men more promiscuous than women? *Ethology and Sociobiology, 15*, 131–143.

Elliot, A. J. & Niesta, D. (2008). Romantic Red: Red Enhances Men's Attraction to Women. *Journal of Personality and Social Psychology, 95*, 1150–1164.

Etcoff, N. (2001). *Nur die Schönsten überleben*. Diederichs.

Euler, H. & Weitzel, B. (1996). Discriminative grandparental solicitude as reproductive strategy. *Human Nature*, 7, 39–59.

Feingold, A. (1992). Good-looking people are not what we think. *Psychological Bulletin, 111*, 304–341.

Felmlee, D. H. (1995). Fatal attractions: Affection and disaffection in intimate relationships. *Journal of Social and Personal Relationships, 12*, 295–311.

Festinger, L. (1954). A theory of social comparison processes. *Human Relations*, 7, 117–140.

Fincham, F. D. & Bradbury, T. N. (1987). The impact of attributions in marriage: A longitudinal analysis. *Journal of Personality and Social Psychology, 53*, 510–517.

Fisher, H. E., Aron, A., Mashek, D., Li, H. & Brown, L. L. (2002). Defining the brain systems of lust, romantic attraction, and attachment. *Archives of Sexual Behavior, 31*, 413–419.

Folkes, V. S. (1982). Forming relationships and the matching hypothesis. *Personality and Social Psychology Bulletin, 8*, 631–636.

Ford, C. S. & Beach, F. A. (1951). *Pattern of sexual behavior*. New York: Harper & Row.

Gangestad, S. W. & Cousins, A. J. (2002). Adaptive design, female mate preferences, and shifts across the menstrual cycle. *Annual Review of Sex Research, 12*, 145–185.

Griffin, A. M. & Langlois, J. H. (2006). Stereotype directionality and attractiveness stereotyping: Is beauty good or is ugly bad? *Social Cognition, 24*, 187–206.

Griffitt, W. & Veitch, R. (1971). Hot and crowded: Influences of population density and temperature on interpersonal affective behavior. *Journal of Personality and Social Psychology*, *17*, 92–98.

Grote, N. K. & Clark, M. S. (2001). Perceiving unfairness in the family: Cause or consequence of marital distress? *Journal of Personality and Social Psychology*, *80*, 281–293.

Guerrero, L. K., LaValley, A. G. & Farinelli, L. (2008). The experience and expression of anger, guilt, and sadness in marriage: An equity theory explanation. *Journal of Social and Personal Relationships*, *25*, 699–724.

Gupta, U. & Singh, P. (1982). Exploratory stufy of love and liking and type of marriages. *Indian Journal of Applied Psychology*, *19*, 92–97.

Gurari, I., Hetts, J. J. & Strube, M. J. (2006). Beauty in the »I« of the beholder: Effects of idealized media portrayals on implicit self-image. *Basic and Applied Social Psychology*, *28*, 273–282.

Hackel, L. S. & Ruble, D. N. (1992). Changes in the marital relationship after the first baby is born: Predicting the impact of expectancy disconfirmation. *Journal of Personality and Social Psychology*, *62*, 944–957.

Hall, J. A. & Bernieri, F. J. (Hrsg.). (2001). *Interpersonal sensitivity: Theory and measurement*. Mahwah, NJ: Erlbaum.

Hansen, C. H. & Hansen, R. D. (1988). Finding the face in the crowd: An anger superiority effect. *Journal of Personality and Social Psychology*, *54*, 917–924.

Haselton, M. G. & Buss, D. M. (2000). Error management theory: A new perspective on biases in cross-sex mind reading. *Journal of Personality and Social Psychology*, *78*, 81–91.

Haselton, M. G. & Buss, D. M. (2001). The affective shift hypothesis: The functions of emotional changes following sexual intercourse. *Personal Relationships*, *8*, 357–369.

Haselton, M. G. & Gangestad, S. W. (2006). Conditional expression of women's desires and men's mate guarding across the ovulatory cycle. *Hormones and Behavior*, *49*, 509–518.

Hassebrauck, M. (1983). Die Beurteilung der physischen Attraktivität: Konsens unter Urteilern? *Zeitschrift für Sozialpsychologie*, *14*, 152–161.

Hassebrauck, M. (1986). Die Beeinflussung der Beurteilung physischer Attraktivität durch Attitüdenähnlichkeit. *Zeitschrift für Differentielle und Diagnostische Psychologie*, *7*, 89–98.

Hassebrauck, M. (1990). Die Betrachtung erotischer Stimuli. *Gruppendynamik, 21*, 213–220.

Hassebrauck, M. (1990). Wer sucht wen? Eine inhaltsanalytische Untersuchung von Heirats- und Bekanntschaftsanzeigen. *Zeitschrift für Sozialpsychologie, 21*, 101–112.

Hassebrauck, M. (1993). Die Beurteilung der physischen Attraktivität. In M. Hassebrauck & R. Niketta (Eds.), *Physische Attraktivität* (S. 29–59). Göttingen: Hogrefe.

Hassebrauck, M. (1998). The visual process method: A new method to study physical attractiveness. *Evolution and Human Behavior, 19*, 111–123.

Hassebrauck, M. (2003). Romantische Männer und realistische Frauen: Geschlechtsunterschiede in Beziehungskognitionen. *Zeitschrift für Sozialpsychologie, 34*, 25–35.

Hassebrauck, M. (2009). Partnerwahl und physische Attraktivität: Anstreben von Schönheit oder Vermeiden von Hässlichkeit als evolutionsbedingter psychologischer Mechanismus. *Projektbericht für die Deutsche Forschungsgemeinschaft.*

Hassebrauck, M. & Buhl, T. (1996). Three-dimensional love. *The Journal of Social Psychology, 136*, 121–122.

Hassebrauck, M. & Fehr, B. (2002). Dimensions of relationship quality. *Personal Relationships, 9*, 253–270.

Hassebrauck, M., Fehr, B. & Schwarz, S. (2008). Dimensions of relationship quality: An international comparison. *Poster presented at the XXIV International Congress of Psychology*. Berlin.

Hatfield, E. & Sprecher, S. (1986). Measuring passionate love in intimate relations. *Journal of Adolescence, 9*, 383–410.

Hazan, C. & Shaver, P. (1987). Romantic love conceptualized as an attachment process. *Journal of Personality and Social Psychology, 52*, 511–524.

Heider, F. (1958). *The psychology of interpersonal relations*. New York: Wiley.

Henderson, J. J. A. & Anglin, J. M. (2003). Facial attractiveness predicts longevity. *Evolution and Human Behavior, 24*, 351–356.

Herold, E. S., Maticka-Tyndale, E. & Mewhinney, D. (1998). Predicting intentions to engage in casual sex. *Journal of Social and Personal Relationships, 15*, 502–516.

Hill, R. (1945). Campus values in mate selection. *Journal of Home Economics, 37*, 554–558.

Hill, R. A., Donovan, S. & Koyama, N. F. (2005). Female sexual advertisement reflects resource availability in twentieth-century UK society. *Human Nature an Interdisciplinary Biosocial Perspective, 16*, 266–277.

Hill, S. E. & Durante, K. M. (2009). Do women feel worse to look their best? Testing the relationship between self-esteem and fertility staus across the menstrual cycle. *Personality and Social Psychology Bulletin, 35*, 1592–1601.

Houston, V. & Bull, R. (1994). Do people avoid sitting next to someone who is facially disfigured? *European Journal of Social Psychology, 24*, 279–284.

Howard, J. A., Blumstein, P. & Schwartz, P. (1987). Social or evolutionary theories? Some observations on preferences in human mate selection. *Journal of Personality and Social Psychology, 53*, 194–200.

Jasienska, G., Lipson, S. F., Ellison, P. T., Thune, I. & Ziomkiewicz, A. (2006). Symmetrical women have higher potential fertility. *Evolution and Human Behavior, 27*, 390–400.

Kanazawa, S. & Still, M. C. (2000). Teaching may be hazardous to your marriage. *Evolution and Human Behavior, 21*, 185–190.

Kelly, E. L. & Conley, J. J. (1987). Personality and compatibility: A prospective analysis of marital stability and marital satisfaction. *Journal of Personality and Social Psychology, 52*, 27–40.

Kelly, E. L. & Conley, J. J. (1987). Personality and compatibility: A prospective analysis of marital stability and marital satisfaction. *Journal of Personality and Social Psychology, 52*, 27–40.

Kenrick, D. T. & Gutierres, S. E. (1980). Contrast effects and judgments of physical attractiveness: When beauty becomes a social problem. *Journal of Personality and Social Psychology, 38*, 131–140.

Kenrick, D. T. & Keefe, R. C. (1992). Age preferences in mates reflect sex differences in human reproductive strategies. *Behavioral and Brain Sciences, 15*, 75–91.

Kephart, W. (1967). Some correlates of romantic love. *Journal of Marriage and the Family, 29*, 470–479.

Kiecolt-Glaser, J. K. & Newton, T. L. (2001). Marriage and health: His and hers. *Psychological Bulletin, 127*, 472–503.

Küpper, B. (2002). *Sind Singles anders?* Göttingen: Hogrefe.

La Cerra, M. M. (1994). Evolved mate preferences in women: Psychological adaptations for assessing a man's willingness to invest in offspring. *Unpublizierte Dissertation, Department of Psychology, University of California, Santa Barbara.*

Levine, R., Sato, S., Hashimoto, T. & Verma, J. (1995). Love and marriage in eleven cultures. *Journal of Cross-Cultural Psychology, 26,* 554–571.

Lewandowski, G. W. & Aron, A. P. (2004). Distinguishing arousal from novelty and challenge in initial romantic attraction between strangers. *Social Behavior and Personality, 32,* 361–372.

Li, N. P., Bailey, J. M., Kenrick, D. T. & Linsenmeier, J. A. W. (2002). The necessities and luxuries of mate preferences: Testing the tradeoffs. *Journal of Personality and Social Psychology, 82,* 947–955.

Li, N. P. & Kenrick, D. T. (2006). Sex similarities and differences in preferences for short-term mates: What, whether, and why. *Journal of Personality and Social Psychology, 90,* 468–489.

Liebowitz, M.R. (1983). *The chemistry of love.* Boston: Little, Brown, and Co.

Locher, P., Unger, R., Sociedade, P. & Wahl, J. (1993). At first glance: Accessibility of physical attractiveness stereotype. *Sex Roles, 28,* 729–743.

Lydon, J. E., Meana, M., Sepinwall, D., Richards, N. & Mayman, S. (1999). The commitment calibration hypothesis: When do people devalue attractive alternatives? *Personality and Social Psychology Bulletin, 25,* 152–161.

Lydon, J. E., Meana, M., Sepinwall, D., Richards, N. & Mayman, S. (1999). The commitment calibration hypothesis: When do people devalue attractive alternatives? *Personality and Social Psychology Bulletin, 25,* 152–161.

Manning, J. T. (2002). *Digit ratio: A pointer to fertility, behavior, and health.* Piscataway, NJ: Rutgers University Press.

Marazziti, D. & Cassano, G. B. (2003). The neurobiology of attraction. *Journal of Endocrinological Investigation, 26,* 58–60.

Marcus, D. K. & Miller, R. S. (2003). Sex differences in judgments of physical attractiveness: A social relations analysis. *Personality and Social Psychology Bulletin, 29,* 325–335.

May, J. L. & Hamilton, P. A. (1980). Effects of musically evoked affect on women's interpersonal attraction toward and perceptual judgment of physical attractiveness of men. *Motivation and Emotion, 4,* 217–228.

McCornack, S. A. & Parks, M. R. (1990). What women know the men don't: Sex differences in determining the truth behind deceptive messages. *Journal of Social and Personal Relationships*, *7*, 107–118.

McKenna, K. Y. A., Green, A. S. & Gleason, M. E. J. (2002). Relationship formation on the Internet: What's the big attraction. *Journal of Social Issues*, *58*, 9–31.

Meston, C. M. & Buss, D. M. (2007). Why humans have sex. *Archives of Sexual Behavior*, *36*, 477–507.

Mikolajczak, M., Gross, J. J., Lane, A., de Timary, P. & Luminet, O. (2009). Oxytocin makes us trusting but not gullible. *Avaialble from Nature Proceeding (http://dx.doi.org/10101/npre.2009.3790.1).*

Miller, G., Tybur, J. M. & Jordan, B. D. (2007). Ovulatory cycle effects on tip earnings by lap dancers: economic evidence for human estrus? *Evolution and Human Behavior*, *28*, 375–381.

Miller, L. C. & Fishkin, S. A. (1997). On the dynamics of human bonding and reproductive success. In: J. A. Simpson & D. T. Kenrick (Eds.), *Evolutionary social psychology* (S. 197–236). Hillsdale: NJ: Erlbaum.

Miller, P. J. E., Niehuis, S. & Huston, T. L. (2006). Positive illusions in marital relationships: A 13-year longitudinal study. *Personality and Social Psychology Bulletin*, *32*, 1579–1594.

Newcomb, T. M. (1961). *The acquaintance process*. New York: Holt, Rinehart and Winston.

Noller, P. & Fitzpatrick M. A. (1990). Marital communication in the eigthies. *Journal of Marriage and the Family*, *52*, 832–843.

Okami, P. & Shackelford, T. K. (2002). Human sex differences in sexual psychology and behavior. *Annual Review of Sex Research*, *12*, 186–241.

Okami, P. & Shackelford, T. K. (2002). Human sex differences in sexual psychology and behavior. *Annual Review of Sex Research*, *12*, 186–241.

Patton, W. & Mannison, M. (1995). Sexual coercion in high school dating. *Sex Roles*, *33*, 447–457.

Pearson, K. and Associates. (1903). Assortative mating in man. A cooperative study. *Biometrika*, *2*, 481-498.

Pennebaker, J. W., Dyer, M. A., Caulkins, R. S., Litowitz, D. L., Ackreman, P. L., Anderson, D. B. & McGraw, K. M. (1979). Don't the girls get prettier at closing time: A country and western application to psychology. *Personality and Social Psychology Bulletin, 5,* 122–125.

Penton-Voak, I. S. & Perrett, D. I. (2000). Female preference for male faces changes cyclically: Further evidence. *Evolution and Human Behavior, 21,* 39–48.

Penton-Voak, I. S., Perrett, D. I. & Peirce, J. W. (1999). Computer graphic studies of the role of facial similarity in judgements of attractiveness. *Current Psychology, 18,* 104–117.

Pettijohn, T. F. & Jungeberg, B. J. (2004). Playboy Playmate curves: Changes in facial and body feature preferences across social and economic conditions. *Personality and Social Psychology Bulletin, 30,* 1186–1197.

Pillsworth, E. G. & Haselton, M. G. (2006). Male sexual attractiveness predicts differential ovulatory shifts in female extra-pair attraction and male mate retention. *Evolution and Human Behavior, 27,* 247–258.

Price, R. A. & Vandenberg, S. G. (1980). Spouse similarity in American and Swedish couples. *Behavior Genetics, 10,* 59–71.

Regan, P. C. (1996). Rythms of desire: The association between menstrual cycle phases and female sexual desire. *Canadian Journal of Human Sexuality, 5,* 145–156.

Regan, P. C. (1998). Minimum mate selection standards as a function of perceived mate value, relationship context, and gender. *Journal of Psychology and Human Sexuality, 10,* 53–72.

Reis, H. T., Nezlek, J. & Wheeler, L. (1980). Physical attractiveness in social interaction. *Journal of Personality and Social Psychology, 38,* 604–617.

Rhodes, G., Simmons, L. W. & Peters, M. (2005). Attractiveness and sexual behavior: Does attractiveness enhance mating success? *Evolution and Human Behavior, 26,* 186–201.

Riniolo, T. C., Johnson, K. C., Sherman, T. R. & Misso, J. A. (2006). Hot or not: Do professors perceived as physically attractive receive higher student evaluations? *Journal of General Psychology, 133,* 19–35.

Roese, N. J., Pennington, G. L., Coleman, J., Janicki, M., Li, N. P. & Kenrick, D. T. (2006). Sex differences in regret: All for love or some for lust? *Personality and Social Psychology Bulletin, 32,* 770–780.

Roney, J. R. (2003). Effects of visual exposure to the opposite sex: Cognitive aspects of mate attraction in human males. *Personality and Social Psychology Bulletin, 29,* 393–404.

Roney, J. R. & Maestripieri, D. (2004). Relative digit lengths predict men's behavior and attractiveness during social interactions with women. *Human Nature an Interdisciplinary Biosocial Perspective*, *15*, 271–282.

Schmitt, D. P. (2004). Patterns and universals of mate poaching across 53 nations: The effects of sex, culture, and personality on romantically attracting another person's partner. *Journal of Personality and Social Psychology*, *86*, 560–584.

Schmitt, D. P. (2005). Sociosexuality from Argentina to Zimbabwe: A 48-nation study of sex, culture, and strategies of human mating. *Behavioral and Brain Sciences*, *28*, 247+.

Schützwohl, A. & Koch, S. (2004). Sex differences in jealousy: The recall of cues to sexual and emotional infidelity in personally more and less threatening context conditions. *Evolution and Human Behavior*, *25*, 249–257.

Schwarz, N. & Clore, G. L. (1988). How do I feel about it? The informative function of affective states. In K. Fiedler & J. Forgas (Hrsg.), *Affect, cognition, and social behavior* (S. 44–62). Toronto: Hogrefe International.

Schwarz, S. (2008). Das 2D:4D-Fingerlängenverhältnis und die Vermeidung von Nähe als mögliche Determinanten der Beziehungsorientierung. *Dissertation, Bergische Universität Wuppertal*.

Schwarz, S. & Hassebrauck, M. (2007). Individual differences in relationship preferences: Relationship orientation and its measurement. *Zeitschrift für Sozialpsychologie*, *38*, 179–193.

Schwarz, S. & Hassebrauck, M. (2008). Self-perceived and observed variations in women's attractiveness throughout the menstrual cycle – a diary study. *Evolution and Human Behavior*, *29*, 282–288.

Schwarz, S., Hassebrauck, M. & Dörfler, R. (in Druck). Let's talk about sex: Protoype and personal templates. *Personal Relationships*.

Shackelford, T. K., Goetz, A. T., Guta, F. E. & Schmitt, D. P. (2006). Mate guarding and frequent in-pair copulation in humans – Concurrent or compensatory anti-cuckoldry tactics? *Human Nature an Interdisciplinary Biosocial Perspective*, *17*, 239–252.

Shields, C. G., Travis, L. A. & Rousseau, S. L. (2000). Marital attachment and adjustment in older couples coping with cancer. *Aging & Mental Health*, *4*, 223–233.

Simpson, J. A., Gangestad, S. W. & Lerma, M. (1990). Perception of physical attractiveness: Mechanisms involved in the maintenance of romantic relationships. *Journal of Personality and Social Psychology*, *59*, 1192–1201.

Smith, S. M., McIntosh, W. D. & Bazzini, D. G. (1999). Are the beautiful good in Hollywood? An investigation of the beauty-and-goodness stereotype on film. *Basic and Applied Social Psychology*, *21*, 69–80.

Snyder, M., Tanke, E. & Berscheid, E. (1977). Social perception and intrapersonal behavior: On the self-fulfilling nature of social stereotypes. *Journal of Personality and Social Psychology*, *35*, 656–666.

Soler, C., Nunez, M., Gutierrez, R., Nunez, J., Medina, P., Sancho, M., Alvarez, J. & Nunez, A. (2003). Facial attractiveness in men provides clues to semen quality. *Evolution and Human Behavior*, *24*, 199–207.

Sprecher, S. (2001). Equity and social exchange in dating couples: Associations with satisfaction, commitment, and stability. *Journal of Marriage and the Family*, *63*, 599–613.

Stack, S. & Eshleman, J. R. (1998). Marital status and happiness: A 17-nation study. *Journal of Marriage and the Family*, *60*, 527–536.

Statistisches Bundesamt (Hrsg.). (2006). *Datenreport 2006. Zahlen und Fakten über die Bundesrepublik Deutschland*. Bonn: Statistisches Bundesamt. (2009). *Genesis Datenbank https://www-genesis.destatis.de/genesis/online*.

Stephan, W., Berscheid, E. & Walster [Hatfield], E. (1971). Sexual arousal and heterosexual perception. *Journal of Personality and Social Psychology*, *20*, 93–101.

Sternberg, R. J. (1986). A triangular theory of love. *Psychological Review*, *93*, 119–135.

Storms, M. D. (1973). Videotape and the attribution process: reversing actors' and observers' point of view. *Journal of Personality and Social Psychology*, *27*, 165–175.

Stroebe, W. & Stroebe, M. S. (1998). *Lehrbuch der Gesundheitspsychologie*. Eschborn: Klotz.

Swami, V., Knight, D., Tovee, M. J., Davies, P. & Furnham, A. (2007). Preferences for female body size in Britain and the South Pacific. *Body Image*, *4*, 219–223.

Terman, L. M. (1938). *Psychological factors in marital happiness*. New York: McGraw-Hill.

Thornhill, R. & Gangestad, S. W. (1999). The scent of symmetry: A human sex pheromone that signals fitness? *Evolution and Human Behavior, 20*, 175–201.

Thornhill, R. & Gangestad, S. W. (1999). The scent of symmetry: A human sex pheromone that signals fitness? *Evolution and Human Behavior, 20*, 175–201.

Townsend, J. M. & Levy, G. D. (1990). Effects of potential partner's costume and physical attractiveness on sexuality and partner selection: Sex differences in reported preferences of university students. *Journal of Psychology, 124*, 371–376.

Trivers, R. L. (1972). Parental investment and sexual selection. In B. Campbell (Hrsg.), *Sexual selection and the descent of man: 1871–1971* (S. 136–179). Chicago: Aldine.

Walster, E., Aronson, V., Abrahams, D. & Rottman, L. (1966). Importance of physical attractiveness in dating behavior. *Journal of Personality and Social Psychology, 4* , 508–516.

Walster [Hatfield], E. & Walster, G. W. (1978). *A new look at love*. Reading, MA: Addison-Wesley.

Wiederman, M. W. & Allgeier, E. R. (1992). Gender differences in mate selection criteria: Sociobiological or socioeconomic explanation? *Ethology and Sociobiology, 13*, 115–124.

Wilson, M. & Daly, M. (1985). The young male syndrome. *Ethology and Sociobiology, 6*, 59–73.

Winch, R. F. (1958). *Mate-selection: A study of complementary needs*. New York: Harper and Row.

Zajonc, R. B., Adelman, P. K., Murphy, S. T. & Niedenthal, P. M. (1987). Convergence in the physical appearence of spouses. *Motivation and Emotion, 11*, 335–346.

Zhong, C. & Leonardelli, G. J. (2008). Cold and lonely: Does social exclusion literally feel cold? *Psychological Science, 19*, 838–842.

Zillmann, D. (1983). Transfer of excitation in emotional behavior. In J. T. Cacioppo & R. E. Petty (Hrsg.), *Social psychophysiology: A sourcebook* (S. 215–240). New York: Guilford Press.